牛越胜：1986年毕业于四川大学经济系，现为北京第二外国语学院旅游管理学院副教授。公开发表论文十余篇，编著4本，主持参与省、部级课题2项。主要代表性论文有：《北京市旅行社行业竞争力分析及发展战略研究》、《北京市周边旅游景区开发与战略研究》、《旅游客车配置及服务标准》、《北京市导游人员资质认证及培训标准》。

牛越胜

作者简介

现代酒店管理信息系统

Modern hotel management series
现代酒店经营管理系列

丛书主编：徐栖玲　邹统钎

牛越胜　编著

广东旅游出版社
GUANGDONG TRAVEL AND TOURIISM PRESS

图书在版编目（CIP）数据

现代酒店管理信息系统/牛越胜编著．—广州：广东旅游出版社，2004.11（2010.1重印）

（现代酒店经营管理系列）

ISBN 978-7-80653-548-6

Ⅰ.现…　Ⅱ.牛…　Ⅲ.饭店—企业管理—管理信息系统　Ⅳ.F719.2-39

中国版本图书馆CIP数据核字（2009）第112540号

广东旅游出版社出版发行

（广州市中山一路30号之一　邮编：510600）

湛江日报社印刷厂印刷

（湛江市赤坎康宁路17号）

广东旅游出版社图书网

www.tourpress.cn

邮购地址：广州市中山一路30号之一

联系电话：020-87347994　邮编：510600

889毫米×1240毫米　32开　11.5印张　270千字

2011年第1版第3次印刷

印数：8001—9000册

定价：25.00元

丛书出版前言

改革开放以来，我国酒店业发展迅速，已成为第三产业的重要组成部分。我国酒店业的发展经历了在数量上从供给短缺到供给过剩的变化，在性质上完成了从内部的接待业务向市场经营的转变。但是，与国际酒店集团相比，我国酒店的经营状况并不乐观：数量多、规模小、功能结构比较单一和雷同、单体酒店较多和集团化发展较差。

由于经济的全球化和信息化，以及我国加入WTO，酒店业将直接面对全球竞争市场，并与国际知名酒店集团展开直接竞争。从发展来看，酒店业的竞争实际上是酒店经营管理人员素质和经营理念的竞争。因此，我国酒店业只有形成自己的竞争优势，并拥有持续的竞争能力，才是酒店业发展壮大的根本出路和保证。

为此，广东旅游出版社在其品牌图书《现代饭店经营实务丛书》的基础上，深入研究了当前国内外酒店教材体系和职业培训体系，组织了北京第二外国语学院旅游管理学院、中山大学管理学院等酒店专业的学者、酒店专家以及成功的酒店管理人员对这套丛书进行了全新改版。新版的《现代酒店知识管理丛书》集中了这些专家、学者和管理人员多年的研究成果和实践经验，引入了国际最新的酒店管理理念，并结合我国酒店的实际情况，进行了编写。这套丛书基本包含了现代酒店业中所有的经营管理和操作领域的知识，能够帮助读者全面了解现代酒店的经营管理和实务运作，以提高我国酒店管理经营的专业水平。

目 录

第一章 酒店管理信息系统概述

计算机技术的飞速发展，给酒店计算机应用带来了蓬勃生机，出现了酒店计算机系统、酒店管理信息系统、酒店决策支持系统等。计算机从酒店的预订接待开始，已深入应用到酒店的每个部门，特别是酒店的信息处理，计算机已成为重要的信息处理工具。在酒店现代管理理论中，酒店管理信息系统已成为酒店现代科学管理的重要内容，是酒店经营不可缺少的现代科学工具。本书将围绕酒店业务处理及酒店信息管理，介绍酒店管理信息系统的一些基本概念、技术基础和基本应用。从酒店管理信息的功能需求出发，阐述酒店管理信息系统的开发、规划，酒店管理信息系统的使用和管理，以及酒店管理信息系统的最新发展。

本章先介绍酒店管理信息系统的一些基本概念，了解究竟什么是酒店管理信息系统，酒店管理信息系统的特点、功能及体系结构。

第一节 系统、组织与管理

一、系统

（一）系统的定义及特征

系统（System）是由处于一定环境中相互联系和相互作用的若

干组成部分结合而成并为达到整体目的而存在的集合。系统的一般模型包括输入、处理、输出三部分（见图 1－1)。

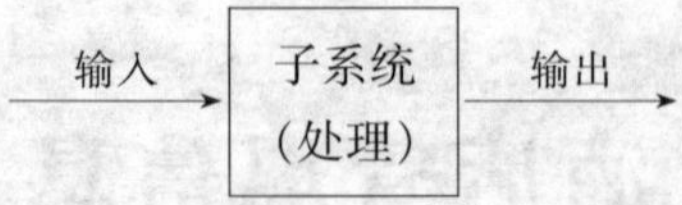

图 1－1　系统的一般模型

输入是系统赖以生存和实现其目的的必要条件，可以是各种形式的物质、能量、信息等；输出是经过系统处理后的结果，也可以是各种形式的物质、能量、信息等。处理是完成输入转换成输出的工作。处理可能还包括反馈或控制：反馈是将输出的一部分内容返回到输入，以供控制之用；控制是操纵和指挥其它要素的工作。

由于系统的层次性，对于上图中的子系统可以作逐层分解并以输入、输出表示各子系统之间的关系。这样一个系统可以由图1－2来表示。

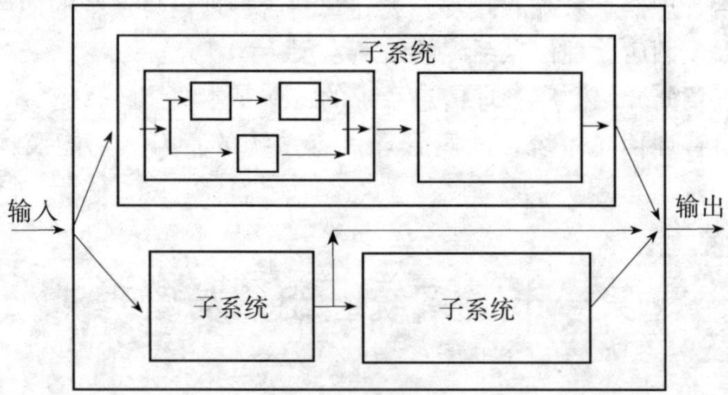

图 1－2　系统示意图

系统具有以下一些基本特征：

1. 目的性。每个系统的存在都有它自己特有的目的性。所谓目的就是系统运行所要达到的预期目标，它表现为系统所要实现的各项功能。系统的目的或功能决定着系统各要素的组成和结构。

2．整体性。整体性是指系统的整体效果大于局部之和的特性。系统是由两个或两个以上的部件组成，各个部件虽有自己的特性和相对独立性，但它们是根据逻辑统一性而构成的具有统一性的整体，不是各部件的简单集合，各部件通力合作、协调工作的总效果大大优于各部件独立工作的效果。

3．相关性。相关性是指系统中的各部分之间不是彼此完全独立地静止地处在系统中，而是相互依存、相互作用，按照一定的逻辑关系连接在一起并协调一致。每个部分均须和系统中的其它部分共同运行，系统中没有哪个部分能够独立运行，不和其它部分发生联系。

4．层次性。系统的概念是相对的，有大有小，一个大系统是由若干个小系统组成的，每一个小系统中，又可以包含若干个更小的系统。这就是系统的层次性的表现。系统的层次性为人们对它的认识与了解提供了分析的方便，从高层进行分析可以了解一个系统的全貌，从低层分析可以深入到一个系统每一部分的细节。

5．边界性。由系统的组成确定了系统的边界，边界之内称系统，边界之外称环境。环境是与系统紧密相关的各种外部因素。事实上，环境并不受系统控制，但对系统的运行起着很重要的作用。系统的边界是根据不同条件和需要而定的。

（二）系统功效的概念

在管理信息系统的研究中，功效（effectiveness）以及效率（efficiency）是两个重要的概念。

效率是指把输入转化成输出时，所需资源的利用率。这些资源包括物质、金钱、人力和时间等。

追求系统的效率就是使输出对输入关于某一资源范畴上的比值达到极大或极小，可形式地表达成 MAX（输出/输入）或 MIN（输出/输入）。例如，当输入是指产品的成本，输出是指产生的产值时，系统的效率由 MAX（. /.）表示；当输入是指规定的完成时间，输出是指实际完成时间时，系统的效率由 MIN（. /.）表示。

功效是针对系统目标实现的一个概念，即功效是系统为达到目的所具备的功能和效率。这里功能是指系统为达到目的所具备的能力；效率是指系统在一定资源条件下达到目的的速度或消耗资源的大小。

为达到整个系统的目的，各子系统都在做功，即消耗资源并输出各子系统规定的产品。当某一子系统所做的功对整个系统达到目标起促进作用时，称该子系统有正的功效；否则，称该子系统无功效、有虚功效或有负功效。

子系统有正功效的前提是目标明确。这是指在明确整个系统的远期目标和近期目标的基础上，明确子系统本身在大系统中的地位和相应的目标，然后在目标的指导下去提高效率。盲目地提高效率可能会导致虚功效甚至负功效。

所谓虚功效是指做了功、消耗了资源而对实现系统目标起不到什么作用。

所谓负功效，是指所做的功对实现大系统的目标起阻碍和破坏作用。产生负功效的原因有多种，大部分原因是只着眼于子系统的局部或短期目标，忽视了大系统的长期和全局目标。对子系统局部来讲是正功效的事情，对全局可能是负功效的。例如一个组织的各个部门分别开发一些小型计算机应用系统，分别购置一些不同型号的计算机，看起来对每个单位都是正功，但就全面而言，可能就阻碍了整个组织的信息系统的开发。因为各自开发的数据不能共享，功能的扩充和维护遇到困难。其次，有些工作从近期来看是正功效，但从长远来看是负功效。例如生态系统，有人认为在干旱地带大量植树是改造环境的好办法，因而对树种不加选择地大量造林。这在短期内似乎很有效，但由于这个地区不宜造枝干高的林木，这些林木把地下水吸收到空中挥发，加剧了该地区的干旱状况，若干年后，这些树木都死亡了，气候变得更加干燥。因此从长远来看，该地区的造林计划是负功效的。在信息系统建设中也有类似现象。一个系统有时有多个目标，往往对某些目标起正功效的工作，却对另一些目标产生负功效。分析一个工作是正功效还是负功效并不是一目了然的事情。系统的概念和思想就是帮助我们在处理复杂事情时保持头脑清醒。

二、组织

信息系统的建设总是在某一确定的组织中进行。组织提出建立信息系统的要求，负责准备建立信息系统所需的资金和人才。反过来，信息系统以组织为依托得到发展并为组织提供各种服务。因此组织的概念是管理信息系统理论基础的重要内容之一。

(一) 组织的定义及描述

“组织”这个词是一个很宽泛的概念，它可以指企业、学校、医院、政府部门甚至是一个国家。从信息系统研究的角度来讲，我们希望对组织有一个确切的定义，且从定义中导出对一个特定组织的描述方法。只有对一个组织进行清楚的描述，才能有助于信息系统的设计与开发。一个描述不清的组织，自然也不能清楚地定义其信息系统。

我们在此对组织作出如下定义：

组织是一个由相对固定的人员、资金、物质设备组成，同周围的环境有相对明确的边界，通过对资源的管理来达到其确定的目标的实体。

这样的定义也许有点抽象，下面我们详细解释这一定义，同时也通过这种解释来描述一个组织。

1. 对组织战略性要素的描述

组织战略性要素是指组织的一些战略性的属性，它有三方面的内容：

- 组织的使命（定位）
- 组织的目标
- 组织的战略

组织的使命陈述了这个组织是什么，它为什么存在，明确要干什么和不能干什么。组织的使命回答了一个基本问题，即该组织属于哪个行业且在该行业中的具体分工。或许有人认为回答这种问题没有什么用处，因为他们自认为他们所在的行业或在行业中的分工是清楚的。然而来自国外的经验表明，现在，觉得明了自己业务（使命）的组织大大减少了。在这里，我们并不去深究如何去确定组织的使命，只是强调组织使命的确定，这在管理信息系统的战略计划中占有很重要的地位。

当组织的使命确定以后，就应该来选择组织的目标。组织的目标，是指在将来希望达到的状态和地位。目标既可以是定量的，也可以是定性的，但应当是长期有效的。目标不同于特定的、定量的短期指标。从组织使命的内容看，目标也涉及到组织在其使命中确定的所在行业中的地位，当然这种地位可以用各种各样的定量属性方法来表达。

组织的战略是指实现目标的总方针。一个组织是如何达到其目标的呢？总的说来，组织利用其实体来处理投入它的资源，生产出其使命中规定的产品，通过产品在社会上的推销来达到其目的。为了保证集中使用组织的资源，排除许多看起来正确但效率不高的达到目标的途径，组织要规定一系列原则和政策，我们称这些为组织的战略。如果没有战略作为指导，企业中各个层次的不同管理人员可能会自以为积极地自行其是，导致总体的低效率。

战略所涉及的方面同目标的内容密切相关，一般的思路是：对于目标的某一细节，提出达到目标的各种可能途径，对于这些不同的可能途径，根据组织的资源环境，选择最可行的途径。

2．对组织资源的描述

每一组织有其相应的资源。实现组织的目标，就是对相应的资源作有效的安排和处理。

资源有两种，一种是支持性资源，它们不直接体现在产品中，在大部分的情况下，这样的资源是指人力、地产和装备；另一种是主要资源，它们作为支持性资源的处理对象，在处理过程中发生物理的、化学的乃至其它属性上的变化，并直接体现在最终产品中。例如，原材料、电能、水能等。对于有些服务性部门，例如大学、医院直至政府部门，如何理解其资源呢？当然，它们也会有支持性资源，例如教师、医生、校舍、病房、教学仪器和医疗设备等。但是什么是它们的主要资源呢？我们知道，大学接纳学生、医院接待病人，大学给予学生们的是各种训练课程，医院给予病人的是多种医疗服务。于是，可以认为学生和病人分别是大学和医院的主要资源，而课程和医疗服务应加到大学和医院的主要资源表中去。因此，主要资源也可进一步分成产品和服务两大类。

如何针对资源进行处理呢？显然，只列出资源的类目是不够的，我们要把描述资源管理的规律性找出来，给出一个结构性的描述方法，这就是资源管理的生命周期。

一种资源进入一个组织后，一般要经历以下四个阶段，也就是资源管理的生命周期：

（1）阶段1：对某一资源需求的提出、计划，对计划的度量和控制。

（2）阶段2：对这种资源的获取过程。

（3）阶段3：对已获取的资源进行处理、经营。

（4）阶段4：对产生的产品或服务进行分配，对整个生命周期进行评价。

表1-1是对于一些支持性资源生命周期的描述。

对于一个组织资源生命周期的分析，在其信息系统设计中起着重要的作用。对于某些组织来讲，资源的分析并不是一目了然的。一般来讲，若一个组织的资源是单一的或者仅有少数几种资源，则该组织的机构和任务也就比较简单；反之，如果一个组织的资源是多种多样的，则该组织就要复杂一些，信息系统的设计与开发也要困难得多。

表 1-1 支持性资源生命周期示例

资源	生命周期阶段			
	需求	获取	经营管理	分配与反馈
资金	财政计划 成本控制	资金获取 应收款项	普通会计 银行业务 证券管理	支付
人员	人力计划 工资管理	招聘 调动	报酬福利 专业培训	解聘、退休
设备	设备计划 厂房计划	设备采购 建筑管理	机器维护 厂房维护装修	设备更新

3. 对组织的任务和活动的描述

在组织这个实体中，进行着有节奏的活动。这些活动在战略要素的规定之下，对资源进行加工，以逐步达到组织的目标。因此，要对一个组织有深入的了解，就要分析并描述这些活动。这相当于从前面的组织的构成、战略要素、资源等的静态描述进入到对组织的动态描述。

每一个组织都有一些基本的活动和任务。例如在一个制造行业中，基本的活动是原材料的获取和加工，最终产品的分配等。在一个产业中，许多基本的活动同物质分不开，如果把这些活动的详细过程描绘出来，就可以看到这些过程有些是物质流动，我们有时也称为物质流。一般说来，在物质流动的同时，会产生和发送许多文件、单据和报表。例如收货通知单、存储需求单、工作记时单、任务完成的数量与质量统计表等。我们可以说，物质流伴随产生数据流（信息流）。也有些基本活动，它们只出现信息流而没有物质流，例如政府部门和企业中的计划和控制活动。因此在研究信息系统时，首先要研究组织在目标规定下的活动和任务，这些活动和任务由于同信息流有关，因而直接反映了组织的信息需求。

怎样来描述组织的活动和任务呢？一般说来，熟悉组织运营的人可以详细地描绘出每个任务和活动的执行流程。在这一流程中有一些基本活动和决策依某一执行次序排列而成，我们用“过程”一词来描述组织的活动和任务。

组织的任务和活动，也就是“过程”，反映到组织机构上，在通常情况下就是一个组织内各个部门的职责。

过程的提出具有一定的结构化的方法，它的依据就是在组织的描述中第三个层次里讲到的资源以及生命周期的概念。利用产品和服务、支持性资源的四个生命周期阶段来划分过程，每个阶段可以对应若干过程。

过程的确定对于信息系统的设计是一个重要的概念，在以后讲设计方法时还要作进一步深入分析。

4．对组织结构的描述

每个组织都有与其职能相适应的组织机构。合理的组织机构或者组织结构的选取，是为了对组织的资源进行有效地利用，以实现在组织战略要素规定下的活动和任务过程。因此，每个组织都会有某种结构，了解这个结构将有助于了解组织的现状和将来的发展趋势。

组织的结构规定了组织内部门的划分、相互关系、各部门及其领导人的职权和职责各部门、对下属部门的控制幅度等。

组织的结构直接涉及到组织对其支持性资源，特别是人力资源的利用和安排，并支配着组织过程的进行方式，因此是信息系统研究的一个重要方面。

从以上四个方面来描述一个组织，能使我们对这一组织有全面的多层次的了解。如果一个组织在以上四个方面都能得到明确的描述，则称这一组织能被描述；反之，则称为不能或不易描述。

（二）现代组织机构模型

组织的结构是组织利用其有限的人力和物质资源来实现其目标的一种手段。对某类组织，什么样的组织形式是最好的，存在着不同的看法。这个问题反映到信息系统的研究中来，就是这样一个问题，即对于某一类组织，采用什么物理结构的信息系统为最好。这一问题同样没有得到很好的解决。以下我们简单介绍一些组织模式，以便使我们在了解一个实际的组织结构时，把这些模式作为参考。

组织结构的主要作用是，保证组织内外之间和上下层之间在完成特定资源处理所要求的基本过程时有效的交互关系，保证组织的工作效果。当然反过来组织的结构也受到组织拥有的支持性资源和工作环境的制约。这些环境有行业方面的，也有社会方面的。

1. 组织结构的基本框架——层次结构

层次结构是一种基本的组织形式。其结构的顶部设有最高管理部门，中间是中层管理部门，下面是基层管理部门，我们通常称其为金字塔结构（见图 1－3）。

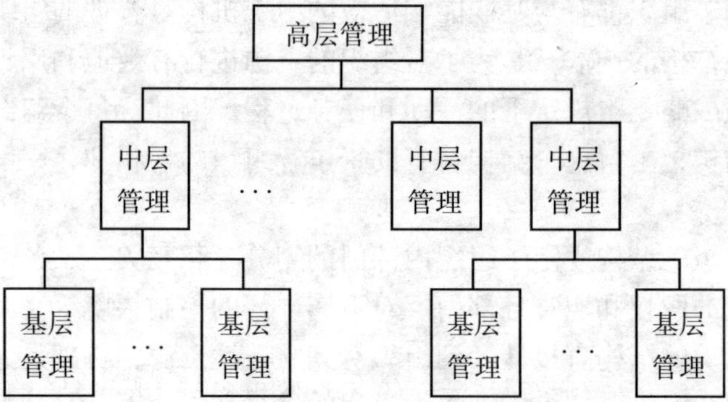

图 1－3 层次结构图

该模型具有以下特点：

（1）基本模型是传统管理理论的体现，它强调逐级的业务指挥权。这种指挥权是单一性的，每一个人或一个部门仅有一个上级领导（或部门）。他们接到指挥命令是单一的，而且这种指挥是自上而下的。各个层次的管理部门在组织中承担的职责同它所具有的指挥权的范围（职权）是一致的。

(2) 组织内的划分实行了专门化，它将工作分成若干专门任务。例如在财会职能部门中工作的会计专门从事账目统计工作；市场研究部门的人员专门研究和预测市场的动态。每一个职能部门还可再继续按专业来分成下属的部门（见图 1-4）。

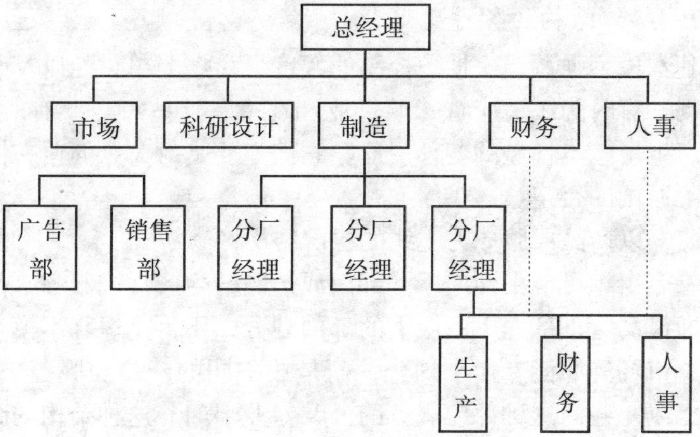

图 1-4 基本模型中的专业划分示意图

(3) 除了业务方面的指挥权外，组织中还有起参谋作用的功能，这种参谋作用是命令单一的补充。起参谋作用的上级部门没有对下级有关部门下达直接命令的权限，如图 1-4 中虚线部分所示。如果高层次上的财务部门发现要对财务政策作出变更，该部门不能直接命令下一层次的财务部门，而是应由高级管理部门下达到工厂经理，由工厂经理去执行。

(4) 在基本模型的组织结构中，生产和服务资源（即主要资源）的流动是横向的，即在某一层次上由一个部门流到另一个部门，而相应产生的管理信息也有同方向的流动。不过，可以明显看出，控制信息是自上而下的，反馈信息是自下而上的。这种资源和伴随信息的横向流动和控制反馈信息的纵向流动是基本模型的一大特点。

(5) 基本模型中决策权力的分布。具有同样基本模型结构的组织，有些可能是集权的，有些可能是分权的。集权的概念是指组织内的大部分决策均在上面的层次上作出，相对而言，分权是使组织下面的管理层次也有相当的决策权力。一个组织是集权的还是分权的，可以从其结构图形上大概地看出。

2．组织结构的各种变形

基本模型强调层次性、控制的幅度、命令的单一性以及专业分工原则。有时为了适应特殊的行业和环境，这些特点要有所改变。因而产生了基本模型的各种变形，它们主要是对命令的单一性和专业分工原则的否定。

(1) 以产品或服务为主线的层次结构

一个组织可能由面向不同部门或产品的生产（或服务）部门组成，即最高管理部门下一层上的部门划分，不再是像基本模型中按制造、市场等职能专业来划分，而是按不同的产品和服务来划分，再辅之以一些为这种部门服务的公共专业部门。这种结构的图示见图 1－5。图中是一个企业的组织的模型，在每个产品或服务部门下面的层次，可以按专业分工继续划分。这种结构在服务机构和政府部门中常常可以见到。

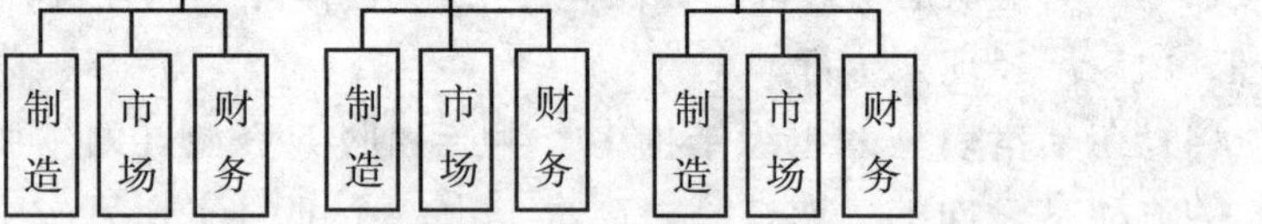

图 1－5　企业以产品或服务为主线的层次结构

一般来讲，这种组织形式适合于多资源的情况，而且资源是相对不变的。对于多资源而且资源是在变动的情况，应该采用项目组织形式。

总之，以生产和服务为主线的层次结构模型同基本模型的根本区别是组织第二层次上分机构的划分，是按生产的产品不同和提供的服务不同来进行的，而基本模型是针对产品和服务的加工过程的专业来划分的。

这种结构的组织对信息系统的设计有什么影响呢？首先，这样一个组织比基本模型来得复杂。实际上，可以认为整个组织是由若干个基本模型结构的子组织构成。因此相应的信息系统也就比基本模型对应的信息系统要复杂一些。一般说来，每一子组织可以有相对独立的信息系统。其次，也要注意到，尽管组织有不同的生产和服务子组织，但这些生产和服务都属于同一行业，因此它们的加工过程都是类似的，因而各个相应的信息系统有类似的模式，它们的开发可以相互借鉴并会有许多共享的功能模块。

(2) 基本模型中的横向关系

这是指组织所取的结构还是基本模型，但对命令的单一性作了一些松动。各职能组织可以采用横向关系将生产服务组织局部地结合起来，这种结合可能是临时性的，形式上不固定，按完成的任务不同而不同。可以有以下几种方式：

● 由各职能部门领导人或指派人员组成的联席会议，解决在上级指令中未能详述的协调问题。

● 为完成职责以外的特定任务而建立的横向任务组，组内的成员除了服从原来的领导以外，在业务上有双重领导性质。

● 矩阵化组织。

最后一种形式是横向关系的极端形式。对每个生产或服务团体来说，有一个独立的整体部门，这个部门同各级职能组织有横向关系。所涉及到的各级组织，一方面对原组织中的职能部门具有纵向职权关系；另一方面，又与整体化生产或服务部门的相应层次有横向职权关系。在矩阵化组织中，命令单一性受到最大的破坏。与矩阵化组织有关的各级组织，一般是有多个组织目标，领导者要不断协调地应用自己的资源，同时达到这些目标。矩阵化组织的一个例子可见图 1-6，其中实线的联系表示正式的职权，而虚线的连接表示横向组织的职权。

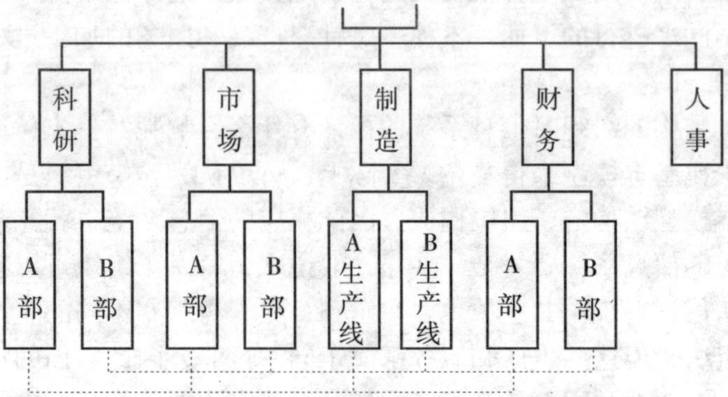

图 1-6 矩阵化组织结构示意图

可以看到，在基本模型中增加横向联系，是为了增强组织处理不确定性任务的能力。本来，如果组织的任务是完全确定的，则可以根据完全规范化了的规程实施基本模型的自上而下的指挥来完成这些任务。但当组织内有许多不确定的临时性任务时，为了增强组织内的通信和灵活的信息处理能力，就要引入上面所述的横向联系的种种方法。

这种组织结构对信息系统设计的重要提示是，横向联系的组织越多，对数据和信息共享的要求越高，而通过信息系统的数据库，可以使横向联系的效率大大提高并且直接减少在这种联系中人的活动。例如，经理直接会晤及联络有时可由计算机查询来代替。因而对于具有大量横向联系的组织，信息系统的建设以数据库为关键因子。

（三）组织分析中的系统思想

在前面的叙述中，我们将系统理论具体化，介绍了组织的定义以及对组织的描述方法。这种描述方法对管理信息系统的设计和开发是非常必要的，它也是组织管理工作的基础。对组织的描述分为五个层次进行：第一步是对组织实体的描述。第二步是对组织战略要素的描述，这些战略性要素包括组织的使命、目标及战略。第三步是对组织资源的描述，这些资源包括组织提供的产品、服务及支持性资源。我们要指出的是资源以及资源生命周期的概念，在管理信息系统的设计中起着重要的作用。第四步是对组织的任务和活动的描述，这一描述给出了组织管理工作的概况。第五步是描述组织现有的机构。从对现代组织理论的介绍中可以知道，一个组织结构的确定，同该组织的目标、资源和功能密切相关。因而，从理论上来讲，有了对组织的前四个层次的描述，可以推出一个理想的组织结构。也可以说，第五步的描述可以用来作为对目前组织结构合理性评价的依据。

在这样的描述过程中，贯穿了以下一些思维原则：

- 自上而下的分析原则
- 由里及表的分析原则
- 由抽象到具体的分析原则

这些原则是系统论思想的具体体现。在管理信息系统的研究和设计中我们应一直遵循这样的思维方法。

另外，系统理论提示我们，组织结构是达到组织系统功效的一个重要环节。直接影响功效的主要因素有三个：

(1) 各组织分支合成大系统的放大作用；

(2) 各单位之间物质、信息的流通效率；

(3) 各下层组织的积极性。

因此，我们在选择组织形式时，应以这三条为基本准则，而不能单纯地追求组织的完整、层次的多寡、人员的职务分配等表面因素。

三、管理

由于管理工作就是同信息打交道，因此研究管理信息系统的人一定要了解管理，不仅要有管理的一般知识，还要逐步积累实际的管理经验。

（一）管理的功能

在学术界，对管理的功能有着不同的看法，从信息系统研究的角度来看，我们认为管理的功能有以下几个方面：

1．确定管理工作的目标

管理工作的目标同组织的目标密切相关但又不是停留在前者的范畴上。管理工作的目标是组织的目标在管理工作范畴和功能方面的分解、深入和具体化。这样，管理的目标要比组织的目标更详细，涉及到管理工作的具体功能和目标。这些目标的实现，能从管理上保证组织目标的实现。

2．计划的制定

计划的制定和实施控制是管理的主要功能，制定为达到设定的管理目标所必需的政策、程序和规则。例如确定所需资源的品种和数量，提出获取途径和手续，制定运输方案以及对资源加工的具体计划等。

计划制定的本身就需要确定计划的规程（指程序和规则方法等），这是管理工作的主要业务。对于不同的行业，计划制定的方法有很大的不同。我们在此并不具体讨论计划自身的方法论，只是简单地介绍计划的主要步骤。

（1）估量机会并确定计划工作的目标

计划的提出取决于计划者对将来机会的把握，形成初步的设想，并在此基础上为整个组织确定计划工作的目标。目标说明预期的成果，并附之以相应的政策和策略。

这里要作一些说明的是，人们常常分不清组织的目标、管理工作的目标和计划的目标三者之间有什么区别。应该说组织的目标是最全面和长远的，组织的目标反映在管理工作方面就是管理的目标。而计划的目标往往是具体的，是组织的远期目标分解到近期或局限于一个侧面的目标。

（2）环境评估与预测

目标是否可行，要根据掌握的本组织的现状材料和环境的利害关系来加以分析，要分析所定的政策和策略是否会导致预想的结果，这就是预测。预测要依靠对目前状态的评估和对将来的组织自身和环境变化的假设。评估和假设都是计划的前提，用来作为计划的基本出发点。

(3) 提出备选方案

提出备选方案就是提供能达到目标且符合假设条件的各种可能的行为过程。当然，应尽量提出最可行和优秀的备选方案。

(4) 评价各备选方案

根据假设条件和计划工作的目标来评价各个备选方案。

(5) 决策

从以上的方案中选取或综合一个，作为正式计划的内容，这是计划的关键一步。作出决策的过程也可能是重复执行以上步骤。

(6) 制定执行所定方案的计划

主计划经决策决定下来以后，还要有一些子计划来具体贯彻执行主计划。从系统工程的角度来看，就是进入下一阶段时的工作计划。从时序上来讲，一个计划的决策是下层计划制定机会的提出，从而重复以上步骤。

3．组织与人事

根据组织的目标确定主要任务及其分类，选用适应的组织结构来完成这些主要任务，控制组织的规模（规模指的是组织的层次数以及每一层上控制的幅度），以保证在组织内部物质、信息合理的流通，提高组织结构的有效性。

调集人力完成组织中各层次上的管理、控制任务以及基本的生产和服务任务。对组织内部的人员进行领导、引导、指导和鼓励。

4．协调

协调是一种综合性工作，涉及到计划的执行、组织与人事，即以适当的顺序安排各种活动，解决计划的细节问题。协调也可以说是按照组织例行的程序和规则来促使计划实施。

5. 调整和控制

计划的执行要有反馈。随着环境的变化对计划作休整，这一功能就是调整及控制。管理部门要对工作实际进展的情况进行检测并同计划的目标作比较，指出实际绩效同计划的偏差，将这一偏差提交给计划部门。对不符合计划的活动进行调整或对不符合实际的计划、政策、规则和程序进行修正的过程如下：

（1）确定预期达到的标准，例如预算、作业规程等；

（2）对实际执行情况进行检测；

（3）将实际执行情况与预期标准进行比较；

（4）向控制部门提交偏差报告；

（5）若偏差原因是执行情况不能令人满意，则由控制部门采取行动来改善执行情况；

（6）若改进的措施失效，需由上级的计划控制部门改变工作条件或者修改计划。

在管理信息系统中，最主要的管理功能是计划与控制，因为在这两部分管理工作中，应用计算机的可能性最大。而对组织与人事、协调以及工作目标的制定等管理功能，主要是依靠人来完成的。

（二）Anthony 的三级管理模型

在管理信息系统的研究中，Anthony 的三级管理模型是极为重要的基本概念，其应用很广。三级模型提供了一个框架，帮助信息系统的设计者对复杂的管理体制加深理解并明确各部分之间的关系。

Anthony 定义了三种管理过程，即战略计划、管理控制和营运控制。它们的详细定义是：

● 战略计划：战略计划是指确定组织的目标或目标的改变，决定达到这些目标要使用的资源，制定获得这些资源的政策和使用分配这些资源的政策。这些管理活动的共同之处是使组织发生根本性的变动。

● 管理控制：管理控制是指管理者在实现组织的目标过程中，为保证有效地和有效率地得到和利用资源而进行的管理活动。

● 营运控制：营运控制是为了确保某特定业务能够被有效地、有效率地执行的过程。一般说来，这种控制活动要使用预先确定的规则和程序。大多数决策是可以编成计算机程序的，所遵循的规则是相当固定的。同前面两个层次的管理活动相比较，该层次上的决策所产生行动往往是短期内见效且有确定性的结果。

表 1－2 管理任务的层次

层次	内容
战略计划	规定企业的目标、政策和总方针； 企业的组织层次； 决定企业的任务。
管理控制	资源的获得与组织、人员的招聘与训练、资金的监控等。
操作控制	有效地利用现有设备和资源，在预算限制内活动。

Anthony 模型的价值在于：

1．提供了一个方法来分析决策的层次、特性以及决策负责人的识别。为了说明这一点，图 1－7 表示了在不同层次上计划工作的关系及特性。在图中可以看到，在三个层次的管理活动中，都具备管理的各种功能，但每种功能的主次是有差别的。在战略计划层上，计划功能和控制功能占主要地位，所作的事务性工作较少。在管理控制层和营运控制层上，相应的计划和控制所占的比重下降。高层管理部门依据外部信息和中层管理部门提供的内部信息来作战略计划，该计划交管理控制层执行。管理控制层制定出执行计划，交营运控制层执行。营运控制层将执行情况反馈给中层管理部门，中层管理部门根据这些信息完成控制作用，并不断将信息反馈到战略管理层。任何一个组织的管理工作，原则上都是这样进行的。

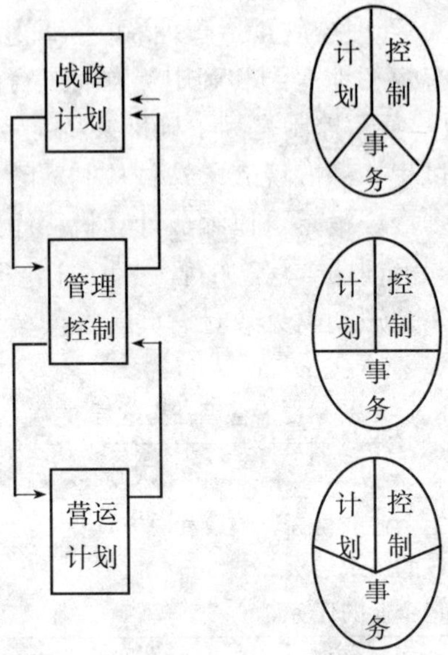

图 1－7 各层计划工作的关系及特性

2. 提供了识别各种决策活动所需信息的特征。对于三个不同层次上的管理活动，它们所需要的信息是不同的。我们在这里列举不同层次上所需信息的例子，至于更深入的信息属性的差异，我们将在后面叙述。

以下的数据类型是战略计划所需要的：

- 与企业活动有关的经济形势的信息
- 当前和未来政策（政治）环境
- 企业目前在市场上的地位和对将来的预测
- 对世界上同行业前景的展望
- 备选战略方案
- 竞争对手的实力及有关情报

对于管理控制，需要以下四种类型的数据：

- 预期的绩效值（预期达到的指标）
- 实际生产（或其他）和预期绩效的差距

● 造成偏差的原因

● 可能采取的决策或行动方案的分析

这四类数据包括了各类计划、标准和预算；由营运控制层掌握的各类生产过程统计信息等。

对于营运控制层，其数据主要是日常生产和事务活动中产生的内部数据，在这里不再详述。

3. 提供了对现存管理系统评价的工具，并提示完善管理的功能。从以后要讲到的信息系统来讲，既提供了对现存信息系统评价的工具，又提示了建立新的信息系统的可能性。

（三）现代管理方法在信息系统研究中的地位

由于信息系统同管理的密切关系，要求研究和设计信息系统的人了解现代管理方法论，并将方法论应用到信息的设计和管理中去。以下介绍两种管理方法的概念，即目标管理（Management by Objective，简称 MBO）和战略管理（Management by Strategies，简称 MBS）。

1. 目标管理

目标管理的概念是由 P. Drucker 在 1954 年引入的，这是管理科学上的一次革命。在 Drucker 之前，许多管理专家对管理功能作过许多研究，但对管理目标的制定和管理却很少研究。

注意到目标是任何工作的出发点，也是任何工作的归结和成果，因此目标管理实际上也是成果管理。目标管理的中心内容是利用一个组织内的分层目标结构进行纵向的沟通和横向的协调，尽量使组织内每个人和每个单位的目标同整体目标协调起来，使全组织达到最大的正功效。下面分几层来介绍目标管理，这些概念对 MIS 的设计和管理是有用的。

(1) 分层目标结构

分层目标结构有时也称作目标树或目标体系。这一概念表明，目标是一个复杂的体系。尽管在总体上，组织的目标是在将来希望达到的状态和地位，目标是长期有效的，但实现这个长远的总目标是逐步的。因此，在每一时期会有具体的目标。另外，在同一时期内，由于管理层次的不同和分工的不同，上级部门目标的范畴同下级管理部门的范畴也有不同。上级把自己的目标分解成更具体的目标给下级，在他的领导下，让下级完成这些分解后的目标，就能完成他本人的目标。在这种意义上，组织的整体目标分解成部分的目标，部分的目标可以称为分目标，分目标又可以分解成子目标。这种分解称为目标层次体系，或叫做目标树。

(2) 目标管理过程

①组织总目标的初步确定

这是目标管理的第一步，组织内的最高主管部门要根据以往组织的成绩和预计可控制的资源来确定今后一个既定时期内的目标。这一目标的确定仅是初步的，待经过以下各步的工作后，有可能对初步提出的目标进行修正和完善。

②明确组织内各单元和领导者的作用

组织的最高主管部门要考虑同初步目标密切有关的单位和个人是哪些，这些单位和个人在目标完成过程中所处的地位和所起的作用，也即为完成总目标所进行的职责分配。在这一步上，或许因为找不到适当的单位和人员来承担相应的职责，组织会发现目标制订得不合适。

这一步最主要的目的是组成由上下级各层次管理干部形成的实施目标管理的班子。目标管理是一种方法和思路，要由人来执行，这个班子就是目标管理的执行人。

③确定下属的目标和制订书面的协议

对由②中选定的下级负责人，传达已初步确定的组织目标（对于其他级别上的人员向下属人员传达时，应介绍自总目标直到传达人自己的目标)，然后询问下级能在此总目标的指导下完成什么样的分目标，在什么时候内并利用什么资源来完成这些目标。

在这种交流过程中，上级要对下级进行指导，让下级人员有一个机会来提出自己的工作目标，而不是由上级指令性地加以规定。这一点是目标管理的灵魂，即启发各级管理人员的积极性和责任感。因此，上级的提问应该是带有启发性和商讨性的，例如提问：

● 你对完成总目标能做些什么？

● 有什么困难使你不能更好地完成工作？

● 我们能做些什么样的改进？

● 我怎么帮助你？

● 你能提出的目标是什么？完成这一目标时你需要哪些资源？

● 你的目标对总目标的支持程度如何？（可能是充分地支持了总目标，也可能是表明总目标难以达到。）

这一步骤的会谈可能要进行多次，上级管理人员在会谈中可能发现初步的总目标不合适，需要进行修改。但循环几次以后应达到这样的结果：在上级管理人员和下属之间形成一个关于下属管理者在某一确定时期内要完成目标的协议书。协议书不仅指出下属的目标，而且指出达到目标标准的度量，指出对执行情况的报告制度和程序。这样一种协议书减少了对雇员评价的任意性。

④对目标协议书的检查及下一循环的开始

双方要严格按制度和程序来检查下属目标的实现情况。这种检查要求解释不能完成目标的原因。原因可能有两种，一种是纵向的沟通不够，使得不能充分利用资源来完成目标。这样一种检查有利于在新的一个时期内签订更合乎实际的目标协议。当然，上级要对下级鼓励，在下级不能完成协议时，要具体分析客观因素。

2. 战略管理

目标管理的主要好处是把管理目标的制定制度化和程序化。另外，目标管理促使组织各部门明确并承担各自的责任，提出了对管理部门的一套明确的考核指标，所以有助于开展有效的控制活动。

有时，目标管理在有些组织内使用很不成功。主要原因是目标的层次结构很难客观地确定。有的时候目标的分解很难，提出的具体目标往往是短期的，难于考虑对管理实践的长期性改善。于是，常常把企业的利润、销售来作为目标，而这种目标常常是以一年作为期限，引起企业行为的短期化。实际上，在管理方面有许多长期因素是应当列为目标的，例如管理的有效性，利用信息的能力等。

目标管理的又一缺陷是在程序中没有列入实现目标的战略，而正确的战略可以防止组织行为的短期化。因此，1979 年又提出了新的管理概念，即战略管理（MBS）。

MBS 是对 MBO 的补充，即在考虑组织的每一层次目标的同时，要制订出实现目标的战略。管理的重点不全在成果，而在检查得到这些成果的途径。也就是说，即使成果达到，还要看为得到这些成果所付出的代价是否减弱了组织的后劲。这种方法可以分成以下几步：

（1）把目标和战略同时作为组织的战略要素，在确定组织的目标时，详细研究并列出实现目标的战略。

（2）在对目标建立层次结构时，特别是在把目标分解成低一层的子目标时，可以把子目标看成是手段。这时，要检查这些手段是否符合总目标的战略，对不符合的要加以修改。可以说，战略的设立限制了目标分解的范围和范畴。子目标也要有相应的战略，这些战略要服从总的战略。

（3）整个管理过程仍参照目标管理的过程，但在上下级的协议中和对工作的检查中均要引入战略的概念。

第二节　信息与管理信息系统

一、信息

（一）信息的定义及属性

数据（Data）和信息（Information）这两个词常常混在一起使用，在理论上可以作一些区分。

数据是对客观事物或事实的记录，信息则是加工处理后的数据。

数据和信息是相对的概念。同一种数据对某一层的管理人员来说是信息，而对另一层的管理人员可能就只是一种原始数据。在实际应用中，数据和信息这两个词常常交替使用，但我们应该清楚它们之间的区别。

信息具有以下一些基本属性：

1. 事实性。事实性是信息最基本的性质。不符合事实的信息不仅没有价值，而且可能价值为负值。所以在收集信息时，必须首先研究它的事实性。

2. 时效性。信息的时效是指从信息源发送信息，经过接收、加工、传递、利用的时间间隔及其效率。时间间隔愈短，使用信息愈及时，使用程度愈高，时效性愈强。

3. 不完全性。关于客观事实的信息不可能完全得到，而且也没有必要。因此数据收集或信息转换要有主观思路，要运用已有的知识进行分析判断，要有取舍，要分清主次。

4. 等级性。管理系统是分等级的，处在不同级别的管理者有不同的职责，处理的决策类型不同，需要的信息也不同。因此管理信息也是分级的，一般分为战略级、战术级和作业级。不同级别的信息具有不同的属性（见表 1－3）。

表 1－3　不同管理层次的信息特性

信息特性	运行控制	管理控制	战略计划
来源	系统内部	内部	外部
范围	确定	有一定确定性	很宽
概括性	详细	较概括	概括
时间性	历史	综合	未来
流通性	经常变化	定期变化	相对稳定
精确性要求	高	较高	低
使用频率	高	较高	低

5. 价值性。信息的价值要通过使用才能体现出来，而信息的使用价值只有经过转换才能得到。鉴于信息是有寿命有时效的，因此转换必须及时。

6. 变换性。信息是可变换的，它可以由不同的方法和不同的载体来载荷。这一特性在多媒体时代尤为重要。

（二）信息的决策价值

在管理信息系统的应用领域，人们常常关心到管理信息系统的效益问题。管理信息系统一般要求很大的投入，有头脑的领导者会问，我投入了 100 万元，能收到什么效益？MIS 的设计者在作可行性分析和系统效益分析时也面临着这个问题。下面我们对一些具体的决策过程，讨论一组信息所产生的价值。

许多研究者试图从一般系统理论或信息论的角度对系统的效益作研究。因为管理信息系统本身是一个“系统”，于是自然地想到系统功效的定量问题。另外，为了定量地刻画效益，首先要对信息本身作定量的刻画。然而，国外的一些学者研究证明这两条途径都不成功。

尽管如此，人们依然普遍认为培养起信息的价值观念是很重要的。决策者希望获得尽可能多的信息，却往往忽视取得信息要花费的成本。通常，不仅要考虑到决策的社会效益，还要考虑到决策的经济效益。换言之，要考虑到决策的改进所取得效益的增加，是否大于为获得改进决策所必需的信息而付出的代价。信息的价值正是在于以较少的代价来改变决策行为。从某种意义上讲，信息的价值就是由它所引起的决策行为的变化为组织产生的价值减去信息的成本。

具体地说，面对一组可选择的方案，决策者将根据他掌握的信息和经验作出决策，即选择其中的一个方案。如果决策的结果是已知的，则可计算出这一方案的期望效益。现在，决策者取得了新的信息，如果这一新的信息使他作出新的决策，即取得另一方案，则新方案对应的期望效益同老方案的期望效益之差，再减去为获得该信息而消耗的成本，就是该信息生成的价值。

二、管理信息系统

（一）管理信息系统的定义

提到管理信息系统，总是和管理及计算机这两个概念分不开。但这并不意味着管理部门有了计算机，并在计算机上实现了事务处理自动化后，企业就有了管理信息系统。

管理信息系统不同于计算机应用系统，两者的区别可以通过以下关于管理信息系统的定义加以说明。

1. 广义的管理信息系统

管理信息系统（Management Information Systems，简称 MIS）是组织系统中的一个子系统，它具有以下目的（功能）和构成：

目的：有效率地完成事务处理，有效地和有效率地为组织的战略计划、管理控制和运营控制提供必要的信息、管理决策方法和模型。

构成：MIS 是一个综合性的人/机系统。在“人”这一因素方面，包括了受过良好训练的系统分析人员和决策者，以及管理与决策的人工规则和程序；在“机”的方面，是指计算机系统、通信系统、软件系统、数据库系统和必要的管理决策模型体系。

在这一定义中有几点要加以说明。

第一，MIS 不是一些零星的计算机应用系统的聚合，而是有固有功能结构的综合系统。如图 1－8 所示，一个 MIS 是为组织的各个层次的管理活动和事务处理活动服务的综合系统。定义的这一部分否定了仅为事务处理服务的系统是管理信息系统，仅为事务处理服务的系统只在将掌握的数据和信息服务于高层管理时才具有 MIS 的雏形。

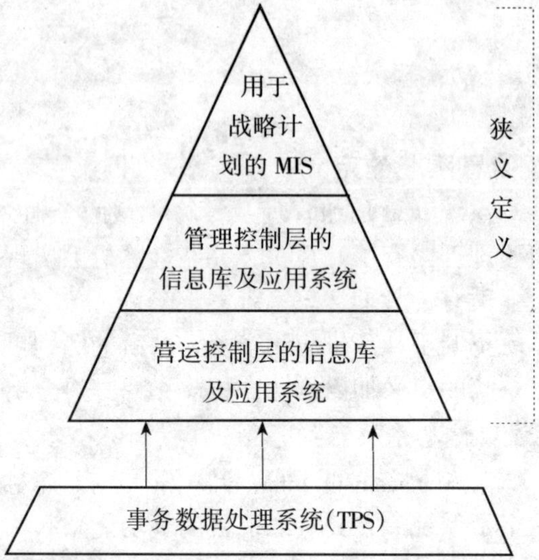

图 1-8 广义和狭义的 MIS 定义

第二，定义中强调了人的因素。一个计算机装置能称为是一个 MIS，关键是人的介入。MIS 一刻也离不开人和规程（规则和程序）。从现阶段的概念来讲，人的介入越深，人机的对话越发达和越融洽，则 MIS 达到的水平越高。这种概念正好与事务处理或一般工厂的过程控制自动化的概念相反。近年来，在 MIS 概念中人工智能概念的引入，不能看成是让计算机来代替人类，而应看成是让计算机人格化，从而增强和人类交流的能力。

第三，另一点需要说明的是关于事务数据处理系统（Transaction Processing System，简称 TPS）的问题。有时也称事务数据处理系统为电子数据处理系统（Electronic Data Processing，简称 EDP）。例如工资管理系统、航空公司的订票系统、酒店的服务台系统、银行的自动化业务系统等都是 EDP 系统的例子。广义的 MIS 定义将 TPS 系统也包括在一个企业（组织）的 MIS 内，是因为考虑到许多组织的事务处理系统是直接为管理控制和操作控制提供基本数据的。这样不但提高了事务工作的效率，而且也使企业基本数据的收集和存档工作自动化和规范化。事务处理后有意识地形成的种种记录成为管理工作的依据。

当事务处理系统同管理活动层次上的 MIS 同时在一个物理系统上实现，且事务处理的结果将不断地更新企业数据库的内容时，就更有理由认为 MIS 需要包括 TPS 在内了。正是基于这些理由，才有所谓 MIS 的广义定义。

对于有些组织，事务处理系统过于庞大，它们是企业生产中的主要环节。此时，就有必要把它们从 MIS 中独立出来，专门研究与它们有关的设计、开发概念和方法，而 MIS 的广义定义就不很合适了。例如，一个航空公司的订票系统由通信系统连接散布在全国甚至国外的许多计算机组成，它是航空公司的主要业务，是典型的事务处理系统（当然也会有一定的操作控制功能），而不能认为是面向高层次的系统。

在这种考虑下，我们引进狭义的 MIS 定义。

2. 狭义的 MIS 定义

MIS 是一个组织的管理系统中的子系统，也就是把它对作业的自动化从 MIS 中分离出来。除此之外，其它的定义同 MIS 的广义定义相同。

有些论著采用这一定义，将 EDP 的一部分同 MIS 的概念分开来（见表 1-4）。比较以上两种定义，我们可以看出，对于不同的组织，可以根据不同的情况来选用这两种定义。从信息资源（包括计算机资源、信息资源、信息人才资源）管理、设计和开发的角度讲，我们认为 MIS 广义的定义对通常的中小型组织是可取的，而对于较大和复杂的组织，取狭义的定义较为合适。

表 1-4 EDP 与 MIS 的区别

EDP	MIS
例行的工作	非例行的新工作
财务型工作	智能型工作
处理历史数据	处理未来型数据
内部数据	外部数据，也包括内部数据
处理过程是机械的	带有行为因素的处理过程
一般性计算	复杂计算
不一定输入管理信息	输出管理信息

(二) 管理信息系统的职能

一个管理信息系统在为各个管理层次服务的过程中，要完成的一般职能有以下几个方面：

1. 数据的收集和录入（输入）

MIS 要确定该系统管辖下的数据源，确定标准的数据收集方式，规定数据的格式，对收集的数据加以检验，进行质量控制并为录入作数据准备，按系统的配置及要求来组织数据录入。

对不同的管理层次有不同的数据源。在事务处理和管理控制、营运控制的层次上，主要是内部的数据源。而在战略计划层上，除了内部数据外，还需要社会数据和环境数据，往往设置这些数据的来源要花费一番脑筋。数据收集和录入工作中大部分工作量是在事务处理层和营运控制层。确定标准的数据收集方式是指对每一次数据收集工作，规定是用人工记录，还是用终端记录等。数据的格式是指从记录方式到要求的精度等一系列具体问题。好的记录方式会加快记录的速度和减少错误，并减轻数据准备工作。所谓数据准备工作，是指对机器不能直接阅读的那些数据进行加工，为录入做准备。在数据准备工作中要对数据进行校验，除了纠正从收集到录入过程中所犯的错误，还要剔除与事实规律不符的错误数据。管理信息系统要对录入人员进行严格的训练，因为他们是数据由人工处理进入到机器处理的界面。要对录入工作制定严格的规程和纪律，以免误录、遗录和重录。

一般数据的录入（输入）按其时间属性有两种方式。一种是批量输入，即定期将累积的数据输入到机器中。另一种是直接联机输入，即在终端或电传打印机上随时将收集的数据敲入。

上述数据收集及录入工作似乎同一般的计算机应用工作中的要求一样，那么，对于 MIS，这部分工作有什么特点，这是系统设计人员要特别注意的。

MIS 是应用数据库来全面管理组织的基本信息资源的系统。这样的系统减少了分散建立的数据文件并消除了冗余的文件，而且把本来要存放在不同文件中的逻辑相关的数据改成存放在一个文件之中，数据的数据库组织形式减少了采用分散式文件方式时会发生不一致和差错的问题。这就要求在数据的收集工作和录入工作中采取更有计划性和结构性的行动。整个数据收集工作将被视为一个整体，有预先确定的固定计划和统一的行动，而不再是个别计算机应用人员的个体劳动。这是一种观念上的转变，同时也是一种难度很大的工作。数据的收集和录入同 MIS 的设计工作发生了密切的关系。

这种设计体现了要收集和录入的数据集合的完整性。所谓在数据收集和录入阶段的数据集合的完整性，是指在系统的目标要求下，考虑要收集数据的完整范围，并在此范围内明确各种数据的逻辑关系。数据的收集和录入是在这种逻辑关系的指导下进行的。从数据库的角度来讲，是在确定了数据库的模式以后，在模式的指导下进行统一的数据编码以及数据说明文件的编写，并组织数据收集、录入和质量控制工作。

另外，由于应用了数据库的思想，所以一个数据、特别是共享程度比较高的数据的精确度和准确性的意义也不同于以前在分立式文件中数据精确度的意义了。因为在共享程度高的情况下，一个数据的错误，可能会影响到全系统各部门的错误。

2. 负责数据的存储

根据数据的内在结构和MIS的各种应用程度的要求，确定数据的逻辑组织和物理存储方式，是MIS的第二个职能。

数据的逻辑组织是指独立于数据的实际存储组织的数据间的关系。数据的逻辑组织有两个层次，一个是总体设计意义上的数据逻辑关系，主要反映MIS的各个子系统之间的输入输出关系，这一点将在设计方法中详细叙述。第二个层次是在系统的开发层次上的逻辑关系，指数据库的模式和数据库内文件的组织与文件结构。

从管理信息系统的设计和管理角度来讲，区分数据的逻辑存储关系和物理存储关系这两个概念的差别是很重要的。首先，逻辑关系是从事物的属性中得出的，从某种程度上来讲，这是一种抽象化的关系，人们用自己的头脑去认识它，变成设计文字而书面化。而物理关系是同具体的存储介质和地址相关的事情。第二，逻辑关系和物理关系不一定是保持一致的。例如，逻辑上相关的两个文件不一定存储在同一计算机系统内。第三，在系统目标的指引下，数据逻辑上相关的两个文件不一定存储在同一计算机系统内。第四，在系统目标的指引下，数据的逻辑关系可以认为是确定的，或者说惟一的，但物理存储关系却是多种多样的。物理存储依赖于所具有的存储介质以及使处理过程最为有效的物理配置和关系。

系统的物理存储方式也分为两个层次来考虑，即设计层次和开发层次。在设计层次上，对大的系统需考虑各个数据库应建立在哪个部门和哪台机器上。在开发层次上，则考虑每个数据库文件的物理组织形式。一般说来，文件的物理组织形式有两大类，一类是适用于信息检索的表组织，另一类是适用于数据处理的文件组织。后一类按其记录的物理存储形式又可分为顺序文件组织、随机文件组织、索引随机文件组织和索引顺序文件组织。这些都是计算机课程中的有关内容，读者可参阅第二章中的相关部分。

3. 负责系统内信息的传输

MIS为之服务的组织的地理分布可以分成两种情况，即分散的和集中的。对于分散分布的组织，有时需要把信息从一个城市传输到另一个城市，或从一个城市的某个区送到另一个区，它们的距离往往在几公里甚至几百公里以上。有的组织部门虽然相对集中，但各部门之间也要相隔好几百米，如果这些组织的信息处理特点是对时间性要求较高，或者是对公用数据库信息查询检索的响应时间要求较高，则系统要采取现代化的传输信息的手段，并保证传输的速度、准确度和保密性。通常采用的通信形式有以下几种：远程公用通信网式的通信、远程专用通信网式的通信、局域网通信技术以及主机——终端型通信等。

4. 数据加工

数据的加工，是 MIS 的一项主要职能。数据加工以后才能成为信息，为决策所用。数据的加工基本上分为两个层次，数据的初加工和数据的深加工。数据的初加工同事务处理的概念密切相关，它包括统计、排序、修改主文件等通用性的软件包，例如统计、排序软件包。

数据深加工的概念同 MIS 的面向各层管理决策的概念有关。收集在数据库内的数据，由大量的应用程序通过子模式的设计来加以提取和处理。这种处理与初加工阶段比较，更多地用到数学工具，包括经济学、运筹学和其它管理科学中的模型和方法。

5. 模型的建立、求解、应用和修改

模型的建立、求解、应用和修改是 MIS 最重要的职能。所谓模型的建立是通过系统储有的求解式模型或描述型模型，把组织面临的预测、计划中的决策变量同管理控制或营运控制中的控制变量以及表达环境的参变量关联起来，用定量的、逻辑的方法进行决策。系统中有适当的软件来求解这些模型，将解得出结果实施于管理，并通过对绩效的评价来修正所建的模型。

6. 输出信息、向各管理层提供信息，支持决策

MIS 要根据需要配置输出设备，包括终端、打印机、绘图机等，但输出的设备不仅这些。重要的是 MIS 要了解用户对信息输出的需求，并设计和维持各种实用的用户接口模式。对于事务处理营

运控制，信息的输出格式是相对结构化的，如按预先设计好的格式给出书面单据或报告，打印发货通知单等。但是对于高层次的管理工作，特别是决策辅助的工作，应特别了解决策者的意图，以提供需要的信息。决策的情报收集阶段相当于问题和机会的识别过程，让决策者快速地浏览一些企业内部和外部的关键性信息会揭示问题和机会。但由于不是所有的决策者都是熟悉计算机的，因而在人机接口方面要考虑到以下四种模式：

终端查询模式（决策人利用终端直接同系统对话，对话的激发是由随机的需求引起的）。

终端预约模式（有计划地向决策人显示关键信息，比起上一模式来，决策人显得被动一些）。

脱机文书模式（用书面报告的形式，向决策人显示关键信息）。

中间人模式（决策人通过其助手使用信息系统）。

根据决策人的不同情况决定输出模式，是 MIS 的职能要求。

7. MIS 自身的管理及维护

关于 MIS 自身的管理，在后面的章节中我们还要加以说明。这里就 MIS 的维护概念作一些解释。MIS 的维护主要指软件的维护，即软件的重编和修改。由于组织在不断变化，从而有三个因素引起重编程序的需求：

- 管理需求的改变以及硬件资源或信息来源的改变
- 原先分别开发的程序组合以及不同子系统在组合时的接口
- 由于一部分软件或数据库的变更而对其它软件提出相应的更动

以上对 MIS 职能的分析，主要是从系统的角度出发的。有关实现这些职能的技术和方法，有兴趣的读者可参看相关书籍。

（三）管理信息系统的基本结构

为了实现上述 MIS 的职能，一个 MIS 需要有一个数据库及数据库管理软件、一套模型和方法，以及从数据库中检索数据的功能和运行模型并作一般数据处理的数据处理系统。在复杂的情况下，可有许多个由上述元素组成的子系统利用通信组成更大的系统。MIS的基本结构如图 1－9 所示。

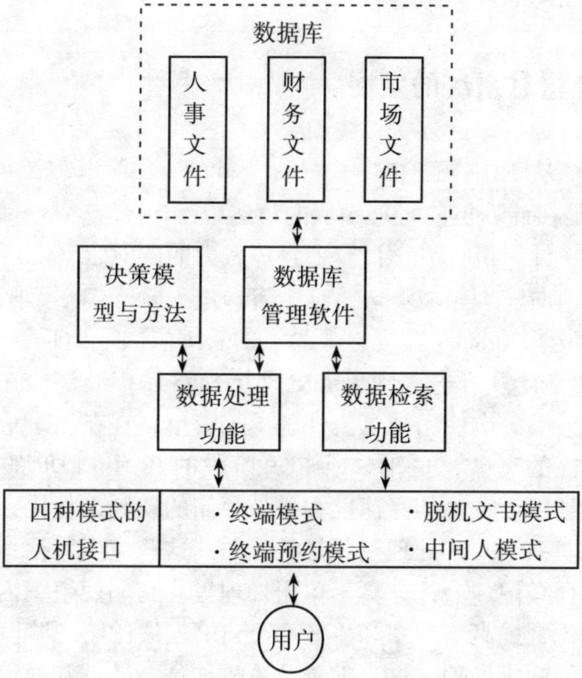

图 1－9 MIS 的基本结构

在这个图中，实际上数据处理功能和数据检索功能可以看成是一块，由计算机的系统软件和应用软件来完成。决策模型和方法是将已模块化的应用软件和子程序与数据库合在一起作为数据处理功能的支持。用户根据需要可以在四种不同的接口模式中选取适当的模式。

为了实施 MIS 的以上七种职能，除系统内的人（决策者、系统分析人员、系统维护人员等）和规程以外，要有一系列的物理配置，才能称得上是一个现代化的 MIS。我们在这里并不列示这些配置（有关物理配置方面的内容，详见系统设计部分），只是强调说明 MIS 的配置不是绝对的，一个功能好的 MIS 可能配置很简单。另外，随着计算机技术和通信技术的发展，会有越来越多的新技术产品引进到 MIS 的配置中来。

三、管理信息系统的发展

（一）从 EDP 到 MIS

MIS 是在计算机向管理领域的渗透中产生的。

首先，计算机在科学计算上发挥威力的同时，在 20 世纪 50 年代初就开始向管理领域渗透。这个渗透过程就好像不可阻挡的洪水逐渐地淹没了 Anthony 建立在概念上的管理层次“山丘”（见图 1－10）。起初是计算机进入到事务处理层和营运控制层。在 1954 年，美国商业界第一次使用计算机处理了工资单，现在大家一致认为是一种革命性的突破，是 TPS 或 EDP 阶段的开始。EDP 的初期，应用着眼于利用计算机的高速度和磁带存储的便利，替代穿孔卡记录装置和人工系统，其处理模式是批式的。这些应用包括：工资管理系统、库存登记、会计计算、单据处理等。它们使组织内务工作的规程合理化，提高了效率和生产率。EDP 发展的第二阶段是对事务数据进行的联机处理。这是随着计算机硬件、软件和通信技术的改进才实现的，这样可以对企业活动中产生的信息进行实时（瞬时）处理。这方面的例子有：机票预订前端系统、银行业零储系统、综合性的订单、发票和存储联机系统。

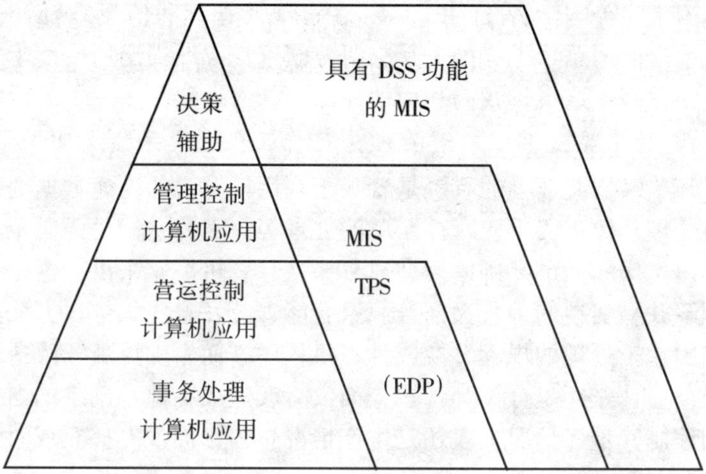

图 1 – 10 Anthony 模型

在 EDP 从 20 世纪 50 年代到 60 年代的发展中，确定型决策模型和工具、现代化的管理概念和方法以及计算机技术特别是数据库技术的发展，使计算机的应用朝着 Anthony 管理模型的高层次发展。

60 年代初，EDP 进入到 MIS 阶段。当时，美国经营管理协会提出建立 MIS 的设想，即建立一个全面性的企业信息系统，从逻辑和全企业的角度来看待数据，而不是像 TPS 阶段那样从物理和应用的角度看待数据。这样的信息系统可以让各级管理部门了解企业的一切有关的经济活动，不断获取所需要的信息。

这一概念的提出得到了企业界的响应。从 1965 年开始，在 EDP 已取得成就的基础上，西方国家，特别是美国的军事部门、联邦政府和一些大型企业对计算机的发展给予了大量投资，建立了数据库。确定性的决策模型，如线性规划等被应用到 MIS 中。

（二）MIS 发展中的经验

20 世纪 60 年代中期开始的 MIS 热潮，在实践中遇到了各种各样的困难。美国学者 J. E. Ross 在《现代管理和信息系统》一书中比较全面地总结了美国及其它西方国家在 MIS 提出后的前十年工作中的弊病。这里，我们利用他提出的这一框架作进一步的说明。

1. 许多系统不以改进管理为目标而仅面向一般文职人员

开始时，大部分的系统是着眼于利用计算机的高速数据处理和文字处理，像工资单、库存账单的处理等，因此它们是面向企业内做具体工作的人员，用以提高效率。从计算机厂家来讲，这是最容易理解并易实现的事。大部分厂家有能力开发这些软件，方法是把原来由手工处理的规程转换成计算机程序，而不加更新和改造。例如分类会计账还是分类会计账，而没有改造成在此基础上的财务计划的编制；生产情况报表还是生产情况报表，而没有扩充成对计划的控制与管理。

Ross 指出，MIS 除了支持事务处理外，应能提供（对企业而言）另外四种管理功能：

● 支持生产部门和市场部门；

● 除了提供历史性的报告以外，指出改造管理和更换处理方法的途径；

● 不仅指出计划与实施的偏差，而且提出改进实施效果的必要措施；

● 监控可能影响企业计划的外部因素和条件。

2. 计算机技术人员和管理者（用户）之间的认识差距和交流困难

在上述的面向一般文职人员的系统大量产生的原因之一是，MIS 的系统分析人员和设计人员同用户之间缺少共同的认识语言。技术人员对于管理过程和问题没有洞察力，其认识容易停留在管理中计算中和输入、输出的机械化上。他们认定自己的职责范围是从数据输入到报表打印，而不管打出的报告对销售经理是否有用。而后者最需要的是能提示计划要作出有意义的变化的非例行性报告。

不少管理者未受过计算机专业的专门训练，他们感到计算机是个神秘的东西。而计算机专家在同管理工作者接触中常用一些计算机术语，而缺乏一种便于为管理者接受的系统语言。他们的目标不是为了改进管理而只是完善计算机系统。Ross 指出了用户和 MIS 人员交流过程中的问题所在是:

设计者询问用户的信息需求，用户不习惯作分析且不能适宜地表达信息需求；

设计者作出设计并交付给程序员，但在设计中改变了用户的需求；

程序员完成系统，但对设计的理解进一步改变了用户需求。

最后，导致用户拒绝系统。

Ross 这一分析告诉我们，在开发一个系统的过程中，用户和 MIS 技术人员的交流应注意的环节。

3. 依赖咨询人员和制造厂商

在计算机生产厂商强大的销售计划和游说下，某些企业和公共事业部门依靠他们来设计自己的 MIS，并快速购进硬件。这样的部门一般都遭到了失败。

事实上，计算机厂商的主要目标是推销其商品和获取利润。他们关心企业改进管理是有限度的。因此，在买方没有一个能够设计本组织的 MIS 的设计小组之前，完全依靠外来专家设计 MIS，系统往往会失败的。也导致购进的机器不能很好地利用，造成资金浪费。

4. 没有总体规划

由于 MIS 是一种各个部分密切配合的系统，因此，对系统的建设要有一个长期的、反映各部分关联的总体规划。没有总体规划，就是在忽视物理系统的兼容性、应用系统的逻辑关联性和数据的完整性等的前提下，盲目地、分散地和拼凑式地建设系统。总体规划是对整个系统建设的外部环境及系统内部所产生的不确定性、风险性进行分析和研究，用一套规范化的设计方法来限定系统的建设，以免产生时间、资源和财力的浪费。

20 世纪 70 年代，MIS 的部分失败同人们对总体规划的认识以及总体规划本身技术的成熟度有很大的关系。

5. MIS机构在组织中的地位

MIS失败的另一个原因来自组织对EDP功能和MIS功能的组织形式。最早在美国的形式是在财政管理部门中设置一个MIS部门，这种组织形式见图1－11。

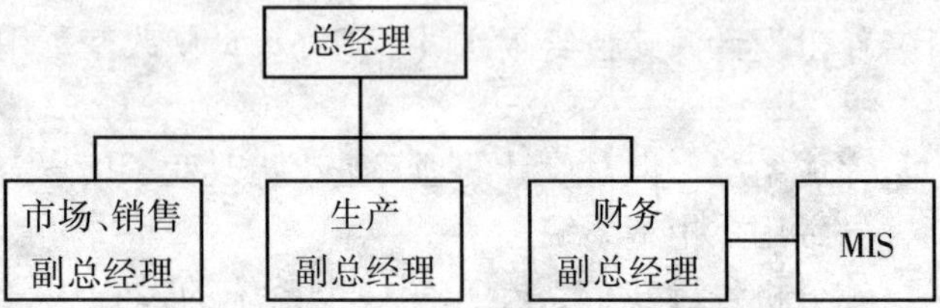

图1－11 美国早期的一种组织形式

这种组织形式目前在我国政府部门及企业中比较多见，尽管有时MIS未必设在财务部门之下。例如，在企业内，MIS是新技术开发部门或计算机中心下面的一个附属部门等。这种组织形式的要害是没有将信息资源与四“M”并列。四“M”是指传统理解的四大资源：财力（money）、人力（manpower）、材料（materials）和机器设备（machine and facilities）。如果把信息资源也作为组织的主要资源，建议组织应采用下面的组织形式来提高MIS的地位（见图1－12）。

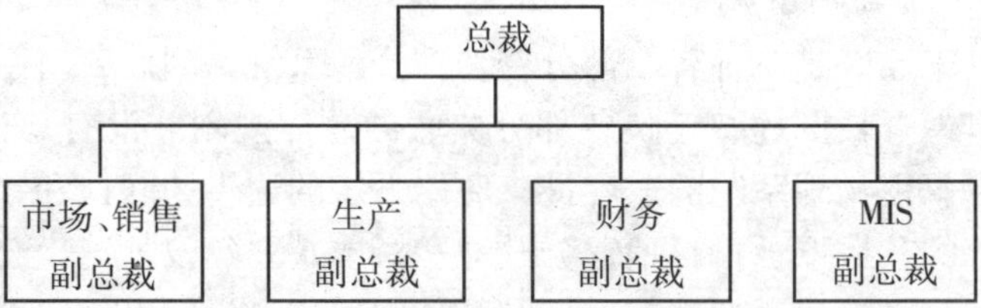

图1－12 提高MIS地位的一种组织形式

6. 没有一个完整的管理工作基础

信息是制定决策的原材料，而决策的过程却是由管理部门来执行的。因此，不能希望通过 MIS 的建设来提高落后的管理工作——包括管理人员的落后素质和规章制度的混乱。

MIS 必须建立在高层管理之上。这一管理系统要有清楚的目标设定，合适的计划、管理的结构和规程，好的组织和管理形式。

7. 缺少管理人员的参与

所有 MIS 的失败，首要原因可能就是没有或缺少管理人员的直接参与。这种观点在有些场合被上升成所谓“第一把手原则”，即不但管理者——用户被要求包含在所设计的系统之内，还要求总裁有个人兴趣并直接参加总体规划等重要设计工作。当计算机成为最大或较大的资金预算项目时，以及它对公司所有业务系统有如此广泛的影响时，这种要求是合理的。

8. 对信息需求描述的不清楚

即使管理人员参加了设计，也不一定能清楚地表达出他的信息需求，而好的需求说明是好的系统设计的基础。

对信息需求的有效说明，涉及到分析人员的设计方法论问题。目前用的全面调查方法、关键成功因素法和原型法都是在不同情况下可以使用的信息需求调查方法。

9. 在计算机化或转换以前的原系统低劣引起的 MIS 的失败

可以想象，如果将一个产生无效的甚至错误信息的手工系统计算机化，那只能增加虚功效和负功效。因此在 MIS 的建设中，要避免机械地“一对一的转换”，而要抓住计算机化的机会，认真地审查原来的系统。因为这是许多年前的规程，应该在新的管理手段和环境中重新加以考察。这一点同系统的分析、设计人员的知识结构有关。例如，当把库存会计计算机化时，有能力的设计者自然会考虑到库存管理和控制的功能。

有时，把这种指导思想更进一步提成“新课题原则”，即在每一转换中提出新的要求和设计思想。

10．过高估计了企业中人员对 MIS 的接受能力

用户对计算机化了的系统的接受和真正使用是系统设计人员颇感头痛的事情。有时，管理人员表面上接受，但实际上避开它的使用。从行为科学的角度来说明，人们易于抵制他们尚不理解的东西，因而要研究造成这种阻力的原因并给出处理的对策。原因可能有两个方面，一方面是由 MIS 人员造成的，他们过分扩大了 MIS 使用的难度，造成管理者对 MIS 的神秘感。另一方面是管理者本身造成的，出于对他们自己地位的重要性、决策的公开性及人际关系的改变等方面的考虑。

反过来，也存在另一种倾向，就是对 MIS 的过分宣传使用户对 MIS 的成功有过高的期望，产生一些不切实际的要求。因此，在宣传中不要以不切实际的承诺来鼓励管理人员对系统的接受。

Ross 对 MIS 发展中经验教训是十分重要的，即使今天也是一样，是 MIS 系统分析人员在实际中必须注意的原则。

第三节　酒店管理信息系统的概念

一、酒店管理信息系统的定义

酒店管理信息系统是随着计算机在酒店业中的应用而逐渐成熟和发展起来的。目前，有关酒店管理信息系统的相关概念和提法很多，比如酒店计算机系统、酒店管理系统、酒店信息管理系统等，所有这些提法都在一定程度上反映了人们对酒店管理信息系统的某种认识。我们在此对酒店管理信息系统作出如下定义：

酒店管理信息系统（Hotel Management Information System，简称 HMIS），是利用计算机技术和通信技术为酒店经营管理和决策服务的人机相结合的综合系统。该系统能全面反映酒店企业的运营状况，并通过计划和控制等手段帮助酒店企业实现其经营目标。

由于人们对酒店管理信息系统认识的角度不同，加之现代信息技术和管理实践的发展，人们还会对酒店管理信息系统作出更多的定义，但综述现代各种观点，酒店管理信息系统的概念应体现如下三个方面的含义：

1. HMIS是酒店企业的信息系统。这是从广义的角度来讲的，这种定义方式也比较符合我国现在酒店企业计算机应用的实际状况。它强调以计算机技术、网络通信技术、数据库技术为代表的信息技术基础，注重信息的收集、传递、存储、加工、维护和使用，在实际操作上多表现为事务处理或电子数据处理。这是酒店信息系统发展的第一个阶段，也是最初级的阶段。

2. HMIS是酒店企业的管理系统。这是从狭义的角度来讲的，这种定义方式代表了酒店企业信息系统现在及将来的发展方向。它强调面向酒店企业中高层管理者，注重计划、控制等管理职能的实现以及对非结构化和半结构化决策问题的支持。这一系统不是单纯地将原手工系统或事务处理系统进行自动化，而应是现代管理思想和管理方法与计算机手段相结合的产物。

3. HMIS是一个社会技术系统。国外有关管理信息系统的研究有多种流派和观点，但没有任何一种理论或者观点占据主导地位。对管理信息系统的研究涉及计算机科学、管理学、运筹学、社会学、心理学和经济学等多学科领域，人们据此将管理信息系统的研究分为技术学派、行为学派和社会技术系统学派。我们认为酒店管理信息系统是一个社会技术系统：一方面信息技术必须适合酒店企业的需要；另一方面酒店企业也必须通过学习新技术来促进自身的不断创新。在酒店管理信息系统的开发过程中，要正确地界定人和计算机在系统中的地位和作用，充分发挥各自的长处，使系统整体性能达到最优。

二、酒店管理信息系统的特点

每个系统都有自己的特点，酒店管理信息系统也不例外。和其他 MIS 系统一样，HMIS 首先是为经营管理服务的，是酒店经营的辅助管理工具，是酒店经营管理信息化的主要手段。作为一个系统，特别是为酒店经营服务的信息系统，HMIS 应有以下几方面特点：

（一）HMIS 是一个现代酒店管理的辅助系统

酒店管理主要依靠人，计算机仅是数据处理的工具。管理人员依据计算机数据处理的结果信息作出管理决策，以达到有效经营管理的目的。HMIS 是一个以人为主体的人机综合控制系统，经过 HMIS 的快速数据处理，酒店管理人员可以迅速得到所需信息。通过 HMIS 的辅助管理，能使酒店管理更加科学化，日常事务处理更加有序、更加规范、更加准确。

（二）HMIS 是一个开放式的系统

HMIS 是一个具有输入、输出功能的开放系统，可以输入各种票据、登记记录、账单、报表等。同时可以输出各种统计报表、汇总表等，通过输出控制整个酒店的物流和资金流。HMIS 不仅能够对环境进行分析并适应环境，而且能够在一定范围内、一定程度上改造环境，例如通过 HMIS 制定促销计划，可以改善酒店的营销活动。

（三）HMIS 是一个反馈系统

作为一个综合控制系统，HMIS 处理的是酒店的具体业务数据。由于酒店经营处于不断变化的环境中，如果 HMIS 在运行过程中不根据实际情况加以调整和扩充，往往会因脱离实际而失去作用。因此，为了延长 HMIS 的生存周期，必须根据 HMIS 输出的结果信息以及外界的信息随时调整内部处理方式或扩充相应处理功能。这种反馈功能使得 HMIS 输出的结果信息更加精确、更加实用。

（四）HMIS 是一个具有层次性的系统

现代酒店的管理具有很明显的等级制，即各级管理职责分明，分工明确，下级服从上级。HMIS 为了适应这种管理也将软件设计成相应的层次，一般分为三个层次：最低层为作业层，主要是录入和管理一些基础数据，使用HMIS的主要目的是为了提高工作效率和服务质量；中间层是管理层，主要功能是管理综合数据，目的是提高管理精确度，使管理上少一些“大概”、“差不多”，使得整个酒店的计划、组织、控制及激励更加有效、更加有的放矢；最高层是决策层，使用对象是酒店高层决策者，他们根据HMIS输出的结果信息作出经营管理决策，以提高经营管理效益，这是计算机在酒店应用中的真正价值体现，但目前大多数HMIS尚未达到这个层次。可以预见，HMIS在决策层的应用将越来越得到重视，如酒店的营销策略的制定、成本控制决策、财务计划决策、目标利润制定等都是计算机应用的主要领域，到那时HMIS的应用将达到高级阶段，即酒店决策支持系统（HDSS）阶段。

三、酒店管理信息系统的功能

（一）数据处理功能

数据处理功能，包括对各种形式的原始数据的收集、输入、传输、存储、加工处理和输出，这是酒店管理信息系统的基本功能。

（二）预测功能

预测功能，即运用数学、统计或模拟等方法，根据过去的数据预测未来的情况。

（三）计划功能

计划功能，即合理安排各职能部门的计划，并按照不同的管理层提供相应的计划报告。

（四）控制功能

控制功能，根据各职能部门提供的数据，对计划的执行情况进行监督、检查，比较执行与计划的差异，并分析其原因，辅助管理人员及时用各种方法加以控制。

（五）辅助决策功能

辅助决策功能，即运用数学模型，及时推导出有关问题的最优解，辅助管理人员进行决策。

四、酒店管理信息系统的结构

酒店管理信息系统的结构有概念结构、层次结构、功能结构和物理结构等多种，这种结构反映了系统整体与各个部分之间的信息关系，也反映了整个酒店管理信息系统的数据处理方式与数据传输方式，结构决定了系统的主要性能。

（一）概念结构

酒店管理信息系统从概念上看是由四大部件组成，即信息源、信息处理器、信息用户和信息管理者，它们之间的关系如图 1－13所示。

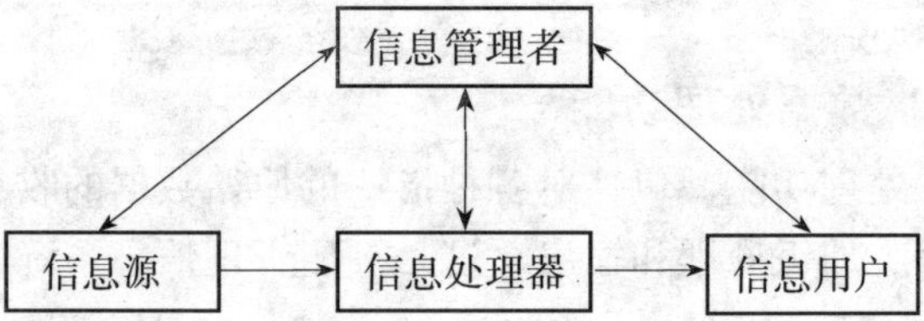

图 1－13　酒店管理信息系统的总体结构

图中信息源是信息的产生地；信息处理器是进行信息的传输、加工、保存等任务的设备；信息用户是信息的使用者，他应用信息进行决策；信息管理者负责信息系统的设计实现，在实现以后负责信息系统的运行和协调。

（二）层次结构

酒店管理信息系统是为管理决策服务的。我们知道管理是分层次的，纵向可以分为基层（作业处理）、中层（管理控制）和高层（战略与决策）三个管理层次，因此，酒店管理信息系统也可以纵向相应分解为三个子系统。另外，管理又可按职能进行横向划分，因而在每个层次上又可横向分为市场营销子系统、财务管理子系统、人事管理子系统、信息管理子系统和其他子系统等。每个子系统都支持从基层管理到高层管理的不同层次的管理需求。一般来说，基层管理所处理的数据量大、加工方法固定，而高层管理所处理的数据量小、加工方法灵活，但比较复杂，因此可将酒店管理信息系统看成如图 1－14 所示的金字塔结构。

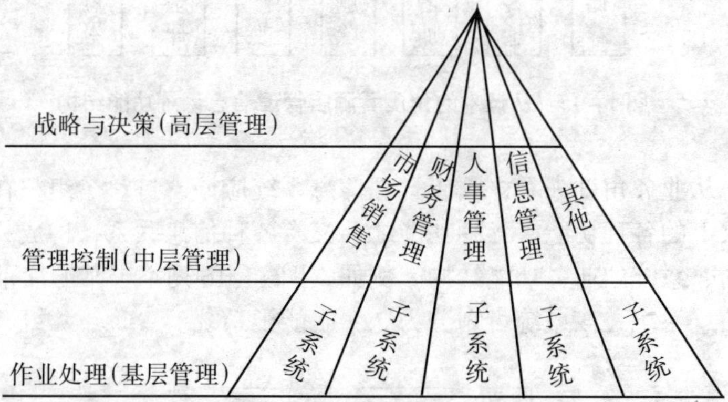

图 1－14 酒店管理信息系统的层次结构

（三）功能结构

任何一种管理信息系统，从信息技术的角度考虑，都要有信息的输入、处理和输出等功能。因此，酒店管理信息系统的功能结构从技术上看可以表示为图 1－15 的形式。

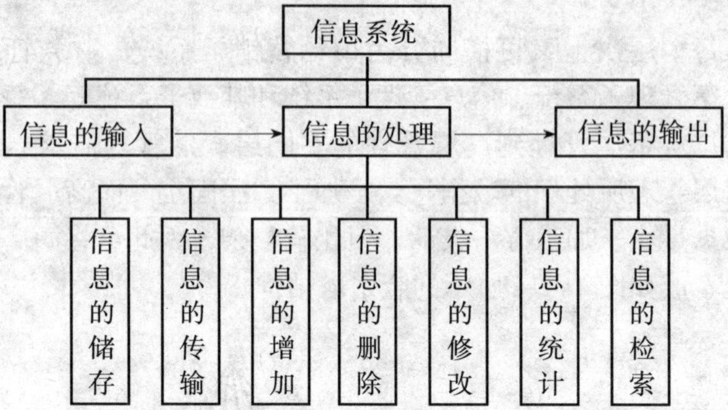

图 1－15　从技术的角度看酒店管理信息系统功能结构

从业务角度来看，酒店管理信息系统应该支持整个组织在不同层次上的各种功能。各种功能之间又有各种信息联系，构成一个有机的、系统的业务功能结构。例如，图 1－16 列举了某酒店前台管理信息系统，该系统可划分为 7 个职能子系统。

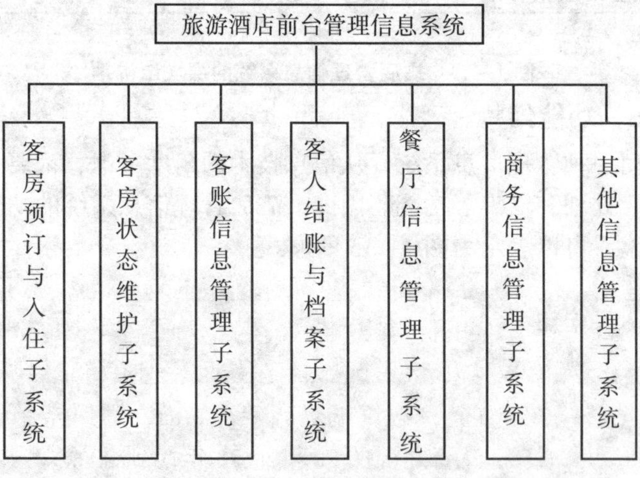

图 1－16　酒店前台管理信息系统功能结构

（四）硬件结构

硬件结构是指酒店管理信息系统的物理结构，即 HMIS 硬件系统的拓扑结构。一般有三种类型：单机批处理式结构、联机集中式处理结构和分布式处理结构。这三种结构是随计算机技术发展而陆续产生的，并还在不断发展变化着。

1. 单机批处理式结构

早期的 HMIS 都是单机批处理结构，由一台主机、显示器、键盘、打印机等组成。这种单台计算机的结构装上 HMIS 软件就构成了一个完整的 HMIS 系统，当需要处理数据时，可随时将一批待处理数据按一定时间间隔，一次性输入计算机进行批处理。这种单机批处理结构方式，往往一个人单独占用了一套计算机系统，上机时带上待处理的数据，下机后取走作业报告或结果，因而数据共享和实时处理能力性能较差。目前酒店管理信息系统中已很少使用这种结构。

2. 联机集中式处理结构

单机批处理结构的数据处理效率不高，数据共享性能也差。随着计算机技术的发展，出现了多台终端的联机系统，通过终端与计算机联系，进行各类数据处理的作业，这就是集中式数据处理结构。联机集中式处理结构采用一台或两台小型计算机或超级微型机作为主机，管理人员可以在任何时间通过各终端与主机联系，进行各类数据处理作业。由于各终端只能进行数据的输入输出，不能直接进行数据的处理，所以称集中式处理结构。

集中式处理结构的优点是数据处理能力强，数据安全，可靠性高。缺点是终端本身没有处理能力，系统处理速度将随终端数量的增加而明显减慢，而且一般终端只有字符界面，用户界面不美观。在 PC 机及 Windows 流行之前的 20 世纪 70 年代到 80 年代末，集中式处理结构是酒店最理想的 HMIS 结构。联机集中式处理结构虽然有许多优点，在计算机应用领域占据一定的市场，但随着计算机应用的深入和计算机技术的发展，这种结构已暴露出一些致命的弱点。第一，一次性投资较大，小型机比一般微型计算机要昂贵得多，而且要使系统可靠性高，一般要配两台主机并网运行，这样投资更大；第二，集中式处理结构由于数据集中在主机内处理，一旦主机出现故障，整个系统就会瘫痪，无法运转，因而联机集中式处理结构并非十全十美。图 1－17 是酒店管理信息系统联机集中式处理结构示意图。

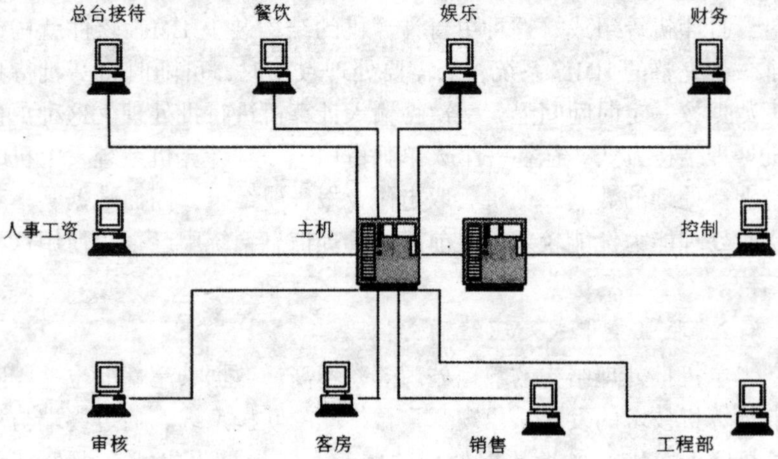

图 1－17 酒店管理信息系统联机集中式处理结构图

3. 分布式处理结构

到 20 世纪 80 年代中后期随着微型计算机功能的不断加强，出现了分布式计算机系统和分布式数据库系统，管理信息系统朝分布式方向发展。局域网系统就是这种结构的典型例子。这种系统以一台或几台高档微机作为网络服务器，通过网络连接工作站，而每个工作站都是一台独立的本身具有数据处理能力的微型计算机，需要时可以联机入网在服务器内处理数据，所以称为分布式处理结构。图 1－18 为酒店管理信息系统分布式处理结构示意图。

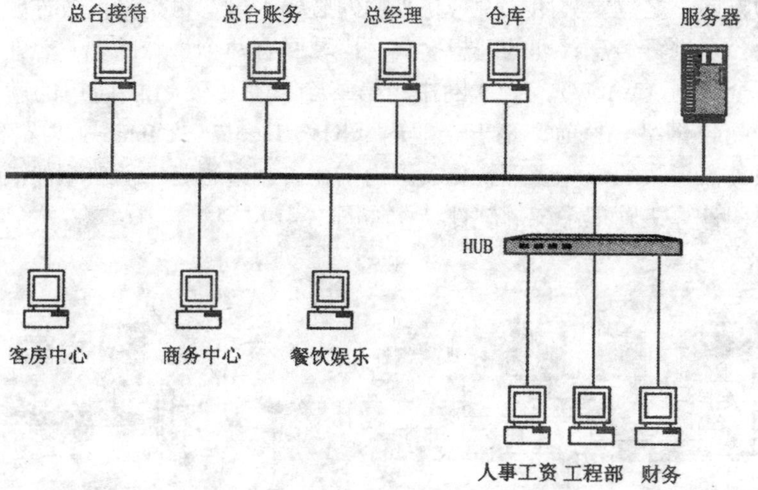

图 1－18 酒店管理信息系统分布式处理结构图

近年来流行的 C/S 结构（即客户机/服务器结构）是最新的一种分布式结构。客户机支持应用的前端处理，服务器用于支持应用的系统环境，包括数据库的管理及查询服务。数据查询方式为数据库查询，网上传送的只是查询的结果，这就大大减少了数据的传送量，而且客户机一般基于 Windows 图形界面。它集中了局域网络系统和小型机多用户系统的优点，由服务器和客户机协同处理，充分发挥系统的各种优越性，是目前酒店计算机管理应用中最为先进的体系。

随着通信技术的发展，分布式结构实现了远程数据处理，或者远程数据采访，可以通过电话线、激光、微波和人造卫星等介质实现异地数据处理，或实现两个或两个以上局域网的数据互访，这就是广域网系统。广域网分布结构最适合酒店集团的信息管理，酒店集团总部可以通过广域网络系统有效地管理各地的酒店，各地酒店也可以通过广域网实现互传信息数据，及时了解各酒店的经营情况。从目前计算机应用的发展趋势看，广域网分布结构是今后发展的方向，是建立集团式管理将采用的必要手段，也是目前各连锁酒店公司进行信息管理的理想模式。广域网有两个特殊的类：企业网与全球网（WWW）。全球网中，第一个真正的、可供商用的就是Internet网络。目前，基于企业内部网络Intranet及Internet浏览器/服务器模式的酒店管理系统，国内正在研制过程之中。典型的酒店集团计算机管理系统的硬件结构如图1－19所示。

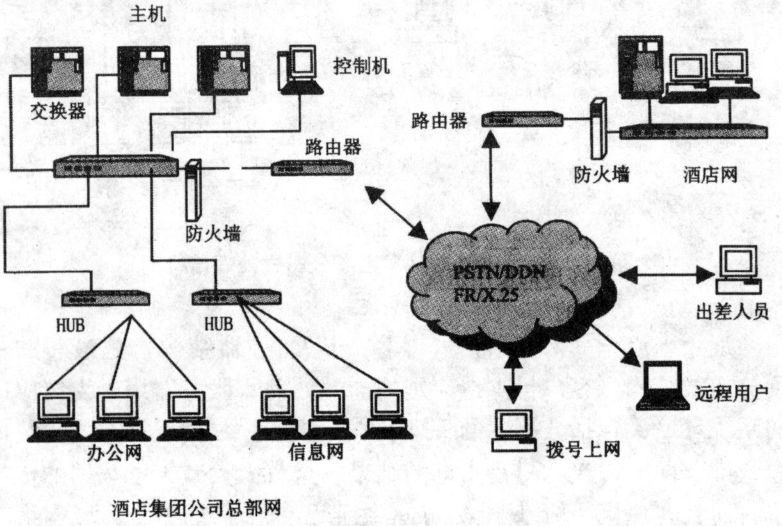

图1－19　酒店集团管理信息系统硬件结构拓扑图

（五）软件结构

软件结构是指酒店管理信息系统的软件功能结构。HMIS具有多种功能，各种功能之间相互联系，构成了一个有机结合的整体，即完整的软件功能结构。软件功能结构是根据管理层次和所需功能导出并划分的。对于酒店来说，是根据酒店的管理层次以及为了完成酒店业务数据处理需要而定义的功能模块（或子系统）来设计的。在酒店业务管理中，系统功能一般可分为前台和后台两大部分，此外还可以包括前台系统和后台系统功能扩充的扩充系统（有的系统把扩充系统直接包含在前后台系统中），以及各种各样的系统接口。图 1－20 是 HMIS 的软件功能结构图。

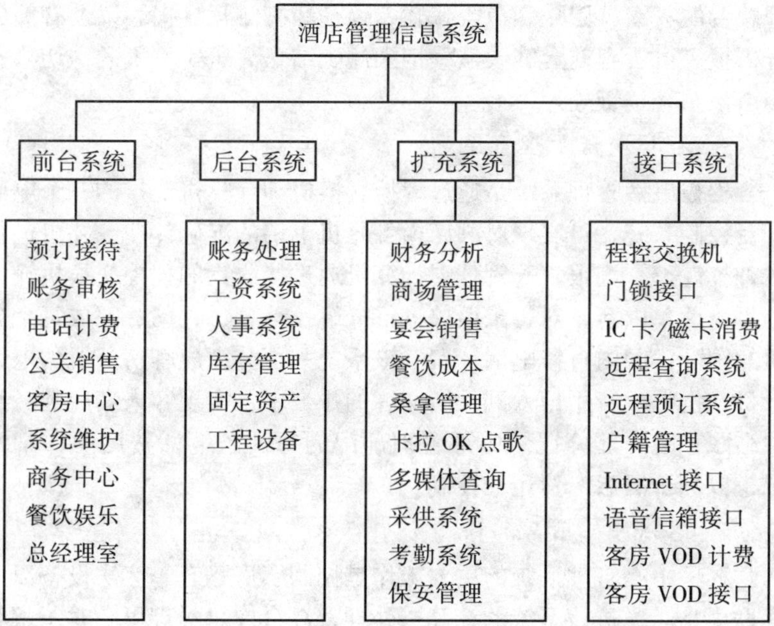

图 1－20 HMIS 的软件功能结构图

酒店的常用系统一般具有以下功能模块：

1．预订接待系统

预订接待系统是前台系统的主要功能模块，主要完成对散客、团体的预订和接待登记任务，以及对散客、团体的客房分配、加床、退房、拼房、续住等日常管理工作。利用计算机处理上述业务，可使总台的工作效率成倍增长，提高了对客服务质量，特别对酒店客房的使用情况、预计离店客人情况等可做到一目了然，这是手工管理无法比拟的。

2．财务审核系统

该功能模块主要功能是记录每个客户在酒店的消费情况，处理散客、团队账务，负责总台的收银工作及夜间的审计工作，所有住店宾客的账务从交预订金开始就和该系统发生联系。该系统具体管理总台的收银日记账和应收账款，处理和打印每日报表以及有关的分析报表。所有前台客人从登记入住到结账离店所发生的一切账务均由该系统负责处理。

3．程控电话管理系统

程控电话管理系统是通过程控交换机和计算机连接的一个电话计费控制系统，可实现对酒店内各分机电话的准确计费，并可进行各种统计、查询报表等管理。计算机通过接收到的程控交换机输出的每条话单内容，对每条话单进行分解、计算、存储，完成每个分机的国际、国内直拨电话计费。该系统一部分完成客房分机的电话计费，把电话费用记入到住店宾客的账户中，实现客人离店的一次性结账；另一部分记录内部管理部门的每一条电话费用的详细情况，以利于酒店对费用的控制。

4．客房中心管理系统

客房中心管理系统的主要工作是控制客房状态、客房设备以及客房用品。通过该系统的计算机处理，总台或总经理可随时了解客房状态及有关数据，如可用房数、维修房数、自用房数、不可用房数等。通过计算机的管理，可使客房设备和客房用品得到合理使用，减少浪费。

5．餐饮娱乐管理系统

餐饮娱乐管理系统主要完成散客点菜和收银等日常管理以及餐饮预订等管理，如餐厅及各娱乐营业点的收银管理、餐饮成本的动态控制以及吧台商品的销售管理等，对住店宾客或特殊客人收费自动过账，实现一次性结账，并可打印各类营业报表及餐饮稽核报表。

6. 商务中心管理系统

商务中心管理系统，主要对商务中心的商品进行进、销、存管理，包括商品的入库管理、销售管理、收银管理以及库存管理，也对住店客人实现收费自动过账、一次性付账等处理。

7. 总经理查询系统

总经理查询系统的主要功能是提供快速查询，让总经理等决策者快速、全面、准确地了解酒店经营管理有关信息数据，以便作出正确的决策。总经理查询系统提供的信息数据包括前、后台各种营业数据，如前厅接待、预订数据、房务数据、餐饮数据、收入成本数据、人事数据、工资数据以及库存数据等等。

8. 财务管理系统

财务管理属后台系统，财务管理是酒店管理的核心内容。财务管理系统的功能是管理总账、明细账、分类账等，包括财务处理、原始凭证处理、科目设置处理、账户管理、凭证汇总处理、账目查询和打印处理、银行对账处理、月终年终报表处理、各类报表打印处理等。该系统存储的财务数据是酒店最重要的财务数据，必须有一套安全数据管理机制，并且一定要有灾难恢复功能，以保证整个财务系统的数据安全。

9. 人事工资管理系统

人事工资管理系统的主要功能是管理酒店的人事关系及工资，包括档案管理、劳动组织管理、招工用人管理、员工培训管理、人事变动管理、考勤输入管理、工资发放管理、工资汇总管理。在该系统中，通过有效管理可以充分利用酒店的人力资源，为员工创造良好的工作环境，激励员工，提高凝聚力，提高人事工资管理的精确度，减轻人事部门的劳动强度，提高工作效率。

10. 工程设备管理系统

工程设备管理系统主要管理酒店的固定资产设备。酒店固定资产价值比较大，工程设备管理系统对固定资产的分类、用途、维护、统计等进行有效管理，完成设备的购入登记管理、调拨管理、折旧管理、设备报废管理以及设备查询打印等管理工作。

11. 仓库管理系统

酒店库存原料品种繁多，管理、领用比较复杂，仓库管理系统能详细记录每一笔原料物质出入库情况。该系统功能包括入库管理、领料管理、调拨管理、仓库明细账管理、预计进料管理、账务查询管理以及物品统计报表打印管理等。通过计算机管理，可以提高酒店资金的利用率，使仓库“账实相符”，减少库存积压。

12. 保安和管家部管理系统

保安和管家部管理系统，主要完成酒店的安全管理制度、保密制度管理，负责对员工的安全培训教育，查询各部门的安全岗位职责、所有管家部各类管理人员的岗位职责、管家部的人员考核制度管理，通过电脑考核管理，更加保证住店客人的人身安全、客人的饮食安全以及确保酒店的环境卫生永远满足客人的需要。在保安管理上，可以通过电脑系统与公安 110 联系，以保证客户的防盗、防火安全以及客户随时需要的救护措施。

第四节　酒店管理信息系统的发展

目前，计算机在酒店中的应用日渐普及，方兴未艾。酒店业的发展对酒店信息管理的要求越来越高，因而对信息管理软件的要求也越来越高。从近几年的发展来看，特别是计算机技术和网络技术的不断发展，酒店信息管理的软件将朝以下几个方向发展。

一、单向软件向集成软件发展

计算机在酒店中的应用是逐渐发展起来的，开始都是利用计算机处理一些简单的事务，因而相应的程序软件都是专门针对某一具体事务而编写的，称之为单向软件。随着计算机应用的逐步深入，管理要求越来越高，这种单向软件就越来越不能适应。例如，现代酒店管理要求向“管理一体化”方向发展，即要从整个酒店的角度发挥计算机在管理中的作用，让计算机在各个部门既能进行数据管理，又能进行文本管理，更有控制作用，也就是说要把各种单向软件集成起来，组成一个综合应用的集成软件，达到信息综合处理的效果，为管理一体化提供技术手段。集成化软件使酒店计算机应用构成了一个信息网，酒店中所有的数据处理、文件管理、安全保卫管理等等都集中由计算机统一控制，这是今后酒店管理科技化的一个重要标志。

二、软件由管理型向决策型发展

酒店管理信息系统的发展经历了启蒙型、事务型、管理型和决策型四个阶段。启蒙型软件是对酒店使用计算机管理的摸索，如我国 20 世纪 80 年代初期开发的酒店计算机管理系统软件。事务型软件是计算机管理对酒店手工操作的模仿，仅仅提高了工作效率，目前国内大约一半软件处于这一水平。管理型软件能参与酒店的管理，提高酒店的管理质量，是目前优秀软件实现的普通等级。决策型软件则具有完备的预测分析能力，能科学地指导酒店管理者作出经营管理决策。目前，国内少数软件正向这一方向发展。

我国酒店业从 20 世纪 80 年代初开始应用计算机以来，酒店管理信息系统的主要功能是处理酒店日常事务，只能完成一般的事务统计、汇总、制表、检索和打印等基本处理。这些事务处理虽然也是重要的，但对酒店获取更高效益的要求来说则远远不够。酒店管理信息系统应该是一个开放系统，能适应环境变化和竞争需要。但是传统的管理信息系统基本上是一个静态的保守系统，只能管理已有的静态存在的数据，而不能从管理人员的决策需要出发，处理动态的非结构数据。所以传统的 MIS 系统只能根据现行酒店的组织结构、制度和管理方法完成基本的事务处理任务，也就是说只能模拟现行系统的运行状态，不具备管理人员所需的辅助决策功能。随着酒店业的进一步发展。人们向 HMIS 提出了更高的要求，这就是酒店管理的决策支持要求，即 DSS 系统。为了让计算机在酒店管理中发挥更大的作用，必须使计算机更直接地面向决策，能根据管理人员的需求，提供各种有价值的信息和决策方案以辅助各级管理人员作出迅速正确的决策。

三、软件由传统结构型向基于 web 型结构发展

我国计算机在酒店中的应用起步较晚，早期的 MIS 系统软件一般都是建立在 DOS 操作平台的基础上，我们称之为 DOS 型软件。随着计算机科学技术的发展，操作平台都是由 DOS 型向 Windows 型平台转变，酒店应用软件也跟着变化，流行基于 Windows 平台的酒店管理软件，使酒店管理软件的操作界面更友好，使用更方便，功能更完善。由于 Windows 是多任务操作系统，因而酒店管理软件也可以多任务操作，克服了 DOS 平台只能单用户、单任务操作的不足。但随着 Internet 的普及，网络技术进一步完善，基于 Internet 技术的 Intranet 企业内部网逐步流行起来，特别是电子商务的开展，使得传统的 HMIS 已不能满足企业内部网的要求，基于 web 的酒店管理信息系统逐步替代传统型的酒店管理信息系统，随着 Intranet 网络的成熟，web 型酒店管理信息系统也将成为主流软件。

四、局域网向客户/服务器体系结构发展

客户/服务器（client/server）技术是最近发展起来的集事务处理、数据库设计、通信技术于一体的综合性技术。它在酒店 MIS 的普及应用，克服了以往局域网点对点服务的不足以及系统资源利用率不高等缺陷。在现有局域网的基础上，通过运行客户/服务器软件，达到真正数据分布处理的目的，提高了系统信息服务的灵活性，增强了共享资源的互相访问能力，整个系统还可以水平地或垂直地根据需要进行扩展，因此正好适合酒店实际信息管理的需要。

五、商品化软件与专用化软件并存

商品化软件是指能适应大部分酒店需要的通用软件产品，专用化软件是指酒店适合自己需要的软件产品或自己开发的一些专用软件产品。酒店使用商品化软件，优点是引进速度快，可以借鉴成型的经验，而且系统比较稳定可靠，投资风险较小；缺点是商品化软件一般不可能百分之百地满足酒店管理的所有需要。专用化软件的优点是能与酒店的管理方式相适应；缺点是开发周期较长，稳定性需要时间来考验和完善，而且对系统开发人员的依赖性很强。因为开发专用软件的技术人员较少，一旦他离开酒店，今后软件升级和维护就成为问题。但随着计算机应用水平的提高，有条件的酒店组织人员开发适合自己需要的软件产品，作为对商品化软件的补充还是有必要的。商品化通用软件和专用软件还将在酒店信息管理系统中共存，共同成为酒店信息管理的得力帮手。

六、与酒店自动化设备相结合

总的来说，国内的酒店管理信息系统，大部分仅是应用在管理方面，在自动化控制方面与国外先进国家相比还有着较大的差距，尚待进一步发展。有待引入的自动化设备有：

1．顾客自助操作设备

这些设备包括自服务登记入住/自服务结账离开系统、房内娱乐设备、房内零售设备、信息服务设备等。

比如，宾客抵达酒店后只需插入他的信用卡，操作自动登记系统就可以完成入住登记手续；再比如，通过系统自动化管理客房小酒吧，实现自动记账和监控。

2．顾客辅助服务设备

用电话实现叫醒服务和顾客传递留言、自动问询、客房账务查询，用电视查阅账单等。

3. 电子门锁和能源管理设备

通过这些接口设备，可以控制电子门锁、空调、灯光、热水等设备以达到节能的目的。

4. 客房配备电脑或数字电视设备

客房配备电脑或数字电视设备可以实现宾客自己结账（Self Check - out）、各种信息查询，还可以通过远程网络或 Internet 与公司总部直接联系等。

第二章 酒店管理信息系统的技术基础

信息技术是酒店管理信息系统的基础，只有把信息技术与管理结合起来，才能真正发挥酒店管理信息系统的作用。

信息技术是一个外延很广的概念，一般地，信息技术是计算机硬件技术、软件技术、数据库技术及通信技术的总称。本章将重点介绍有关酒店管理信息系统所涉及的技术。

第一节 计算机硬件

计算机系统包括许多组成部件，这些部件其中之一就是计算机硬件。硬件这个术语，指的就是计算机设备，它由中央处理器、主存储器、辅助存储器、输入设备、输出设备和通信设备组成（见图2-1）。中央处理单元把原始数据处理成为有用的形式，控制计算机系统的其他部件。主存储器暂时地存储处理过程中的数据和指令，而辅助存储设备（磁盘、光盘和磁带）存储在处理过程中不被使用的数据和指令。输入设备诸如键盘和鼠标，把数据和指令转换成为输入到计算机的电子形式。输出设备诸如打印机和视频显示终端，把计算机系统产生的电子数据转换成为人们可以理解的形式并加以显示。通信设备提供计算机和通信网络之间的连接。总线是在计算机各部件之间传送数据和信号的线路。

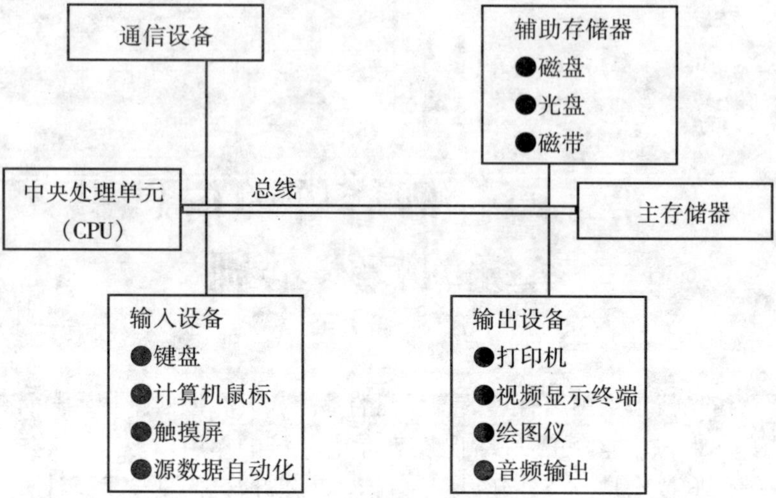

图 2－1　计算机系统硬件构成

一、中央处理器和主存储器

中央处理器（central processing unit，CPU）是计算机系统处理符号、数值和字母的部件，它控制着计算机系统的其他部件（见图 2－2）。位于 CUP 附近的主存储器（primary storage），临时存储处理过程中的数据和程序指令。计算机内部有三种总线，合在一起形成计算机输入/输出（I/O）总线系统。数据总线在 CPU、主存储器和其他设备之间传输数据；地址总线用于找寻所需数据的地址；控制总线传送对地址和数据的操作指令，表明是从还是向一个给定的主存储器地址、输入设备或者输出设备读出还是写入数据。在决定计算机的速度和和性能上，CUP 和主存储器的特性是非常重要的。

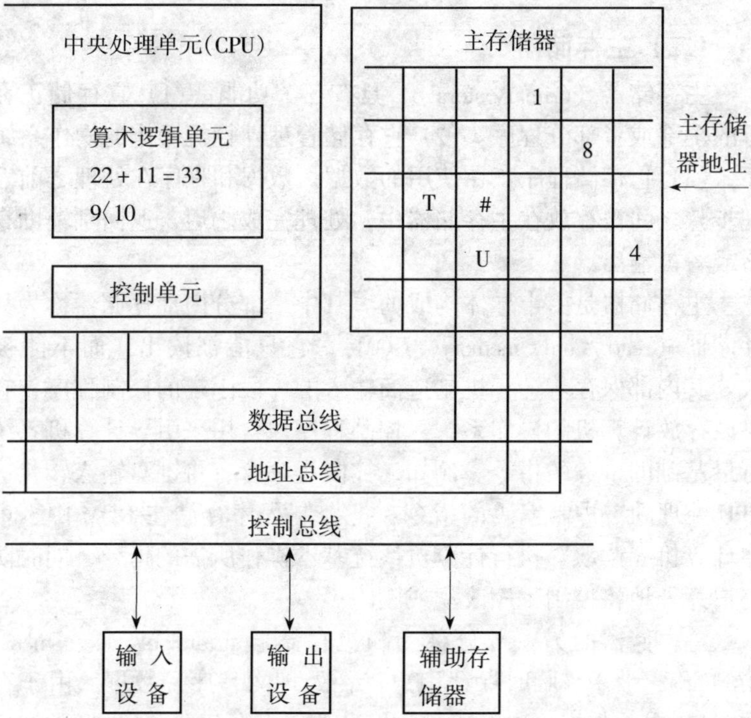

图 2-2 中央处理器和主存储器

(一) 算术逻辑单元和控制单元

CUP 包含控制单元和算术逻辑单元，因而被称为计算机系统的“大脑”。算术逻辑单元（arithmetic - logic unit，ALU）执行计算机中主要的逻辑和算术运算。它执行加、减、乘、除，并且决定一个数值是正的还是负的或者是零。除了执行算术功能外，它还具有判定什么时候一个数量大于或者小于另一个数量，什么时候两个数量相等。算术逻辑单元以二进制代码方式对字符和数值执行逻辑运算。

控制单元（control unit）协调和控制计算机系统的其他部件。它从计算机系统的内存中提取指令，解释这些指令并通知系统中其他的相应部件执行。

（二）主存储器

主存储器（primary storage）具有三个功能：（1）它存储正在执行的全部或者部分程序。（2）它存储管理计算机操作的操作系统程序。（3）它存储程序正在使用的数据。数据和程序在处理之前、处理步骤之间被存放在主存储器中，处理完成之后，返回到辅助存储器或者被输出。

主存储器是由半导体构成的。其中一部分内部存储器称为只读存储器（read - only memory，ROM），它只能被读出，而不能被写入。其内部保存着计算机制造商输入的一段固定的控制程序，它也可以存放计算机的操作系统。控制程序包含用来引导计算机系统执行最基础的事务的指令。例如，控制程序含有将键盘输入转化成供CPU处理的二进制编码的指令。把控制程序存储在ROM中，可以使计算机"读取"执行计算机系统基本操作所需的指令，同时防止用户意外地将控制程序改动或删除。

主存储器的另一部分称为随机存储器（random access memory，RAM），它被用来临时保存用户正在处理的程序和数据。由于存储在RAM内的数据可以被用户访问和修改，所以RAM也经常被称为读/写（read/write）存储器。RAM是挥发性的，当计算机由于供电中断或者关闭电源，随机存储器的内容会丢失。因为这个原因，RAM又被称为易失性存储器。为了将RAM中的数据保存下来以备他日之用，用户必须让计算机将其存放在某些外部存储设备上。

（三）微处理器和处理能力

现代的中央处理单元使用的是一种被称为微处理器（microprocessor）的半导体，它把整个中央处理单元所用的所有存储、逻辑和控制电路都集成在一个单一的芯片上。微处理器的速度和性能决定着计算机的处理能力。图2－3列出了一些流行的微处理器。

名称	微处理器制造商	字长	数据总线宽	时钟速度（兆赫兹）	用途
奔腾	英特尔	32	64	75~200	IBM 和其他个人计算机
奔腾Ⅱ	英特尔	32	64	233~450	个人计算机
奔腾Ⅲ	英特尔	32	64	800+	高级终端个人计算机，服务器和工作站
PowerPC	摩托罗拉	32	或 64	100~400	个人计算机和工作站
	IBM，苹果	64			
阿尔法（Alpha）2134	康柏	64	64	1000+	康柏工作站和服务器
毒龙（AMD Athlon）	AMD 公司	32	64	600-1000	高级终端个人计算机和工作站

图 2-3 微处理器举例

微处理器的主要性能的指标有三个：字长、时钟速度及数据总线宽度。字长是计算机在某一时刻可以处理的位的个数。一个 32 位的芯片在一个单一的机器周期内可以处理 32 个位，即 4 个字节；一个 64 位的芯片在一个单一的机器周期内可以处理 64 个位，即 8 个字节。一台计算机一次可以处理的信息越多，它的运行速度就越快。

除了 CPU 的处理容量，影响芯片速度的第二个因素是时钟速度。时钟速度以兆赫兹（megahertz）（缩写为 MHZ，代表每秒百万个周期）来度量。显然，133MHZ 的计算机比 200MHZ 的计算机要慢。

影响微机运行速度的第三个因素是数据总线宽度。数据总线作为中央处理器、主存储器和其他设备的干线，决定了同一时刻可以移动多少数据。例如，在原装 IBM 个人计算机中的 8088 芯片，具有 16 位字长，但是仅仅有 8 位数据总线宽度。这意味着在中央处理单元芯片内部同一时刻数据的处理是以16位方式进行的，但是在中央处理单元、主存储器和外部设备之间，在同一时刻只能移动8位数据。

要使计算机每一秒执行更多的指令，迅速地完成程序执行，增加处理器的字长、数据总线宽度和周期速度或者所有这三个方面是必要的。

（四）多处理器和并行处理

许多计算机不仅仅使用一个中央处理器来完成工作。许多计算机系统使用协助处理器（coprocessor）辅助中央处理器以加快处理速度。例如，一个协助处理器可以用来执行数学计算或者图形处理等特定任务，使中央处理单元能够处理其他任务。

通过将若干个处理器连接起来对同一任务同时工作也可以加快处理速度。在并行处理中，多个处理器把一个问题分解成若干个小部分，同时对其工作。要让若干个处理器在同一时刻解决同一问题，则需要对问题再三考虑，使用专用软件尽可能以最有效的方式在不同的处理器之间分解问题，提供所需要的数据，并且重新把许多的子任务集合在一起，以得到一个合适的解决方案。

二、辅助存储器

辅助存储器（secondary storage）又称为二级存储器，用来保存数据和CPU所访问的程序。辅助存储器是非挥发性的，即使计算机在断电的情况下依然可以保存数据。

为特定的计算机系统选择辅助存储器，一个重要的考虑因素是看用户选择哪种方式访问存储数据。有许多种辅助存储器，最为常用的是磁盘、光盘和磁带。这些介质可以快速地把大量的数据传送到中央处理器。然而，辅助存储器需要机械运动来存取数据，所以与主存储器相比，其速度相对较慢。

（一）磁盘

当今，使用最为广泛的辅助存储介质是磁盘（magnetic disk）。

有两种磁盘：软盘（用于个人计算机）和硬盘（用于商用驱动器和个人计算机）。

1．软盘

软盘（floppy disk），是一种流行的外部存储设备，它一般用于将数据或程序从一处转移到另一处。

软盘的表面被划分为呈同心圆分布的不可见的磁性轨道。每个磁道上包含着许多扇区。磁道和扇区被编号，使计算机可以在磁盘上的特定位置存储数据。一张磁盘上的磁道和扇区的数量主要取决于计算机操作系统进行的格式化（也叫初始化）操作。格式化（formatting）操作可以创建出计算机系统能够读写信息的磁道和扇区。一旦格式化后，高密度的 3.5 英寸软盘大约可以存储 1,440,000 字节（1.44Mb）的信息，大致相当于 720 页用打字机打出的材料。

当用户通过计算机将信息存在软盘上时，信息被存储在磁盘上的空白区域。用户也可以通过计算机覆盖磁盘上已存在的内容，这样就可以方便地更新旧有记录、个人文件等等。但是新信息覆盖旧信息后，旧信息就被删除并无法还原了。存储在软盘上的数据属于非易失性数据。

2．硬盘

硬盘（hard disk）是一种使用速度比软盘更快、信息存储量大得多的外部存储设备。硬盘在计算机系统中是永久在线的。

为了数据保护和安全，用户要把硬盘上的内容拷贝到软盘、磁带或 CD－ROM 上。由于硬盘的容量大大超过软盘，拷贝上的内容会需要很多磁盘并很费时。由于这个原因磁带机成为流行的信息备份设备。可移动硬盘也是一个理想的选择。存在硬盘上的数据属于非易失性数据。

（二）光盘

光盘也被称为压缩盘或者激光光盘，它存储数据的密度要比磁盘大许多倍，而且对于个人计算机和大型计算机都适用。光盘以高密度压缩的形式可以存储巨大量的数据，不仅包括文本，而且还包括图像、声音以及全运动视频。光盘通过让来自于光头的低功率激光束扫描光盘来读取数据。目前使用的光盘主要有以下几种类型：

1．CD—ROM

个人计算机最常用的光盘系统叫做只读光盘存储器（compact disk read - only memory，CD—ROM），是一张存储数据可以被快速读取的大容量盘片。一个用于个人计算机的4.75英寸的光盘可以存储多达660MB字节的信息，几乎是高密度软盘的300多倍。当大量的不变化的数据必须被压缩以便于检索或者存储图形图像和声音时，CD—ROM存储器是最合适的。CD—ROM和软盘相比，不容易受到磁、尘埃或者鲁莽的操作的破坏。

CD—ROM是只读存储器。新的数据是不能够被写上去的，它只能够被读取数据。CD—ROM已经被广泛地用在具有大量数据的参考资料上，例如百科全书和目录指南，用于存储综合了文本、声音和图像的多媒体应用。

2．WORM和CD—R

一次写入多次读出光盘机（write once/read many，WORM）和可写光盘驱动器（compact disk - recordable，CD—R）光盘系统允许用户在光盘上只能一次性记录数据。数据一旦被写在光盘上就不能够被擦除，但是可以被无限次数地读取。

3．CD—RW

现代技术的发展已允许用户生产可重写光盘（CD—RW），然而在实际应用中，可重写光盘存储设备与磁盘存储器相比并没有竞争优势。它的存取速度要比磁盘慢，而且要比磁性介质贵。可重写光盘主要用于信息只是偶尔更新或者对计算机系统数据进行备份需要大量的数据存储的应用。

4．DVDS

数字视频盘（Digital vides disks，DVDS）也被称为数字多用途盘，是和CD—ROM大小一样但是具有更高性能的光盘。它可以容纳最少为 4.7G 字节的数据，相当于 133 分钟的电影，其中包括视频、多声道和字幕说明。它的储存容量大约是 CD—ROM 光盘的 7 倍，与当前的 CD—ROM 技术相比，它使多媒体计算机系统具有更广泛的应用。

（三）磁带

磁带（magnetic tape）是仍然被用来作为辅助存储设备存储大量信息的一种比较老的技术。它仍然被用于大型计算机的批处理应用和存档数据。但是，越来越多的组织正在从使用老式的卷轮式磁带转向使用大容量的盒式磁带。盒式磁带的存储量要比老式磁带的存储量大得多（高达 35G 字节）。而且在今天，这种盒式磁带已经成为存储了数百个这种盒式磁带的自动化系统的一部分。

磁带的主要优点是它非常廉价，相对稳定而且可以存储极大量的信息。

磁带的主要缺点是它以顺序方式存储数据，和其他辅助存储介质相比速度相对较慢。为了要找到存储在磁带上的个别记录用户必须前后倒带直至找到需要的内容。磁带在经过一段时间后会老化，而且作为老式存储设备在安装和拆卸方面都是很费力的，所以在许多酒店计算机业务中并不选择磁带作为存储设备。虽然磁带对于需要在一秒或者更短的时间内需要存取的数据不适合，但是对于多几秒的时间不是问题的数据处理是非常有用的。

三、输入和输出设备

人和计算机系统之间的交互大都是通过输入和输出设备。信息系统的速度不仅仅依赖于中央处理器的速度和性能，而且还依赖于输入和输出设备的速度、性能和设计。输入/输出设备常常被称为外围设备。

（一）输入设备

键盘是向计算机录入文本和数值型数据的主要录入手段。但是在今天高度图形化的计算机环境下，在发出命令和进行选择上，诸如计算机鼠标和触摸屏等指示设备越来越流行。

1．键盘

键盘（keyboard）是最常用的输入设备。不过，每个特定键盘的键的数字、位置和功能取决于计算机系统的类型和个人用户的需要。微机系统中使用的键盘一般分成四个组域，即功能键、打字键、光标控制键和数字键。

2．计算机鼠标

计算机鼠标（computer mouse）是一个小巧的指向设备，设计成可以舒适放在用户的手下。鼠标通过一条长线或无线红外线感应器与计算机相连，可以用来代替键盘或与键盘联合作业。通过它用户可以选择命令，移动文本和图标，或进行其他一系列操作。在平坦的表面上移动鼠标，就可以相应地在屏幕上移动一个指针，等同于以前闪烁的光标。指针是一个小小的图像标记，指示用户下一个输入字符出现的位置。鼠标指针的形状通常像一个箭头，但在执行特定任务时可能改变形状。

3．触摸屏

触摸屏（touch - screen ）是玻璃屏幕上带有光栅阵列的阴极射线管（CRT）。当屏幕在感知区域被触摸时，光栅被遮断，引致一个信号传递给计算机。触摸屏终端对那些不能打好字或对简单输入过程感兴趣的人特别有用。因为触摸屏能很容易地传递大量数据，所以作为餐饮服务的点菜设施特别有效，在其他的图像商业应用上也很有用。

4．光符识别

光符识别（optical character recognition，OCR）设备把专门设计的标记、符号和编码译成数字形式。使用最为广泛的光码是条形码（bar code)，它被用在超级市场和零售商店的销售点系统。条形码还在医院、图书馆、军事行动和运输设施中被使用。这些码除了包括惟一的标志数据外，还包括时间、日期和地点等数据。这些信息在物品的生产和其他处理过程中对分析物品的运动状态和判定这些物品发生的状况很有用。

5. 数字扫描仪

扫描仪（digital scanner）是一种能将页面文本翻译成计算机可读格式的输入设备，用于将文本和图形图像输入到计算机里。它将纸上的图片转换成计算机能够识别的数字化信息。

6. 语音输入设备

语音输入设备（voice input devices）能对人声发出的指令作出反应。这些系统将语音数据直接转换成适合输入计算机的电子化形式。这方面的研究正在深入，以后用户即使只拥有一个按键式电话、一个听筒、一台显示器，也可以充分地利用计算机系统。酒店业对语音识别技术的试验有特别的兴趣。一套酒店预订程序可以将一系列命令和提示显示在屏幕上，有意向的客人通过按电话机上指定的键和（或）对话筒讲话作出反应；计算机接受用户的输入并产生另一些提示。语音识别系统在酒店业中的应用是非常有意义的。

7. 传感器

传感器（censors）是直接从所处环境收集数据并向计算机系统输入的设备。

（二）输出设备

1. 显示器

显示器（monitor）又叫显示屏或简称屏幕，是最常用的输出设备。显示器的类型由计算机系统的种类和个人需求决定。微机系统上大部分显示器可以同时显示文本和图形。许多显示器配备了控制钮，用来调节亮度和对比度，部分部件可以倾斜以获得最佳可视效果。显示器的典型应用是作为高分辨率的彩色显示设备。在使用各种类型的应用软件时，可以设计各种前景和背景的色彩混合效果，并通过高分辨率的色彩产生优质的图像显示。

2. 打印机

打印机（printer）产生的输出信息是硬拷贝（hard copy）。打印机包括撞针式打印机，例如点阵式打印机和菊花轮打印机，采用逐字和逐行方式打印。非撞针式打印机包括热感、喷墨、激光打印机。

3．绘图仪

高质量的图形文档可以用绘图仪（plotters）产生，绘图仪使用多色彩笔画出（而不是印刷）计算机的输出。绘图仪比打印机慢得多，但是在输出大幅图形、地图或者图画时有用。

4．其他输出设备

语音输出设备（voice output device）把数字输出数据转换成为人们可以理解的语言。例如，当你通过电话询问信息时，你也许会听到一个计算机语音回答你所询问的电话号码。

诸如音乐和其他声音等声频输出可以通过和计算机连接的扬声器来传送。除了声频输出，包括在 Web 网上的那些应用的多媒体应用，也可以产生图形或者视频作为可视输出。

（三）酒店业中的输入/输出设备

在酒店业用得最广泛的输入/输出设备是 CRT（阴极射线管的缩写）。CRT 设备由一个类似于电视机显像管的屏幕和一个类似于打字机的键盘组成。通过键盘输入的数据可以在屏幕上显示。在把屏幕上的输入信息送去处理之前，CRT 操作员可对其进行编辑和校验。商业应用使触摸屏和手持式终端（HHT）正在以空前的速度得以应用，方便的数据输入和数据录入设备的便携性进一步促进了它们的发展。

在酒店业曾经较为广泛地使用的一种设备是电传打字终端（TTY）。TTY 比 CRT 便宜但没有视频显示部分，取而代之的是通过键盘的输入会打印在一卷纸上。当操作者将数据输入到系统里时，TTY 的控制台上会打出一份报告。输入的数据随后被传到别处进行处理。处理完毕后，信息随之被传回 TTY，并打印在纸上。

例如，一家酒店的客房部可以用 TTY 将最近有关房间状态的数据传到前台。TTY 可以让客房部得到一份在客房服务员和前台服务员之间传递的信息的打印记录。

其他在酒店业中较为普遍的输入/输出设备是键盘——显示设备，比如电子收款机、POS 设备、行式打印终端。电子收款机（ECRS）和销售点（POS）设备是基于计算机的设备，用来记录现金（或相关的）处理并显示现金收支平衡。酒店的食品和饮料业务可以使用 ECRS 或 POS，以与前台通讯。在一套计算机化的酒店系统中，餐厅的收费可以输入到 POS 设备中并传到前台，在那里顾客的账单会根据这笔费用进行自动更新。

输入/输出设备之间的一个重要区别在于它们输出的形式。CRT 将输出显示在屏幕上供使用者检查；这种输出方式称为软拷贝（soft copy），因为它不能被操作者拿走或从计算机里移去。而打印机在纸上产生的输出称之为硬拷贝（hard copy）。许多系统被设计成可以产生两种类型的输出。例如，酒店前台的计算机有一个 CRT 屏幕，在客人居住或退房时职员可以用它看到客人账单的软拷贝。但在客人退房时，需要从打印机里打印出一份账单的硬拷贝，这样，客人就能得到一份打印的账单。显然，显示在屏幕上的输入比打印在纸上的输出要短暂得多，并受到更多的限制。通常酒店的经理们以硬拷贝的方式得到各种基本的报表，这样可以实现计算机外的存储，并提供一个信息备份的基础。

四、计算机的类型

计算机表示和处理数据的方式是一样的，但是，计算机具有不同的类型。我们可以根据所用的计算机的大小和处理速度把现代的计算机分为巨型计算机、大型计算机、小型计算机和微型计算机。管理者需要了解每一种类型的计算机性能，了解为什么其中的一些类型要比其他的类型对于某个特定的处理更为适合。他们还需要和信息系统专家一起工作，规划硬件性能以确保公司具有足够的满足当前和将来需要的计算机能力。

（一）计算机的分类

1. 巨型计算机

巨型计算机（supercomputer）是一个极为复杂的和功能强大的机器，它被用于处理具有成百上千个变量因素、需要极其快速处理和极为复杂计算任务。巨型计算机传统上被用于科学和军事工作，例如保密武器研究、天气预报以及石油工程应用，所有这些都要用到复杂的数学模型和模拟。它们还被用于数据挖掘和具有巨大量数据处理的业务。巨型计算机每秒钟执行几千亿次的计算——比最大的大型计算机要快许多倍。

2. 大型计算机

大型计算机（mainframe）是最大的计算机，具有扩充的内存和极其快速的处理功率。大型计算机被用于非常大的商业、科学或者军事应用，在这些地方计算机必须处理巨大量的数据和许多复杂的处理。

3. 中型计算机

中型计算机（midrange computer）和大型计算机相比功能较弱、没有那么昂贵，体积也小，但是它足以支持较小组织的计算或者其他计算机网络的管理需求。中型计算机可以作为小型计算机（minicomputers）用于大学、工厂或者研究实验室等系统，或者作为服务器（servers）用于管理内部公司网络或者网站。服务器计算机特别适合于支持计算机网络，能够让用户共享文件、软件和诸如打印机这样的外围设备，或者其他网络资源。服务器具有大的内存和磁盘存储性能、高速通信性能和功能强大的中央处理单元。具有繁重的电子交易需求的组织和巨大的 Web 站点正在计算机中心的服务器场（server farms）的多个服务器上运行它们的 Web 网和电子交易应用，这些计算中心是由诸如 IBM 这样的销售商来运作的。

4. 微型机

微型计算机（micocomputer）有时候也称为个人计算机（personal computer，PC），可以被放置在桌面上或者搬来搬去。小型便携式个人计算机常常作为路途中使用的桌面机。个人计算机在用于个人的同时还可以用于组织。

工作站（workstation）也是置于桌面的，但是它比个人计算机具有更为强大的数学和图形处理能力，在同样的时间内，它比个人计算机可以执行更为复杂的任务。工作站用于需要强大的图形或者计算能力的科学、工程和设计工作。

（二）计算机网络与客户机/服务器模式

今天，在多数处理任务中，独立计算机已经被网络计算机替代。使用通过通信网络连接在一起的多台计算机来处理任务叫做分布式处理（distributed processing）。与之相对的是集中式处理（centralized processing），在集中式处理方式下所有的处理都是由一台大的中央计算机来完成，而分布式处理把处理工作在连接在一起的个人计算机、中型计算机和大型计算机之间进行分配。

分布式处理最为常用的一种形式是客户机/服务器（client/server）模式。客户机/服务器模式把处理在"客户机"和"服务器"之间分开，形成前后台任务：客户机运行应用程序，完成屏幕交互和输入、输出等前台任务，服务器则运行数据库管理程序，完成大量的数据处理及存储管理等后台任务。"客户"和"服务器"两者都在网络上，但是每台机器被分配了最为适合它执行的功能。客户（client）是用户所需功能的进入点，常常是台式计算机、工作站或者便携式计算机。服务器提供给客户服务，它可以是一个大型的计算机或者是另外的台式计算机，但是服务器常常使用专用服务器计算机。

第二节　计算机软件

一个完整的计算机系统包括硬件和软件两部分，硬件是机器的可见部分，是计算机系统工作的基础，而软件是帮助用户使用计算机硬件以完成数据的输入、处理、输出及存储等活动。

计算机软件主要有两种类型：系统软件和应用软件。它们分别执行着不同的功能。系统软件（system software）是管理诸如中央处理单元、通信连接和外围设备等计算机资源的通用程序集合。书写系统软件的程序员叫做系统程序员。

应用软件（application software）描述了写来用于或者由用户书写的用于使计算机处理特定任务的程序。书写应用软件的程序员叫做应用程序员。

软件的类型是相互关联的，可以被想象成为一个嵌套的盒子，每一个盒子必须和周围的盒子紧密地相互作用。系统软件包围着和控制着对硬件的访问，应用软件必须通过系统软件的工作才能运作。终端用户主要和应用软件打交道。每一种软件类型必须被专门地设计，用于专门的机器，以确保其兼容性。

一、系统软件

系统软件协调计算机系统的各个部件，作为应用软件和计算机硬件之间的中介。管理和控制计算机活动的系统软件被称作操作系统（operating system)。其他系统软件包括计算机语言翻译程序和实用程序，语言翻译程序把程序语言转换成机器语言，实用程序则是执行普通的处理任务。

（一）操作系统

操作系统是一组程序，用来管理和控制计算机资源。这些资源包括系统的硬件组成：中央处理器、存储器和外部设备。

操作系统包括监控程序、作业管理程序、输入/输出（I/O）管理程序。监控程序是操作系统的核心，主要负责管理计算机资源。频繁使用的监控程序通常放在主存储器中，即驻留在主存中，这类程序称为常驻程序。其他监控程序和操作系统的其他部分保存在一个直接使用的存储器上，如硬盘中，这样当要使用时，可以快速装到主存中，这类型程序称为暂驻程序。

作业管理程序用来选择、启动和终止作业，安排需要处理的作业。这一程序使计算机资源的使用率和处理的效率都达到最高。计算机资源包括程序运行花费的时间、所需要的输入和输出设备以及需要的存储容量。

I/O 管理程序用来为程序分配输入和输出设备，管理在主存和其他设备如磁盘机、磁带机和打印机之间的数据转递，当需要磁盘中的数据或需要把数据传到打印机上时，监控程序把管理权交给I/O管理程序。

（二）多道程序设计、虚拟存储、分时和多道处理

大型的计算机系统一般都支持并发的多用户操作系统。这要求操作系统高效地、交替地给多个用户或多个作业分配资源，它一般是通过以下技术达到上述要求的。

1．多道程序设计

操作系统的一个管理计算机资源的重要途径就是通过多道程序设计（multiprogramming）使系统同时运行多个程序。操作系统允许多个程序及相关数据同时驻留内存完成多道程序运行，操作系统把主存储器分成若干区，并把程序和数据放在不同的分区。

操作系统能够进行多道程序是利用 I/O 设备和 CPU 处理速度的差异实现的，CPU 在等待完成某一从硬盘中传来的数据应用程序时，它可以为别的应用程序完成计算或其他操作。事实上，从硬盘上存取数据的速度是以毫秒（千分之一秒）计算的，而 CPU 的处理速度多是以纳秒（十亿分之一秒）计算的。所以 CPU 在等待一个应用程序的数据时有大量时间完成其他多个应用程序的处理。只要合理地安排计算机的工作，兼控程序就能协调多个应用程序的运行，使 CPU 和外部设备的空闲时间减到最少。

2．虚拟存储

操作系统可以提供虚拟存储（virtual storage），即虚拟存储技术克服计算机系统主存储器容量的限制。有时程序需要使用的存储空间多于现有系统已有或可能有的主存容量。为了解决这个问题，系统把程序中不立即使用的部分存放在辅助存储器。当需要使用这部

分时，再把它读入主存储器中。典型的辅助存储器是硬盘，因为硬盘可以快速直接地找到程序在辅存中的部分。这样用户就有了一个极大的虚拟的主存，它等于已有的主存器容量加上硬盘中分配的存储容量。虚拟存储允许程序和数据交替地使用主存，从而似乎得到一个更大的主存。

3. 分时

分时（time sharing）是允许许多用户同时分享计算机操作系统的一个性能。它和多道程序设计的不同在于中央处理单元在移动到另一个程序之前，对某个程序花费固定长度的时间。在分时环境下，数千个用户中的每一位都被分配一个小的计算机的时间片。在这个时间片内，每一个用户可以自由地执行所需的任何操作；在这一阶段的末尾，另一个用户被分配给一个小的中央处理单元时间片。这种安排允许许多用户同时和中央处理单元连接在一起，每一个用户仅仅得到少量的中央处理单元时间。但是，因为中央处理单元以毫微秒来运行，所以一个中央处理单元可以在几千分之一秒内完成大量的工作。

4. 多道处理

多道处理（multiprocessing）是在一个单一的计算机系统中把两个或者多个中央处理器连接在一起以并行方式工作的一个操作系统性能。操作系统可以分配多个中央处理器来同时执行来自同一程序或者不同程序的指令，它在中央处理器之间分配工作。多道程序设计使用一个中央处理器同时处理。多道处理是采用多个中央处理器同时处理。

（三）图形用户界面

当用户和计算机相互作用时，即使是个人计算机，交互作用也是由操作系统控制的。用户界面是信息系统的一部分，用户通过它和信息系统进行交互作用。用户通过该操作系统的用户界面和一个操作系统通信。早期的个人计算机操作系统是命令驱动的，但是常常被称作 GUI 的图形用户界面（graphical user interface），使得图标、按钮、条和框得到了广泛的应用，来执行同样的任务。它已经成为个人计算机操作系统用户界面和许多类型应用软件的主流模式。

具有图形用户界面的操作系统使用称作图标的图形符号来描绘程序、文件和活动。可以通过滚动鼠标使光标在屏幕上移动，通过轻按鼠标上的按钮进行选择，激活命令。图标是象征性的图像，它们也在图形用户界面中被用来表示程序和文件。例如，通过移动光标到垃圾桶图标，一个文件就可以被删除。许多图形用户选择使用下拉菜单机制来帮助用户选择命令，使用弹出式框体帮助用户在命令选项中选择。窗口特征允许用户创建、叠加、依大小排列信息框和围绕信息框移动。

（四）微机操作系统

管理者可能使用连接在主机或小型机上的终端。在这种情况下，他与计算机使用的操作系统没有更多直接的联系。不过，如果用的是个人计算机，那么他将直接、实际地使用计算机的操作系统。由于工作中使用微机的可能性很大，所以了解典型的微机操作系统是很必要的。表 2－1 列示了主要的微机操作系统。

表 2－1 主要的微机操作系统

操作系统	特 征
Windows ME Windows 98 Windows 95	用于个人计算机的 32 位操作系统，具有现代图形用户界面。具有多任务和功能强大的网络连接能力，可以和 Web 上的信息资源集成在一起。
Windows 2000 （Windows NT）	用于个人计算机、工作站和网络服务器的 32 位操作系统。支持多任务、多道处理、密集联网和整体计算的因特网服务。
Windows CE	压缩版的视窗操作系统，用于手持式计算机和无线通信设备。
OS/2	用于 IBM 个人计算机的操作系统，可以利用 32 位微处理器。支持多任务和联网。

（续上表）

操作系统	特　征
Unix	用于功能强大的个人计算机、工作站和中型计算机。支持多任务、多用户处理和联网。可在不同型号的计算机硬件上移植。
Linux	自由的、可靠的 Linux 和 Windows 2000 的替代品，可以在许多不同类型的计算机硬件上运行，提供可以由软件开发人员修改的源代码。
Mac OS	用于 Macintosh 计算机的操作系统。支持联网和多任务处理，具有强大的多媒体性能。支持和因特网的连接以及在因特网上的发布。
DOS	用于老式 IBM（PC－DOS）和 IBM 兼容（MS－DOS）个人计算机的操作系统限制程序对内存的使用为 640 000 字节。

微机操作系统支持多任务处理，所谓多任务处理就是能并发执行单个用户的多个任务。多任务操作系统是相对单任务操作系统而言的。传统的微机操作系统都是单任务的，一次只允许用户执行一个任务。例如用户在单用户操作系统的微机上不能在进行文件编辑操作的同时进行文件打印操作。多任务的微机操作系统向单用户提供多道程序功能，这是通过前后台操作在实现的。

二、应用软件

应用软件完成特定的数据或文本的处理功能。例如文字处理和工资管理都是应用软件。开发应用软件的程序员叫做应用程序员。应用程序员使用程序设计语言或其他开发软件开发程序。

现在，个人电脑常常与一套通用软件包捆绑销售。套装软件一般包括：一个文字处理软件、一个电子表格软件、一个数据库软件和一个显示图形的软件。例如，微软公司把 Word（文字处理软件)、Excel(电子表格软件)、Powerpoint(显示图形软件)、Access(数据库管理软件)捆绑成一套软件包，称为 Microsoft Office。

(一)文字处理软件

文字处理软件(Word processing software)是一个应用程序集，它允许用户创建、编辑和打印主要由文本组成的文档，当然这些文档还可能包括数字、图形、表格、图表甚至声音。

文字处理软件带有完整的校对工具，如在线拼写、语法检查和辞典；还可以画图、建立索引、脚注和表格；它还允许用户转化由其他文字处理软件产生的文档。微软的 Word 和 WordPerfect 是流行的文字处理软件包。

文字处理软件的经济价值常通过使用这类软件的文秘人员的效率提高来衡量。尽管使用文字处理软件第一次建立文档也是很容易、很快速的，但真正体现效率提高之处在于原文档能够快速修改，不必重新键入，这大大减少了文档准备费用。它能把顾客的姓名和地址插入销售信函中并在信纸上自动地打印出成品，这也将减少大量的文秘开支。

(二)电子表格软件

电子表格软件(spreadsheet)提供了计算机版工具，代替了诸如会计账簿、笔和计算器等传统的财务建模工具。电子制表软件被组织成行和列的网格。当一个人改变了一个值或者多个值，电子表格上所有相关的值都会被自动地计算，这时电子制表软件的能力就非常明显。

电子制表软件对于在诸多数据计算必须互相关联的应用中具有价值。电子制表软件对于需要建模和假设(What - if)的分析应用也很有用处。当用户已经构造了一系列的数学关系，电子制表软件可以利用不同的假设集合立刻重新计算。通过改变一个或两个数据片，而无需在工作表上的其余部分重新键入，方案就可以被容易地评价。电子制表软件包括可以用线型图、柱状图或者圆饼图等形式表现数据的图形功能。最为流行的电子制表软件是微软的 Excel 和

Lotus 1－2－3。

电子表格软件可帮助管理者更轻松地准备预算表、投资组合分析、销售和利润计划以及其他财务文档。

（三）数据管理软件

虽然电子制表软件是处理大量数据的强大工具，但是数据管理软件（Data management software）更加适合创建和处理列表以及从不同文件中合成信息。例如，管理者可能想准备一个人事记录的员工和工资记录中的数据报表。

数据管理软件在创建文件和数据库，在存储、修改以及处理用于报告和查询的数据上具有典型的简便性。第三节对数据管理软件和数据库管理系统进行了较为详细的描述。

（四）文稿演示图形软件

文稿演示图形软件（Presentation graphics）允许用户创建专业质量的图形演示文稿。该软件可以把数值数据转换成为图表和其他类型的图形，可以包含多媒体声音、动画、图像和视频剪辑的显示。领先的文稿演示图形软件包包括计算机产生的幻灯显示性能和翻译成 Web 网页内容的性能。微软的 PowerPoint、Lotus Freelance Graphics 和 Aldus Persuasion 是流行的文稿演示图形包。

（五）电子邮件软件

电子邮件（Electronic mail，e－mail）用于计算机和计算机之间的信息交换，是通信和协调工作的重要工具。一个人可以利用网络来向另一个在同一网络上或者不同网络上的接收者发送短信息或者比较长的文档。

除了电子信息传输外，许多电子邮件软件包还具有向多个接受者传送信息、信息转发以及把文本文档或者多媒体附加给信息的性能。

（六）Web 浏览器

Web 浏览器（Web browser）是容易使用的软件工具，它用来显示 Web 网页、访问 Web 以及其他的因特网资源。Web 浏览器软件以点击图形用户界面为特色，该界面可以被用来通过因特网访问和显示存储在其他因特网站点的计算机内的信息。浏览器在显示和表示传统的文本信息的同时，还可以显示或者表示图形、音频和视频信息，它们允许你轻击屏幕上的按钮或者显亮的字来和相关的 Web 网站链接。Web 浏览器已经成为访问因特网或者使用基于因特网技术的网络系统的主要界面。

（七）组件

组件（Groupware）提供了支持协调工作组活动的功能和服务。组件包括信息共享、电子会议、行程安排和电子邮件的软件，同时还包括网络软件，当群组成员在他们各自的桌面计算机上工作时，连接他们——这些成员往往是在各个地方的。

组件通过允许以电子方式交换信息提高了协调。关于某个标题的所有信息都可以在一个组中保留，并且记录着日期、时间和作者。可以通过一条线索来跟随信息，弄明白一个讨论是如何发展的（一条线索是大家在互相回答时张贴的联机讨论的一系列信息）。任何一个组成员都可以在任何时候评论其他人的观点，加上自己的意见，或者个人可以为其他人张贴一个文档，进行评价或者编辑。成员可以张贴帮助需求。如果一个组这样选择，那么，它的成员就可以在组件上存储他们的工作记录，这样工作组的每个人都可以看到取得了哪些进步，出现了什么问题和计划了哪些行动。

三、开发软件

开发软件允许程序员和其他的信息系统开发员开发出能够完成某项工作的软件。开发软件包括由受过高级训练的 MIS 专家使用的软件和由有少量计算机系统背景或训练的人员使用的软件。

（一）程序设计语言

系统程序员——开发和维护系统软件的人员和应用程序员——开发应用软件的人员，都使用程序设计语言建立和维护自己的程序。程序设计语言用程序命令和其他保留字编写程序语句，告诉计算机应做什么以及何时做。程序描述通常称为程序代码，编写程序语句的过程称为编程。

程序设计语言有许多种。这些程序设计语言可根据用户友好程度和人们理解的难易程度分为不同层次。

1．机器语言

机器语言（machine language）是第一代程序设计语言。它是计算机真正读和理解的语言。可以想象，这种语言无法理解，因为它们是以二进制形式编写的。例如机器代码可能是：

01011000 01000000 00100011

意思是，把0装入寄存器1。

所有其他程序设计语言中描述的程序都必须被译成机器语言；只有这样计算机才能运行它。

机器语言的程序设计是很困难和乏味的，因为程序员必须使用几乎愚蠢的命令告诉计算机每一步做什么，包括为数据和指令分配特定的存储空间。机器语言是所有程序设计语言中最低层次的语言，它需要程序员了解很多为其编写程序的计算机的物理结构。程序员现在很少使用机器语言，因为他们可以使用汇编语言毫无问题地完成同一层次上的控制。

2．汇编语言

为了把程序员从机器语言所要求的细节中解脱出来，提高易于理解的指令，更高层次的程序设计语言出现了。首先是汇编语言（assembly language），它使用助记符为机器操作的标志，如L作为存储器的标志，ST作为存储标志，A表示相加，汇编语言的程序描述是：

AR 1，2

意思是，寄存器1和寄存器2相加。

符号化程序命令和描述比机器语言容易使用，提高了程序员的效率。

为了使计算机执行命令，汇编语言翻译程序，即汇编处理程序把汇编语言译成机器语言。汇编语言程序代码又称为源代码。翻译程序从源代码转换的机器语言称为目标代码。

然而，汇编语言是针对特定的机器，也就是说，它们只限于在为其开发的机器上使用。因此，使用多台机器的程序员必须知道为每台机器编写的汇编语言。

3．第三代语言

尽管汇编语言的使用比机器语言的使用要简单得多，但两种语言从程序员花费的时间角度来说都是低效的。因此人们开发了第三代语言。它们使用更像英语的命令和程序描述，而且很少需要为之编写程序的特定计算机系统的知识。第三代程序设计语言包括COBOL（COmmon Business Oriented Language），FORTRAN（FORmula TRANslator），BASIC（Beginner，s ALL – Purpose Symbolic Instruction Code），C，Pascal。

下面是一个用 COBOL 语言编写的程序描述的例子。

MULTIPLY EMP – HOURS BY EMP – RATE GIVING GROSS – PAY ROUNDED

可以看到，程序描述告诉计算机系统把员工的工作时间和工资率相乘，把结果存放在叫 gross pay 的位置，并把结果舍入到美分。

同用其他程序设计语言写的命令一样，用第三代程序设计语言写的程序代码也称为源代码。在程序运行前，源代码必须被转化成机器语言，即目标代码。

4．第四代语言

计算机程序设计语言已经发展了几代。语言发展的各代与已经讨论过的用户友好程度是并行的（见表 2 – 2）。第四代，如 FOCUS 或 dBASE IV 都提供了更高层次的用户友好，不需要关于机器特性方面的知识。这些语言使对计算机相对生疏的用户可以从存储器中查询、操作和分析数据。

表 2－2　程序设计语言的发展

代	语言	特点	面向用户程度	面向机器程度
第一代	机器语言	用二进制代码书写命令，每种语言只能在特定的处理器上使用。	↓	↑
第二代	汇编语言	用简单的助记符书写命令，每种语言只能在特定的书写器上使用。		
第三代	高级语言：COBOL, FORTRAN, BASIC, Pascal, C	命令在不同的机器上事实差别很小，需要很少的特定机器知识。		
第四代	FOCUS，Dbase IV	命令接近自然英语，需要很少或不需要特定机器的知识。		

第三代语言的程序员也必须详细地写出计算机完成一个任务所需的每一步和各步的确切次序。因为必须描述详细过程，所以这类语言被称为过程化语言。第四代语言不需要程序员写计算机完成任务所遵循的步骤和次序，所以它们又被称为非过程化语言。非过程化第四代语言允许用户描述需要计算机做什么，而不必提供详细的指令告诉计算机怎么做。非过程化第四代语言接受请求，然后生成程序代码，完成工作。

尽管第四代语言容易使用，但也有些缺点。第四代语言产生的代码常比用低级语言编写的程序效率低，也就是说，用第四代语言编写的过程处理数据所花费的时间比用低级语言编写的同样的程序所花费的时间要长。

对于应用程序员来说，使用第四代语言会比使用第三代语言大大提高效率。有人声称，程序员使用第四代语言在一天中所编写的代码行数比使用第三代语言的多 5～10 倍。

信息系统专家还没有对第四代语言做出更好的定义。有些专家把第四代语言定义为易于使用的，主要开发与数据库有关的应用软件的语言。其他关于第四代语言的广义定义为包括图像查询、报表生成器、应用软件生成器、面向对象的程序设计语言、计算机辅助软件工程工具、决策支持工具和自然语言。这些定义经常交换使用，甚至互相重叠。

（二）CASE 工具

CASE 表示计算机辅助软件工程。CASE 软件产品由一组工具组成，它可以帮助应用开发人员比使用标准应用开发方法更快、更好地完成软件开发任务。CASE 工具包括一种第四代语言、一个程序码生成器、一个常规开发库、一个数据描述器、一个数据流程图。CASE 工具还能辅助开发者进行应用程序的规划、分析、设计和测试。

许多管理者对软件的发展趋势表现出了强烈的兴趣。随着计算机硬件成本的降低，对计算机效率的关心正在被提供更加自然的、通过图形界面、自然语言、语音识别、触摸或者其他方式在人们和信息系统之间提供无缝隙关系的软件创建所代替。软件技术的发展在提高效率的同时也为降低软件开发和使用的“人员”费用提供了可行性。

第三节 文件和数据库系统

无论是酒店管理信息系统，还是其他类专题管理信息系统，其应用技术中一项重要内容就是集成不同来源及不同类型的数据，并要对这些大量的数据资源进行处理和管理。

一、传统环境下的文件组织

一个有效的信息系统能够提供给用户及时、准确的信息。这些信息被存储在计算机文件中。当这些文件被合适地安排和维护时，用户可以很容易地访问和检索他们所需要的信息。

文件的组织决定着信息系统的效率，并由此影响着企业的经营决策。

（一）文件组织术语和概念

计算机系统以层次状组织数据，开始是位，然后是字段、记录、文件和数据库（见图 2－4）。一个位代表的是计算机可以处理的数据的最小单位。一组位称为一个字节，代表单个的字符，它可以是一个字母、一个数值或者其他符号。一组字符构成一个词，一组词或者一个完整的数值（诸如个人的姓名或者年龄）叫做一个字段（field）。一组相关的字段，诸如学生的姓名、所修的课程、日期和分数等构成了一条记录（record）；而同类的一组记录则叫做文

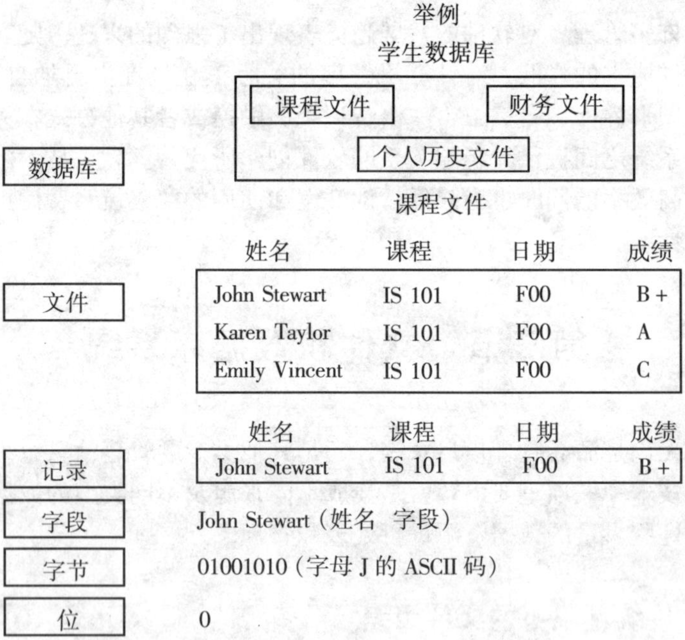

图 2－4 数据的层次

件（file）。例如图 2－4 中的学生记录可以构成一个文件。一组相关的文件构成一个数据库（database）。图 2－4 中描述的学生课程文件可以用学生个人历史和财务背景组合在一起创建一个学生数据库。

一个记录描述一个实体。一个实体（entity）是我们在它的上面保持信息的一个人、一个地方或者一个事件。一个订单是销售订单文件中典型的实体，它保持着一个公司销售订单的信息。描述某个特定实体的每一个特征叫做属性。例如，订单号、订单日期、订单总额和物品数量等每一个都是实体订单的属性。这些属性可以有具体的值，这可以在描述实体订单记录的字段中发现(见图 2－5)。

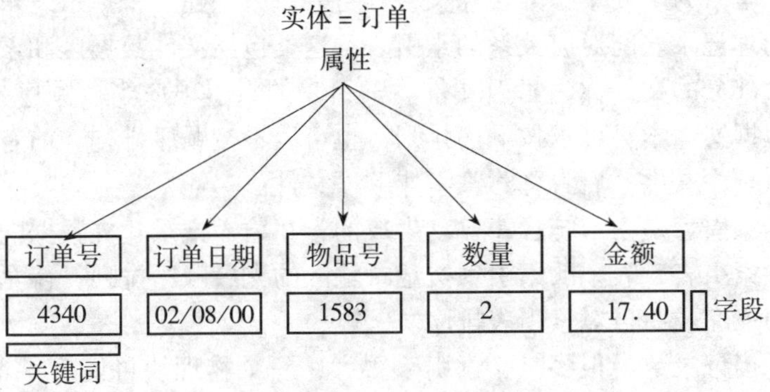

图 2－5　实体和属性

在一个文件中的每一条记录应该包含一个惟一确定该记录实体的字段，这样，该条记录才可以被检索、更新或者排序。这个标志字段叫做关键字段（key field）。关键字段的一个例子是图 2－5 中所描述的订单记录的订单号，或者人事记录的雇员号（包括诸如雇员的姓名、年龄、地址、工作单位等雇员数据）。

（二）访问计算机文件中的记录

计算机系统在辅助存储器上存储文件。记录可以在存储介质上面以多种方式安排，该安排决定了访问和检索个别记录的方式。组织记录的一种方法是按顺序组织（sequential file organization）。在顺序文件组织中，数据记录必须以和它们被存储的同样的物理顺序检索。相反，直接（direct）或者随机文件组织（random file organization）允许用户以各种他们所期望的顺序访问记录，而不考虑在存储介质上的实际物理顺序。

顺序文件组织是可以在磁带上使用的仅有的文件组织方式。这种文件组织方式不再流行，但是一些组织仍然在使用它用于批处理应用，他们顺序地访问和处理每一个记录。使用顺序文件的一个典型的应用是工资报告。

1．索引顺序文件

有时为了便于检索，除文件本身外，另外建一张指示逻辑记录和物理记录之间对应关系的索引表，这类包括文件数据区和索引表两大部分的文件称为索引文件。索引表的索引项应当按顺序排列，而数据文件本身可以按顺序排列，也可以不按顺序排列，前者称为索引顺序文件，后者称为索引非顺序文件。

索引表是由系统程序自动生成的，在输入记录建立数据的同时建立索引表，表中的索引项按记录输入的先后顺序排列，待全部记录输入完成后再对索引表排序。

当记录数目很多时，索引表很大，一个物理块可能容纳不下，查索引表时，可能要多次访问外存，为此，可以对索引表建立一个索引，称为查找表。

当记录数目十分大，查找表也可能占用许多物理块，这时就要作查找表的索引，称为第二查找表。通常最高可有四级索引：索引文件→索引表→查找表→第二查找表→第三查找表。

索引文件的组织方式可以保证记录地址的惟一性，不产生重号，其存取机制也比较简单，缺点是索引表本身要占用一定的存储空间。而且这种索引只是一种静态索引，各级索引均为线性表结构，其结构虽简单，但修改不方便，每次修改都要重新索引。因此，当数据文件在使用中记录变动较多时，其效率十分低下。对此，可采用动态索引。有关内容可参考数据结构方面的教材。

2. 直接存取文件（散列文件）

直接存取文件的组织方式可用下列几种方法实现：

①直接地址法。程序员可以直接把存放某一记录的地址作为该记录的鉴别键（简称键号），这样，要检索某一记录时，只要给出了该记录的键号，也就给出了该记录的存放地址。

直接地址的优点是：存取机制简单，使用方便，不会产生重号。缺点是把记录的存储记录地址作为鉴别键，不易记忆。有些数据库管理系统中的数据库码就是采用了这种方法。

②相对键法。采用相对键入法进行存取时，可以调用一个算法过程对记录的键号进行计算，求出相应的记录地址。

设鉴别键号为 K，相应的记录用 RK 表示，其地址用 DRK 表示，则有 DRK = f（K）。

例如，学生证号 K 是从 000 ~ 999 的连续号，现要为每个学生存储一个记录长度为 100 字节的记录，若现在学生文件存储的起点地址为 4000，则每个学生记录的存储地址为 DRK = K × 100 + 4000，以此为键号，即可实现记录的直接存取。

相对键入法的优点是，搜索一个记录只要经过一次简单的计算，因而搜索时间短，处理速度快。缺点是：若这个连续的键号中有空号，计算机存储器中就留有空位，造成外存的浪费。此外，它要占用连续的物理地址，不能充分利用计算机存储器中的存储碎块。当然，也可以用链接方式把分散地址集中起来，但这样会延长搜索时间，降低查找效率。

③杂凑法。直接把鉴别键作为有关物理文件地址的方法，有可能浪费大量存储空间。例如，有一个文件，其鉴别键号分散在 10000 到 50000 号之间，但其记录总数只有 5000 个。如果用直接地址法存储记录，就要浪费 35001 个记录空间。为了克服这一缺点，可以采用杂凑法，即利用一种称之为杂凑函数的算法，把上述键号转换为相应记录的地址，达到压缩存储空间的目的。

杂凑法的优点是存取速度快，比较节约存储空间。因为这种方法只要调用一个算法过程，而无须占用存储空间作为索引。缺点是不易找到一个良好的算法，而且有时在碰撞现象发生过多时会延长存取时间。

以上介绍的是直接存取文件组织方式的几种实现方法。直接存取文件的优点是，文件随机存取，记录不需排序，存取速度快，修改方便。缺点是不能进行顺序存取，只能按关键字随机存取。另外，经过多次插入、删除后，可能会造成文件结构不合理，这时需对文件进行重组。

顺序文件组织方式、索引文件组织方式和直接存取文件组织方式各有其特点和应用环境。不同的数据组织方法和不同的存储介质对于采用何种类型文件、数据处理的效果和文件使用的效果有很大的影响。

（三）传统文件环境的问题

许多组织开始进行信息处理是小规模的，在某个时间自动化一个应用。系统倾向于独立发展，而并不符合一些重要的计划。每一个功能区域都倾向于开发和其他功能区域独立的系统。会计、财务、生产、人力资源部门和市场营销部门都开发它们自己的系统和数据文件。

当然，每一个应用需要它自己的文件和自己的计算机程序来操作。例如，人力资源功能区域也许有一个职员主文件、一个工资表文件、一个医疗保险文件、一个养老金文件和一个邮递列表文件等，直到十个或许几百个文件和程序。在整个公司，这种处理将会导致独立的分支机构和部门创建、维护和操作多个主文件。

随着这种处理持续 5 年或者 10 年，组织会被附加几百个程序和应用，没有人知道他们自己在做什么，他们在用什么或者谁正在使用这些数据。组织正在从太多的文件中收集同样的信息，导致的结果是数据冗余、程序—数据依赖、缺乏灵活性、很差的数据安全性和在应用之间不能共享数据。

1．数据冗余

数据冗余（Data redundancy）是指在多个数据文件中出现重复

和不一致的数据。当组织中的不同分支机构、功能领域和小组相互独立地收集同样的信息时，数据冗余往往出现。

2．程序—数据依赖

程序—数据依赖（program－data dependence）是指存储在文件中的数据和需要更新与维护那些文件的专门程序之间的紧密关系。每一个计算机程序不得不描述它要对其工作的数据的位置和性质。在传统的文件环境中，数据组织或者格式的任何改变需要所有存取这个数据的程序进行相应的改变。

3．缺少灵活性

传统文件系统可以在进一步的程序设计后得到日常计划报告，但是，它不能够生成特别报告或者对没有预计到的信息需求进行及时的反应。特别报告需要的信息在系统的某些方面，但是检索起来费用太高了。许多程序设计人员将不得不工作数周，把所需要的数据项放在一个新的文件中。

4．安全性差

因为对数据没有什么控制和管理，所以对信息的存取和分布也许会失控。管理阶层无法知道谁正在存取或者甚至改变了组织的数据。

5．缺少数据的共享性和可利用性

在这种混乱的环境下，对数据访问缺少控制并不能使人们很容易地获得信息，因为在不同文件和不同组织部门的信息片之间不能够互相关联，要共享信息和及时存取信息几乎不可能。

二、数据库环境

数据库技术可以克服传统文件组织引发的许多问题。数据库（database）的严格定义是通过集中数据和使数据冗余最小并有效地服务于许多应用的有组织的数据集合。每一个应用的数据不是被存储在独立的文件上，而是让用户感觉到数据是只被存储在一个地方。一个单个的数据库服务于多个应用。例如，代替把雇员的数据存储在独立的信息系统上并使职员、工资表和利益等文件独立，公司可以创建一个单一的公共人力资源数据库。图 2-6 说明了数据库概念。

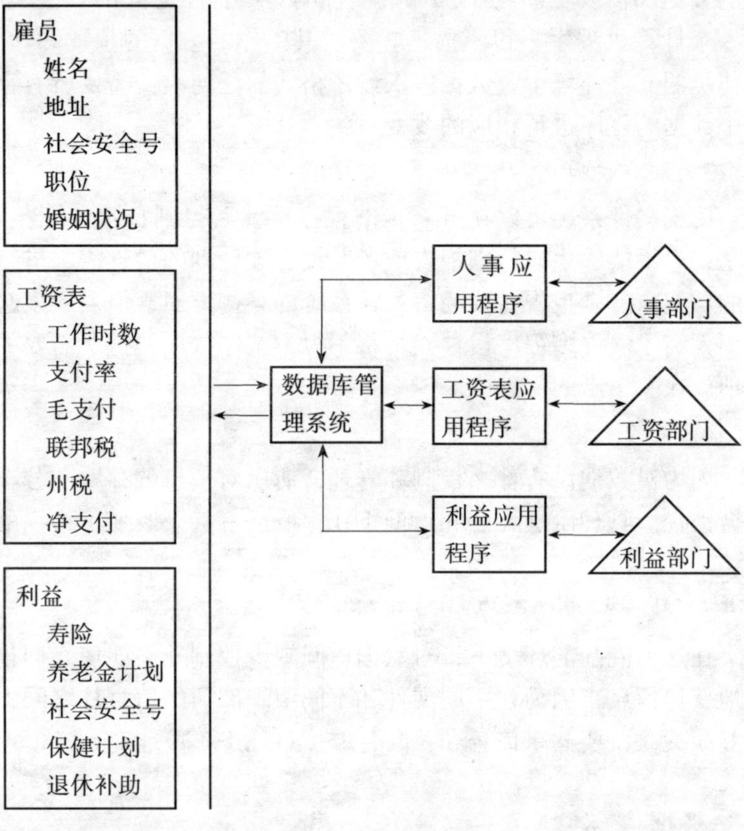

图 2-6 现代数据库环境

（一）数据库管理系统

简单地说，数据库管理系统（database management system, DBMS）是允许一个组织集中数据、有效地管理数据和提供应用程序对存储的数据进行访问的软件。数据库管理系统的作用是充当应用程序和物理数据文件的接口。

一个数据库管理系统由三个部分组成：数据定义语言、数据操纵语言、数据字典。

1. 数据定义语言

数据定义语言（data definition language，DDL）是程序设计人员使用说明数据库内容和结构的形式语言。数据定义语言定义在该数据元素被翻译成应用程序所需要的形式之前每一个在数据库中出现的数据元素。

2. 数据操纵语言

数据操纵语言（data manipulation language，DML）被用来和一些常规的第三代或者第四代程序设计语言连接，处理数据库中的数据。这种语言包括允许用户和程序设计专家从数据库中获取数据来满足信息需求和开发应用的命令。今天最为著名的数据操纵语言是结构化查询语言（structured query language，SQL）。复杂的程序设计任务不能用典型的数据操纵语言来有效地执行。但是，多数大型计算机数据库管理系统是和 COBOL 语言、FORTRAN 语言以及其他第三代程序设计语言兼容的，允许具有较大的处理效率和灵活性。

3. 数据字典

数据库管理系统的第三个元素是数据字典（data dictionary）。这是一个自动化或者人工文件，它存储着数据元素和数据特征的定义。

在一个理想的数据库环境中，数据库中的数据只被定义一次，被所有驻留在该数据库上的应用使用，所以这就消灭了数据冗余和不一致性。应用程序是通过使用数据库管理系统的数据操纵语言和常规的程序设计语言合并编写的，它需要从数据库中请求数据。应用程序需要的数据元素是由数据库管理系统找到和传送的。程序设计人员不需要详细地描述数据是如何找到和在哪里找到的。

一个数据库管理系统在减少程序开发和维护费用的同时，可以减少程序——数据依赖。信息的访问和有效性可以被提高，因为用户和程序设计人员可以在数据库中执行特别的数据查询。数据库管理系统允许组织集中管理数据、管理它的使用和安全。

（二）数据的逻辑视图和物理视图

也许一个数据库管理系统和传统文件组织之间的最大不同是数据库管理系统把数据的逻辑视图和物理视图分离开，解除了程序员和终端用户必须懂得数据实际上在哪里存储和如何存储的任务。

逻辑视图（logical view）表现数据就如同它们的终端用户或者业务专家所感觉到的那样，然而，物理视图（physical view）表现的是在物理存储介质上是如何被组织和构成的。例如，假设一个信息系统专业的教授在该学期初想要知道学生们在他们的首先选修的计算机文化课（计算机文化101）中是如何表现的，以及学生当前的专业，那么，使用注册主任提供的支持数据库，该教授将会需要类似于图2－7所示的报告。

			计算机文化101
学生姓名	身份号码	专业	成绩
林德	468	财务	A－
平丘克斯	332	市场营销	B＋
威廉姆斯	097	经济学	C＋
劳克林	765	财务	A
奥兰多	324	统计学	B

图2－7 教授需要的报告

理想状态下，对于如此简单的报告，该教授可以坐在一个和注册主任的数据库相联的终端前面，用数据操作语言写一个小小的应用程序就可以创建这个报告。该教授首先要为应用程序做出期望的数据逻辑视图（图2－8）。数据库管理系统然后集合所请求的数据元素，这些数据元素也许驻留在若干不同的文件和磁盘的某个位置上。例如，学生的专业信息也许在叫做学生的文件上，然而成绩数据也许在一个叫做课程的文件上。不论它们在哪里，数据库管理系统将会把这些信息集到一起，并且按照所要求的逻辑视图呈现给该教授。

由该教授用数据操纵语言构造的询问也许和图 2－8 所表示的相似。在大型计算机和个人计算机上工作的数据库管理系统都允许这种交互式报告的产生。

```
SELECT Stud _ name, Stud.Stud _ id, Majio, Grade
FROM Student, Course
WHERE Stud.stud _ id = Course.stud - id
AND Course _ id = "CL101"
```

图 2－8 教授使用的查询

三、开发数据库

为了创建数据库，一个人必须懂得在数据库中要维护的数据和数据类型的关系，懂得这些数据如何被使用。

（一）数据库类型

现代数据库使用数据库模型来保持对实体、属性和关系的跟踪。每一个模型具有一定的处理优点和一定的商业优点。

1. 关系数据模型

关系数据模型（relational data model）是当今最为流行的数据库管理系统类型。关系数据模型简单地以二维表来表现数据库中的所有数据。该表类似于一个扁平的文件，但是在不止一个文件中的信息可以被容易地提取和合并。有时候，表就被称作为文件。

图 2－9 显示的是一个供应商表、一个零件表和一个订单表。

在每一个表中，行是惟一的记录，列是字段。在关系中，行或者记录的另一个术语是元组（tuple）。关系模型的优势是：只要两个表共享一个公共的数据元素，它就可以把任何一个文件或者表中的数据和在另一个文件或者表中的数据关联起来。

表（关系）订单

订单号	订单日期	送货日期	零件号	零件数量	订单总额
1634	02/02/00	02/22/00	152	2	144.50
1635	02/12/00	02/29/00	137	3	79.70
1636	02/13/00	03/01/00	145	1	24.30

行（记录，元组）

零件

零件号	零件描述	单价	供应商号
137	门插销	26.25	4058
145	门把手	22.50	2038
152	压缩机	70	1125

供应商品	供应商名称	供应商地址
1125	CBM 公司	44Winslow, Gary IN 44950
2038	ACE 公司	Rte.101, Essex NJ 07763
4058	Bryant 公司	51 Elm, Rochester NY 11349

图 2-9 关系数据模型

2. *层次数据模型和网状数据模型*

层次模型（hierarchical data model）以树状结构把数据呈现给用户。在每一个记录中，数据元素被组织成为称作段（segments）的记录片。对于用户，每一个记录看上去像一个组织图，顶层的段叫做根（root）。一个较高层次的段在逻辑上和一个较低层次的段以母一子的关系联结。一个母段可以有不止一个的片段，但是一个子段只能有一个母段。

例如，一个人力资源数据库的层次结构，根段是雇员，它包含着基本的雇员信息，诸如姓名、地址和身份号等。紧接着下面是三个子段：工资（包括薪水和晋升）、工作分配（包括工作职位和部门数据）和利益（包括受益人和利益选项数据）。工资段的下面有两个子段：表现等级（包括关于雇员工作表现的数据）和薪水历史（包括关于雇员的过去的薪水数据）。在利益段的下面是退休金段、寿险段和健康段，包含着关于这些利益计划的数据。

层次结构图描绘了一对多的关系，而网状数据模型（network data model）描绘的是多对多的数据逻辑关系。换句话说，母可以有多个子，而子也可以有不止一个母。

层次和网状数据库管理系统被认为是过时的，在创建新的数据库应用时不再被使用。它们没有关系数据库管理系统灵活，不支持特别的、近似英语语言的信息请求。所有存取数据的路径必须事先说明，而且在没有进行主要程序改变的时候，不能够改变存取路径。例如，如果你查询图 2－10 所示人力资源数据库，想找出工作职位是管理员助理的雇员的姓名，那么你将会发现系统没有办法在合理的时间内找到答案。因为通向该数据的路径事先没有被说明。

与之相反，关系数据库管理系统在提供特别询问、从不同的源合成信息以及在无需干扰现存程序和应用的情况下提供增加新的数据和记录的能力上具有较强的灵活性。然而，如果它们对存储在磁盘上的数据需要许多的存取来执行选择、联结和投影的命令，那么系统可能会变慢。

3. 面向对象的数据库

随着计算机技术的飞速发展，新的应用领域不断出现，对数据处理技术也提出了更高的要求。例如，在计算机辅助设计（computer aided design，CAD）中的图形数据，以及多媒体应用中的的图像、声音、文档等诸多数据形式中，一个对象需要由多个属性来描述，其中某些属性本身又是另一个对象，它也有自身的内部结构，从而可构成复杂对象。为了能够处理这样的数据，就产生了面向对象数据模型。

面向对象数据库是面向对象概念与数据库技术相结合的产物。面向对象模型中最基本的概念是对象和类。

（1）对象

在面向对象数据模型中，将所有现实世界中的实体都模拟为对象，小至一个整数、字符串，大至一架飞机、一家公司等，都可以看成对象。

对象与记录的概念相似，但更为复杂。一个对象包含若干属性，用以描述对象的状态、组成和特性。属性也是对象，它又可以包含其他对象作为其属性。这种递归引用对象的过程可以继续下去，从而组成各种复杂的对象，而且同一个对象又可以被多个对象所引用。

除了属性外，对象还包含若干方法，用以描述对象的行为特性。方法又称操作，它可以改变对象的状态，对对象进行各种数据库操作。方法的定义包含两个部分：一是方法的接口部分，说明方法的名称、参数和结果的类型，一般称之为调用说明；二是方法的实现部分，它是用程序设计语言编写的一个过程，用以实现方法的功能。

对象是封装的，对象只接受自身所定义的操作，外界与对象的通信一般只能借助于消息。消息传送给对象，调用对象的相应方法，进行相应的操作，最后再以消息形式返回操作的结果。外界只能通过消息请求对象完成一定的操作。

(2) 类和类的实例

数据库中通常包含了大量的对象，可以将类似的对象归并为类。在一个类中的每个对象称为实例。同一类的对象具有共同的属性和方法，对这些属性和方法可以在类中统一说明，而不必在类的每个实例中重复说明。消息传到对象后，可以在其所属的类中找到相应的方法和属性的说明。同一类中的对象的属性虽然是一样的，但这些属性所取的值会因各个实例而不同。因此，属性又称为实例变量。有些变量的值在全类中是共同的，这些变量称为类变量。例如，有些属性具有默认值，当在实例中没有给出该属性值时，就取其默认值，默认值在全类中是公共的，因而也是类变量。类变量没有必要在各个实例中重复，可以在类中统一给出它的值。在一个类中，可以有各种各样的统计值，如某个属性的最大值、最小值、平均值等。这些统计值不属于某个实例，而是属于类，因此也是类变量。

将类的定义和实例分开，有利于组织有效的访问机制。一个类的实例可以集中存放。对每个类设有一个实例化机制，实例化机制可提供有效的访问实例的路径，如索引等。消息传到实例化机制后，可通过其存取路径找到所需的实例，通过类的定义查到属性及方法的说明，从而实现方法的功能。

(3) 类的层次结构和继承

类的子集也可以定义为类，称为这个类的子类，而该类称为子类的超类。子类还可以再分为子类，从而可形成一个层次结构的类。

一个子类可以有多个超类，其中有直接的，也有间接的超类。从概念上来说，从下层的子类向上到超类是一个普遍化、抽象化的过程，这个过程叫做普遍化。反之，从超类到下层的子类是一个特殊化、具体化的过程，这个过程叫做特殊化。

一个对象既属于它的类，又属于它的所有超类。对象只能是它所属类中最特殊化的那个子类的实例，但可以是它的所有超类的成员。例如，一名销售部的业务员是业务员这个子类的实例，但又是销售部成员、各部门成员这两个类的成员。也就是说，一个对象只能是一个类的实例，但可以成为多个类的成员。

在子类中，可以继承所有超类中的属性和方法，还可以增加新的属性和方法，或重新定义超类的属性和方法。

一个类可以有多个直接超类。例如，在干部这个子类中，就可能有总部成员以及某个部门成员两个超类。也就是说，总部的干部也可以兼任某个部门的经理或业务员。

(4) 对象的标识

每个对象都有一个在系统内惟一的和不变的标识符，称为对象标识符。对象标识符一般由系统产生，用户不得修改。对象标识符是区别对象的惟一标志，如果一个对象的属性值被修改了但标识符未变，则认为是同一对象。同样的道理，如果两个对象的属性值和方法相同但标识符不同，则认为是两个相等但不相同的对象。

目前，面向对象数据模型已被用作某些 DBMS 的数据模型。由于它语义丰富、表达自然，因此也适合作为数据库概念设计的数据模型。虽然面向对象的数据库比层次、网状和关系数据库使用方便，但其模型复杂，系统实现的难度较大。

（二）设计数据库

使用数据库技术的目的是把现实世界中存在的事物以及事物之间的联系在数据库中用数据加以描述、存储，并对其进行各种处理，为人们提供能够完成现实活动的有用信息。怎样把现实世界中的事物及其事物之间的联系在数据库中用数据来加以描述，是数据库技术的一个基本问题。

在数据库系统的体系结构中，模式是整个系统的核心和关键。而模式的本原和主体是数据模型。所谓数据模型是指构造数据时所遵循的规则及对数据所能进行的操作的总体。

1. 信息模型

（1）信息模型的要素。信息模型的主要要素是实体（Entity），任何客观存在的事物均可以是实体，这个事物可以是人，也可以是物；可以指实际的东西，也可以指概念的东西。信息模型中的另一要素是属性（Attribute），属性是实体（事物）的某一方面的性质和特性。信息模型中还有另一个重要要素是联系（Relationship），联系是指客观存在的事物之间的相互联系，通常是指实体集与实体集之间的关系。

（2）两个实体集之间相互联系的方式。两个实体集之间的联系是信息模型中最基本的联系，可将这种联系分为以下几种方式。

①一对一联系。设有两个实体集分别以 A 和 B 表示。A 与 B 一对一的联系是指 A 中任一个个体至多与 B 中一个个体有联系，B 中的任一个个体也至多与 A 中的一个个体有联系。一对一联系简示为 1∶1。

②一对多联系。如果实体集 A 中至少有一个个体与 B 中一个

以上个体有联系，且实体集 B 中任一个个体至多与 A 中一个个体有联系，则称实体集 A 与 B 是一对多联系，简记 1:N。

③多对多联系。若实体集 A 中至少有一个个体与 B 中两个或以上个体有联系，实体集 B 中也至少有一个个体与 A 中两个或以上个体有联系，则称 A 与 B 是多对多联系，记为 N:M。

许多实体集之间的复杂联系，可由上述联系组合而成。

(3) E—R 模型。E—R 模型是一种信息结构的图示法，它主要描述实体集之间的联系。因此，E—R 模型就是一种图示模型，有时又称 E—R 图。

信息模型是建立数据库的数据模型的基础。在管理信息处理中，必须根据管理问题的性质，对复杂事物的表现、性质及内、外部联系进行深入分析，合理地定义实体、属性及实体间的联系。所建立的 E—R 模型必须各部分意义明确、联系清楚，能准确、清晰表达所研究的事物的复杂信息结构。

2. 关系模型

(1) 关系模型的概念。关系模型将数据的逻辑结构归纳总结为满足一定条件的二维表的形式，称为一个关系，关系又由关系框架和若干元组（Tuple）组成，一个元组实际上就是二维表中的一行内容。组成元组的元素是分量，如果关系中的元组由 n 个分量组成，则称此关系为 n 元关系。

(2) 关系模型的数据结构。信息结构中包含有实体、属性和联系三大要素，并由此可构造复杂的网络关系。在层次模型和网状模型中要对实体和联系分别加以处理和表示，而关系模型具有的最大特点是描述的一致性，即无论对实体集还是实体集之间的联系，均可以用关系（二维表）来描述。通过这样的定义，可建立相应的关系数据库。

在数据结构中，还应包括对每个属性的定义域的限制，各属性间数据关联关系的描述以及其他关于该关系的强制性约束条件，通常统称为完整性约束条件，它们是关于数据的语义信息。

关系模型提供了一套完备的高级关系运算。在关系模型中，对数据库的全部操作都被归结为关系的运算，这种运算是以一个或多个关系作为运算对象，对它们进行集合运算，结果形成一个新的关系。

(3) 关系的规范化。关系模型中的关系就是一张二维的表，但严格地说，它应该是一种规范化了的二维表。在建立关系数据模型时，必须将非规范形式规范化。规范过程是：先对二维表消去组合项与重复组化为第一范式；再消去非主属性对主关键字的不完全依赖性而变为第二范式；之后消去非主属性对主关键字的传递依赖性就化为第三范式了。用第三范式的关系来定义数据库会比直接用二维表所定义的数据库好得多。

关系模型的规范化，是为了使数据库在使用、维护、调整、更新、扩展时保持数据结构的灵活、稳定、可靠和数据与程序的相对独立性。

由于关系模型具有规范化形式，在数据处理时，可以通过对各种关系之间的系列运算，如合并、求差、求积、投影、选择等形成一些新的关系，以实现对数据的分析和交换。

第四节　通信与网络

从20世纪80年代以来，通信与网络得到了极大的发展和广泛的应用，并由此掀起了计算机网络的研究与开发高潮，从局域网到广域网，从大型机网到微机网，从数据通信网络到综合业务数字网，各种各样的网络技术与产品不断涌现。随着社会信息化的发展，计算机网络应用已不仅仅限于组织或机构内部，基于高速数字通信网络的信息高速公路已使得公众用户可以利用普通微机通过电话线访问全球范围内的网络资源，在办公室、公共服务设施甚至于在家中获得各种各样的网络信息服务。

目前，利用公共数据通信线路，已可以方便地实现国际范围的情报检索、数据库查询等网络信息服务，用户可以在几秒钟或几分钟内获得来自全球任一网络结点的信息。今后，计算机网络的发展方向是以多样化的通信手段和通信传输介质，形成能同时传输数据、文本、声音、图形和图像等多媒体信息的综合业务数字网。

一、数据通信

数据通信系统是计算机网络的重要组成部分，其主要任务是将地理位置不同的计算机或终端设备联结起来，高效率地完成数据传输、信息交换和通信处理的任务。

（一）数据通信系统

一个数据通信系统由以下关键部件组成：

1. 处理信息的计算机。

2. 传送或者接收数据的终端或者任何输入/输出设备。

3. 通信信道：通过信道连接、数据或者声音在网络中的发送和接收设备之间被传送。通信信道使用各种通信介质，例如电话线、光缆、同轴电缆和无线通信传送。

4. 通信处理器：诸如调制解调器、控制器和前端机等提供对数据传送和接收的支持功能。

5. 控制通信网络的输入/输出活动和管理其他功能的通信软件。

图 2－10 说明了一个典型的数据通信系统的硬件构成部分。

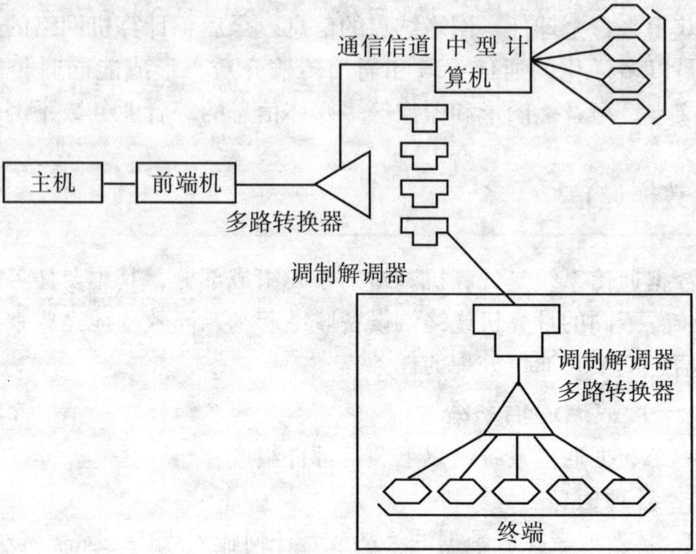

图 2－10 远程通信系统的构成

(二) 数据通信方式

1. 模拟信号和数字信号

信息是以电磁信号形式在通信系统中传输的。信号以两种方式表现：模拟信号和数字信号。

模拟信号（analog signal）是用经过通信介质的连续的波形表示的。模拟信号被用来处理声音通信，它以斜度来反映变化程度。

数字信号（digital signal）是一个离散的而不是一个连续的波形。它被传送的编码数据具有两个离散状态："1"位和"0"位，它们代表开—关电脉冲。大多数计算机使用数字信号通信，然而，如果一个传统的电话网络被建立用来处理模拟信号，那么，一个数字信号在没有进行改变的情况下是不能被处理的。所有的数字信号必须被翻译成模拟信号，这样才能够在模拟系统中传送。执行这个翻译的设备是调制解调器［（modem）调制解调器是 Modulation/DEModulation 的词头缩写］。调制解调器把计算机的数字信号翻译成模拟信号形式，通过电话线传输，或者把模拟信号翻译成数字形式由计算机接收（见图 2－11)。

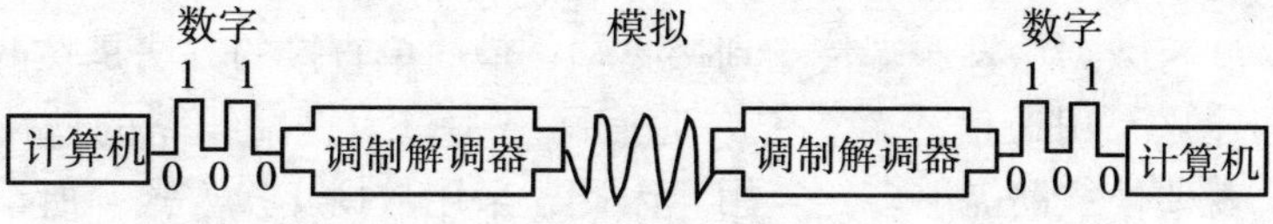

图 2－11 调制解调器的功能

与模拟信号相比，数字信号的优势在于它能够更容易地减少或消除传输中的噪音及错误信号，这一点在长距离传输中表现得尤为突出。另一个优点是，它与数字计算机系统相兼容，这样就不必在计算机系统使用数字传输通路时进行多次模拟和数字转换。

2. 异步传输和同步传输

异步传输是以字符为单位进行传输和识别的。每传一个字符的数据，先在字符前传送一个起始码，一个字符传送完，再插入一个或两个终止码。这样，在接收端可以通过识别接收到的二进制起始码和终止码而得到两者之间的传输字符。

通常，在传输的字符中包含一个奇偶位，用以检验传输是否正确。在一个偶校验的系统中所有为 1 的位的总和必须为一个偶数，所以发送设备通过在奇偶位置 0 或置 1，使其为 1 的位数之和为偶数。接收设备将收到的每个字符中为 1 的位相加，以检查传输正确与否。如果为 1 的位之和为奇数，则接收设备认为传输中出现错误。另外，也有一些系统采用奇校验。很多终端采用 ASCII 码进行异步传输信息，也就是说，通过发送一组彼此独立的单个字符实现信息的发送。

同步传输是以一段报文（字符序列）为单位进行传输和识别的。为了使接收方确定报文的开始和结束，每个报文前用一个或多个同步字符开始，这样在接收端可以从接收到的信号中通过提取同步字符来获得每个比特的同步信息。显然同步方式插入的附加码的位数少得多，因此比异步方式速度快，但对线路要求高，通信控制过程复杂。

3．数据交换

要将数据从发送端传输到接收端，最简单直接的方法是在两端之间建立专用通信线路。但在通信网络中，为提高线路的使用效率，就要使线路能够多路复用，因此，采用数据交换方式。所谓数据交换，就是从发送端发出的数据要通过网络的中间节点，这些中间节点作为交换设备将数据从一个节点传到另一个节点，直至达到接收端。常用的3种基本交换方式是线路交换、报文交换和分组交换。

(1) 线路交换

线路交换是在需要进行数据通信时，由交换设备（交换机）在数据发送方和数据接收方建立起一个实际的线路连接，一旦线路接通，就按照收发双方设定的数据格式、速率进行传输，不受交换机的任何干预，直至全部传输完毕。

(2) 报文交换

所谓报文，是指遵从一定格式的二进制码序列，在序列中有报头（标明报文开始及要传送的目的地址）、要传送的数据内容、报尾（标明数据序列的结束）以及一些同步信息。

在报文交换中，发送端将要传输的数据处理成一定大小的报文，以一个完整报文为单位进行传输。交换机收到报文后，检查报头中的目的地址，按照地址将报文传送到另一个交换机上，或直接发送到接收端。与线路交换中的两端直接连通不同，报文交换采用了存储转发技术，即报文传到交换机上后，就中断传送线路，将报文暂时存储在交换机上，待交换机根据报文中的目的地址找到最佳可用路径后，再将报文转发出去。由于采用了存储转发方式，报文交换方式就不是实时或交互的，就会有传输延迟。可对不同的报文设置不同的优先级，在线路允许时，将交换机内报文列队中高优先级的先发出，以提高报文的交换速度。报文交换主要应用于电子邮件，非实时数据传输以及交互性要求不高的数据查询场合。

（3）分组交换

分组交换也采用存储转发方式，但与报文交换不同的是，在发送端将报文分解成固定长度的数据分组，并在分组的前后加上分组编号、目的地址、分组校验码以及一些协议信息，形成报文分组，以报文分组作为独立的存储转发单位，从而大大提高了传输和交换转接的灵活性。报文分组也称为包，因此分组交换有时也叫做包交换。

（三）数据通信信道

通信信道（channel）是通过数据从网络上的一个设备传送到另一个设备的手段。一个信道可以利用不同的通信传送介质，如双绞线、光缆、同轴电缆、微波、卫星和其他无线传送设备等。每一种都有各自的优点和局限。一般而言，高速的传送介质比较昂贵，但是它们可以处理比较大的容量，这就减少了每一位的费用。表2－3比较了主要的几种传送介质类型的传送速度和相对费用。

表 2－3 数据通信传送介质的典型速度和费用

介质	速度	费用
双绞线	300 BPS ~ 10 MBPS	低
微波	256 BPS ~ 100 MBPS	
卫星	256 BPS ~ 100 MBPS	
同轴电缆	256 BPS ~ 200 MBPS	
光缆	500 BPS ~ 10 GBPS	高

1. 双绞线

双绞线（Twisted wire）是指按一定规则螺旋缠绕在一起的两根绝缘铜线，它是最传统、应用最普遍的传输介质，如电话线。两条线绞扭在一起的目的是为力弱，但由于其价格便宜、易于安装、可实现结构化布线、传输数字信号的距离可达几百米，因此在局域网中应用得很普遍。

2. 同轴电缆

同轴电缆（coaxial cable）由内外两条导线构成，内导线是单股粗铜线或多股细铜线，外导线是一条网状空心圆柱导体，内外导线之间隔有一层绝缘材料，最外层是保护性塑料外皮。同轴电缆可以在较宽的频率范围内工作，抗干扰能力强，传输距离可达几公里，在计算机网络中被广泛采用。

3. 光导纤维

光导纤维（Fiber – optic）是由高折射率的细玻璃或塑料外包低折射率的外壳构成。其基本工作原理是：在发送端通过发光二级管将电脉冲信号转换成光脉冲信号，在光纤中以全反射的方式传输，在接收端通过光电二级管将光脉冲信号转换还原成电脉冲信号。

由于光波的频率范围很宽，所以光纤的频率具有很宽的频带。光可以在光纤中进行几乎无损耗的传播，因此可以实现远距离高速数据传输。此外，由于是非电磁传输，无辐射，光纤的抗干扰能力强，保密性好，误码率低。但光纤传输系统价格较贵，因此一般用作网络通信的主干网。

4. 微波

微波（microwave）是利用高频无线电波在空气中的传播来进行通信，发送站将数据信号载波到高频微波信号上定向发射，接收站将信号截下进行接收处理或转发。微波是直线传播的，具有高度的方向性，因此传输距离要受到地球表面曲率所造成的视线距离的限制。如果传输超过一定距离（最长不超过 50 公里），就要通过中继站进行接力传输。

微波传输频带较宽，成本比同轴电缆和光纤低，但误码率高。微波传输安装迅速、见效快，易于实现，是在不能铺设线路条件下的远程传输、移动网络通信等场合中最经济、便利的通信手段。

5. 卫星通信

卫星通信是利用地球同步卫星做微波中继站进行远距离传输。

地球同步卫星位于地面上方36 000公里的高空，其发射角度可以覆盖地球的三分之一地区，三颗同步卫星就可以覆盖整个地球表面。通过同步卫星上的转发设备，将来自地面的微波信号发送给所覆盖的区域并转发给其他同步卫星，因此，传输距离不受视线距离的限制，可以发送给全球任何一个区域。

（四）通信处理器和软件

通信处理器，诸如前端处理机、集线器、控制器、多路转换器和调制解调器等，支持远程通信网络中的信息的传送和接收。在一个大型的计算机系统中，前端处理机（front - end processor）是一个专用于通信管理、紧挨着主机的专用计算机。前端处理机执行诸如错误控制、格式化、编辑、控制、路由安排以及速度和信号转换等通信处理。

集线器（concentrator）是可编程的计算机，它收集和临时存储来自终端的消息，直到信息量足够，它就经济地把信息发送出去。

控制器（controller）是监控中央处理单元以及诸如终端和打印机等外围设备之间通信量的专用计算机。控制器管理来自于这些设备的信息，并且把它们传送给中央处理单元。它还把来自于中央处理单元的输出安排路由传给合适的外围设备。

多路转换器（multiplexer）是能够使一个单一的通信信道从多个源同时运载数据传送的设备。多路转换器把通信信道划分，这样它可以被多个传送设备共享。多路转换器可以把一个高速的信道划分成多个速度比较慢的信道，或者分配给每一个传送源一个很小的时间片来使用该高速信道。

驻留在主机、前端处理机和网络上其他处理器上的专用远程通信软件被需要用来控制和支持网络活动。这个软件负责诸如网络控制、访问控制、传送控制、错误检测/改正和安全等功能。

二、计算机网络

计算机网络是管理信息系统运行的基础。由于一个企业或组织中的信息处理都是分布的，把分布式信息按其本来面目由分布在不同地理位置的计算机进行处理，并通过通信网络把分布式信息集中起来，是管理信息系统的主要运行方式，因而，计算机网络是管理信息系统的基本使能技术。

（一）网络拓扑结构

网络拓扑结构（topology）是指网络的链路和节点在地理上所形成的几何图形。

目前，计算机网络的基本拓扑结构有三种形式：星形、总线形和环形。

1. 星形网络

星形网络［（star network）见图2-12］其工作站以星形方式连接，以控制整个网络的主控计算机为中央节点，各工作站间相互通信时必须通过中央节点。这种结构的网络具有传输速度快、网络构形简单、建网容易、便于控制和管理等优点。但当工作站数量增加时，中央节点的负荷会很重，从而会降低系统的性能。随着现代网络技术的提高、网络设备的改进，星形结构将成为当前组建网络的首选结构类型。

2. 总线形网络

总线形网络［（bus network）见图2-13］为线状连接，是将各节点设备和一根总线相连。网络上的所有工作站都通过总线进行信息传输。总线网络连接简单，在总线上添加工作站方便。如总线上某一节点出现故障，可简单地把它从总线上断开，并不会影响网络的整体运行。目前总线结构有细电缆和粗电缆两种结构，这种结构可靠性比较高，传输距离较远。

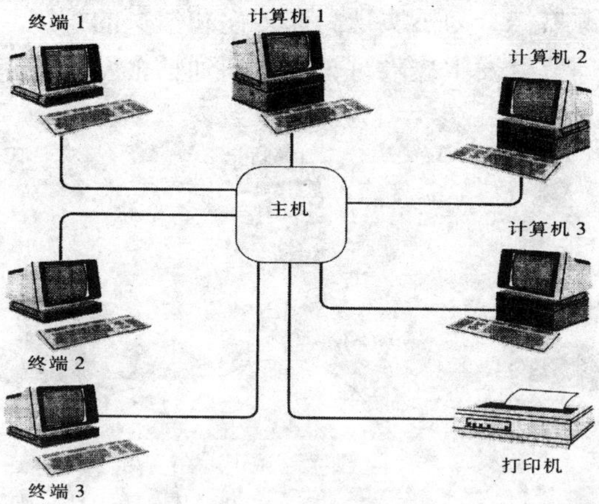

图 2-12 星形网络拓扑结构

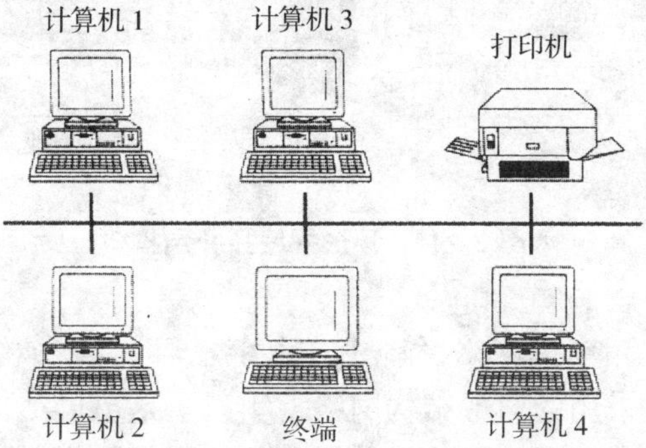

图 2-13 总线形网络拓扑结构

3. 环形网络

环形网络［（ring network）见图 2-14］是网络中各节点通过一条首尾相连的通信链路连接起来的闭合环形结构，是一种闭合的总线结构。这种结构节点与节点之间的通信要通过重发器进行，信息在环上沿一个方向进行传递，由被寻址的节点获取信息。由于重发器是一个有源器件，易于实现高速传递和传送的控制。环形结构的缺点是当某一节点发生故障时，会影响到整个网络的正常工作。

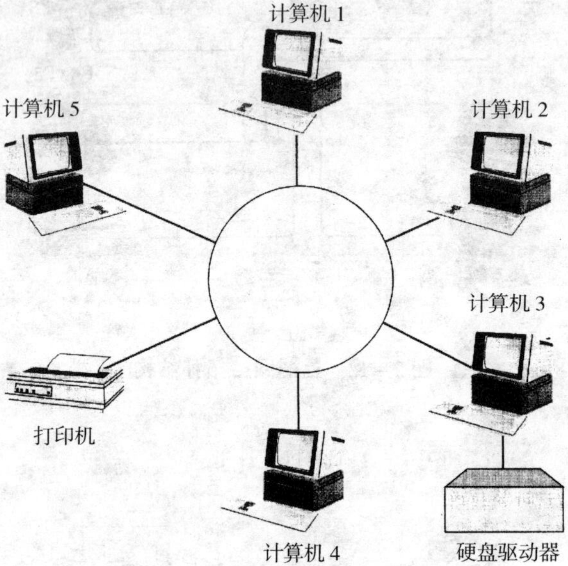

图 2－14 环形网络拓扑结构

在实际的计算机网络系统中，以上三种拓扑结构是混合使用的，如目前所采用的树形结构网络，实质上是星形结构和总线结构的混合形。这种结构具有较高的系统性能，如系统运行效率高和维护方便等。

（二）网络的类型

根据计算机网络系统中各个计算机的地理区域分布及组网方式，一般把网络分为：局域网、广域网、企业网和国际互联网。

1．*局域网*

局域网（Local Area Network，LAN）是指传输距离在 0.1～10，传送速率在 1Mb/s～10Mb/s 的范围较小的一种网络。局域网通常用来连接公司办公室或企业内部的个人计算机和工作站，以共享软、硬件资源。局域网是计算机网络发展最快的一个分支，经过 20 世纪 60 年代的技术准备、70 年代的技术开发和 80 年代的商品化阶段，现在已经在企、事业单位中发挥着重要的作用，目前正朝着多平台、多协议、异机种方向发展，数据速率和带宽也在不断提高。

网关（gateway）和路由器（router）是常用的两种网络互联设备，通过它们可以实现局域网和外部网络的信息交换。网关通常是把一套协议翻译成另一套协议连接不同网络的通信处理器。路由器被用来把数据包在若干个相连的局域网上传送或者传送到一个广域网上。

局域网的性能也可以由网络操作系统（network operating system，NOS）来定义。网络操作系统可以驻留在网络上的每一台计算机上，或者它可以驻留在一个单独指定的服务器上为网络上的所有应用服务。网络操作系统传送和管理网络上的通信和协调网络资源。Novel NetWare、Microsoft Windows 2000 Server、Windows 2000 Datacenter Server 和 IBM 的 OS/2 Warp Server 是流行的网络操作系统。

2. 广域网

广域网（Wide Area Network，WAN）是局域网的扩展。一般由相距较远的局域网经由公共电信网络互连而成。数据传输速率一般在 1.2kMbps ~ 1.554Mbps，传输距离可遍及全球。

3. 企业网

企业网（Intranet）是近几年兴起的一种利用 Internet 技术连接企业内各局域网的企业内部网。Intranet 利用的技术主要有 TCP/IP 通信协议、HTTP 超文本传输协议、Web 服务器软件及客户机浏览器软件等。Intranet 可以通过接入方式成为 Internet 的一部分，也可独立自成体系。

利用 Intranet 的各种信息交流方式，可使企业真正突破地域与时间的限制，为企业国际化战略的实现创造有效且廉价的途径。当企业的部分、分支机构越多，分布越广，这种优越性就越显著。

4．Internet

Internet 即"因特网"，是最大的国际互联网。该网起源于美国国防部的 ARPA，包含各种不同领域的应用系统，能够提供商务、政治、经济、娱乐、新闻、科技等各类信息，实现全球范围的信息资源共享。Internet 发展很快，目前，Internet 已形成覆盖全球的网络，成为远程网络的代名词。我国 CHINANET、CERNET 等都是该网的一部分。

（三）网络协议及分层

网络通常按层或级的方式来组织，每一层都建立在它的下层之上。不同的网络，层的名字、数量、内容和功能都不尽相同。但是每一层的目的都是向它的上一层提供服务，这一点是相同的。层和协议的集合被称为网络体系结构。

作为具体的网络体系结构，当前最重要的和广泛使用的是 OSI 参考模型和 TCP/IP 参考模型。OSI 参考模型基于国际标准化组织（ISO）的建设，其全称是 ISO 的 OSI 开放系统互联参考模型。

OSI 模型分为 7 层，其分层原则如下：

1．根据不同层次的抽象分层。

2．每层应当实现一个定义明确的功能。

3．每层功能的选样应该有助于制定网络协议的国际化标准。

4．各层边界的选择应尽量减少跨越接口的通信量。

5．层数应足够多，以避免不同的功能混杂在同一层中，但也不能太多，以免体系结构过大。

OSI 模型的 7 层是：物理层、数据链路层、网络层、传输层、会话层、表示层和应用层。

1．物理层

物理层为设备之间的数据通信提供传输媒体及互连设备，为数据传输提供可靠的环境。

2．数据链路层

数据链路可以粗略地理解为数据通道，即建立起来的数据收发关系。其基本任务是数据链路的建立、拆除，对数据的检错、纠错。

3．网络层

网络层的主要任务是实现设备通信链接路由（或路径）的建立。

4．传输层

传输层也称为运输层，是整个OSI模型的核心层，可提供通信实体间的一种高效透明数据传送，它从上一层接受信息，必要时，将信息划分为较小的信息或组合成一个大的单元，并把处理后的信息传递到网络层。

5．会话层

会话层担负应用进程服务要求，传输层不能完成的那部分工作由会话层加以弥补。它主要的功能是对话管理、数据流同步和重新同步。

6．表示层

表示层的作用之一是为异种机通信提供一种公共语言，以便能进行相互操作。这种类型的服务之所以需要，是因为不同的计算机体系结构使用的数据表示方法不同。表示层设计了3类15种功能单位，其中上下文管理功能单位就是沟通用户间的数据编码规则，以便双方有一致的数据形式，能够互相认识。

7．应用层

应用层是开放系统的最高层，是直接为应用进程提供服务的。这些服务按其向应用程序提供的特性分组，称为服务元素。其作用是在实现多个系统应用进程相互通信的同时完成一系列业务处理所需的服务。

三、电子交易和电子商务

电子邮件、语音邮件、传真机、数字信息服务、远程会议、数据会议、视频会议、群件和电子数据交换是电子交易和电子商务的关键技术，因为它们提供了基于网络的通信、协调和加速买卖交易的性能。

（一）远程会议、数据会议和视频会议

远程会议（Teleconferencing）允许一组人同时通过电话或者通过电子邮件组通信软件来开会。包括两个或者更多个相距很远的人同时针对于同样的文档或者数据工作的远程会议叫做数据会议（dataconferencing）。使用数据会议，具有间隔距离的人们能够编辑和修改数据（文本，诸如字处理文档；数值，诸如电子表格和图形）文件。参与者通过视频屏幕互相看到对方的远程会议叫做视频远程会议或者视频会议（videoconferencing）。

远程会议的这些形式越来越流行，因为它们节约了时间和费用。

视频会议往往需要专门的视频会议室、视频摄像机、麦克风、电视监视器和一个具有把视频图像和模拟语音波转换成为数字信号并且把它们压缩，进而在通信信道上传送的叫做译码器的设备的计算机。在接收端的另一个译码器把数字信号重新转换成为用于接收监视器上显示的模拟信号。在基于个人计算机的桌面视频会议系统中，用户可以互相看到对方，同时针对同一个文档工作减少了视频会议费用，所以可以从这个技术受益更多。

典型的桌面视频会议系统提供了一个本地窗口，从窗口中你可以看到你自己，一个远程窗口显示你正在与其通信的那个人。多数桌面系统提供双向的音频能力、实时对话和一个白色书写板。该书写板是一个让多个用户通过联机修改图像和文本进行项目合作的共享图画程序。诸如微软的 NetMeeting（Windows98 操作系统的一个特色）和 CU－SeeMe（共享件和商用版都可以提供）软件产品通过因特网为桌面视频会议提供低费用的工具。

（二）电子数据交换和电子交易

电子数据交换（Electronic Data Interchange，EDI）是电子交易的

关键技术，因为它允许组织之间诸如发票、货物账单和采购订单等标准事务进行计算机到计算机的交换。因为事务可以通过远程通信网络被自动地从一个信息系统传送到另一个信息系统，取消了一方的纸张打印和处理及另一方数据的输入，所以电子数据交换降低了事务处理费用。电子数据还通过帮助公司锁定顾客，使顾客或者分销商更容易地从他们这里而不是从其竞争对手那里订购，从而为公司提供战略性收益。

电子数据交换和电子邮件的不同在于它传送的是实际的结构化事务（具有清楚的字段，例如事务的日期、事务的金额、发送者的姓名和接收者的姓名），与之相反的是非结构化文本信息，例如一封信。当组织把电子数据提供的数据诸如应付账款、库存控制、送货和生产计划等应用集成在一起，当他们已经仔细地围绕着新企业流程的组织变化进行规划时，组织可以从电子数据交换中最大地获得利益。

第三章 酒店管理业务的信息流程分析

系统的信息流程分析是将系统中的数据资料和文档资料集中起来，对酒店内部整体管理状况和信息处理过程进行分析。它侧重于从酒店业务处理的角度进行分析，如业务和数据流程是否畅通、是否合理，业务处理过程和管理功能之间的关系是否合适，信息处理与业务部门的关系如何等。通过对信息流程的分析，可以把酒店的管理需求及其解决方案确定下来，明确系统能做什么，需要做什么。

本章根据酒店经营的特点，从信息管理的角度讨论酒店经营管理中的各种信息流程。

第一节 酒店前台业务信息流程

酒店经营中直接面向客人的服务部门统称为前台部门，其主要的职责就是为客人提供预订、接待、查询、住房、餐饮、娱乐等服务。为保证专业化的服务质量并利于管理，这些职责被分配在酒店组织的不同职能部门中，构成了酒店服务业务的主体。具体包括总台接待服务业务、客房服务业务、餐饮服务业务和销售业务。酒店前台各业务部门提供的服务是相互联系的，形成一个为客人提供综合服务的整体。对于一个住店客人来讲，一般要经历预订、登记、住店消费和结账离店四个环节，相应地，酒店前台部门要为客人提供预订、接待、消费记账/收银、结账离店服务。为保证酒店营业收入的实现，从财务控制的角度来看，还需对日常的营业收支进行审核。为协调酒店这一有机体的工作，要求酒店组织内应具备畅通的信息流通渠道，保证酒店前台各营业部门提供的服务是相互协调的，以一个整体的面貌迎接客人。

一、预订业务信息流程

预订是客人与酒店之间的第一次接触，是酒店销售经营的一个重要环节，提供快速、准确的客房信息并尽可能全面地获取客人的消费需求信息是其基本的要求。针对不同类型的客人，酒店提供不同的预订业务处理方式。

（一）散客预订的信息流程

当客人作为一名个人而非一个团体的成员时，酒店称之为散客。其一般的接待过程为：填写预订登记表→确定房价和保留时间→接收预付订金→确认或修改预订。零散客人的预订方式主要有：①直接订房，由住店者个人或其代理人亲自到酒店总台预订部办理订房手续；②电话订房，由住店者个人或其代理人通过电话向酒店总台预订部办理订房手续；③传真、信函订房，由住店者个人或其代理人通过传真、信函向酒店总台预订部办理订房手续；④网络订房，由住店者个人通过计算机网络或 Internet 向酒店总台预订部办理订房手续。不同的预订方式只是在信息的交流方式上有所区别，酒店的预订业务处理过程是基本一致的。

从酒店预订业务的信息处理角度看，可以将其流程具体描述如下：获取客人基本信息和住房要求→获取客人时间安排信息→根据房间要求、时间及其他信息向客人确定房价→获取客人其他方面要求的信息→接收预订金→确认或根据客人的要求修改前述预订信息→预分房间。在这一过程中需要说明的是：首先要为客人的每一个预订要求建立记录文件，供以后修改和客人到达确认预订房时查阅。其次，在确定房价时还要明确客人是否已与酒店签订有协议，或该客人是否为酒店的协议单位的客人，如果有协议存在，应根据协议的约定确定房价。第三，并不是对所有的预订客人都要收取预订金，对于一些特殊情况的客人，如酒店的协议单位客人、酒店聘请的客人等是不收取预订金的。

上述过程可以用下面的数据流程图描述，如图 3-1。

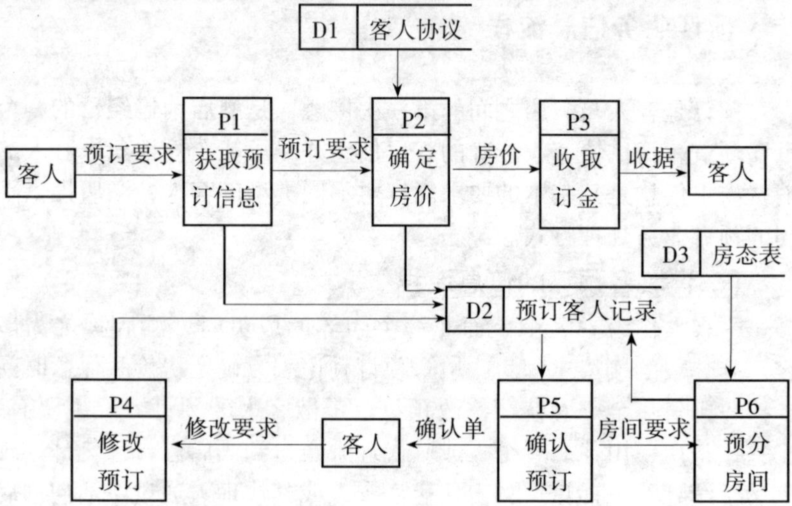

图 3-1 散客预订数据流程图

图中 P1 酒店需要获取的客人预订信息一般包括：客人姓名、国籍、人数、预订房间类型和房间数、预计到达时间、预计离店时间、预订者姓名、预订者联系方法、单位名称（为确定是否与饭店签有协议）、其他要求（包括房间朝向、用餐标准、飞机/火车订票、接送、租用会议室等）。P2 房价的确定要根据酒店的规定和有关单位与酒店签订的协议计算。一般地讲，酒店为了保持一定的开房率，同时保持与客户之间的长期协作关系，往往以较为优惠的价格与一些大型的公司、旅行社、政府机构等签订房价协议，在这些客户的客人住店时，以低于市场售价的协议价格进行结算；为适应市场和公关需要，有些酒店有时也在特定的时间提供优惠的预订房价格，如旅游淡季房价下调；酒店一般也赋予不同职位的总台工作员工以不同的折扣权限，为员工促销客房提供条件。P3 收取订金的数额由预订部员工根据酒店的规定确定。对于酒店来说，收取订金是为了确保在客人未按时住店的情况下，不致给酒店造成损失，一般至少应收取一天的房租，付款方式由客人提出并由员工根据酒店可接受的方式确定，如是否接受 VISA 卡等。P4 修改预订、P5 确认预订和 P6 预分房间一般是在客人最初提出预订要求以后的某一时间进行的，也就是说在酒店接受了客人的预订以后，才允许客人修改预计的到达时间、离店时间等，而且，这三项工作也可能是在不同的时间进行的；客人预订信息的修改由总台预订部门的员工在允许的权限范围内根据客人的要求进行，如果修改时间接近预计的住店时间，一般的酒店会要求客人支付一定的费用，这些费用可以从预订金中扣除；预分房间是在确认了客人的预订要求后进行的，其原则是尽量保证酒店的客房销售不致因客人的反悔受到影响。

在图 3－1 中，D1 用于存储所有与酒店签订住房协议的单位和个人的信息和协议房价，包括单位和个人的名称、通讯地址、联系方式、信用情况、不同房间类型的协议房价、餐饮价格的折扣等；D2 用于存储所有的零散客人的预订信息，这些信息是通过 P1 所获取的；D3 保存着酒店所有房间的信息，包括房号、房间类型、标准价格、状态等。

（二）团体预订的信息流程

酒店接待的团体主要有三种：一是旅游团队，一般指由旅行社组织的并由酒店按合同约定给予特价的团队；二是会议团队，是指参加政府或某些商业机构举行的研讨会和展销订货会等的客人形成的团队；三是特殊团队，是指一些进行国事访问、商务活动、专题考察的团队。团队客人的特点是：人数多、占用客房多、费用大，对增加酒店的收入很有帮助，一些特殊团队的个人平均消费也很大，因此，许多大型的酒店都在争取接待团队客人。

团队客人的预订方式同散客的预订方式一样，但服务过程稍有区别，其基本过程为：获取团队基本信息和住房要求→获取团队时间安排信息→根据协议确定房价→获取团队其他方面要求的信息→确认或根据团队的要求修改前述预订信息→获取团队成员名单→预分房间。与零散客人预订业务主要的不同点是：

1．酒店在接受团体客人预订要求之前，往往预先与组团单位、接团单位或会议机构签订有房价协议，如各旅行社企业、政府机关、大型企业等，因此，在接受团体预订时，一般只需查阅协议即可确定房价。

2．酒店为向团体提供良好的服务，一般需要组团单位、接团单位或会议机构提交团体成员名单，在团体到达饭店时预先为团体全体成员安排好房间。

3．因酒店事先与有关单位签有协议，并且，协议中一般规定了财务结算的要求，在接受团体客人时，饭店可以不收取预订金。

团队预订业务的数据流程如图 3－2 所示。

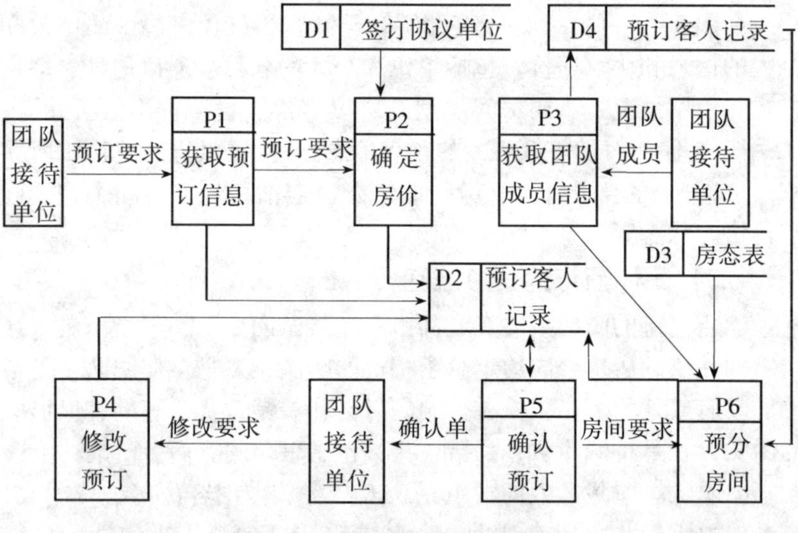

图 3－2 团队预订数据流程图

图中 P1 所需的团体预订信息一般有：团体名称、国籍、人数、妇女人数、所需房间数、预计到达时间、预计离店时间、接待单位

(旅行社)、其他要求(交通工具、用餐标准等)。P2中房价的确定一般是根据预先签订的房价协议，对于没有预先签订房价协议的团队，预订接待员工一般根据酒店的规定向对方报出介于最低团队房价和一般零散客人房价之间的价格；大多数酒店都会将会议作为团队客人对待，而且考虑到会议代表或组织机构可能的其它消费，有些酒店甚至为会议团队提供低于一般的团队房间价格。P3获取团体成员的信息可以在团体到达酒店前安排，也可以在团体到达酒店后安排，成员信息应同团体信息分别处理，其目的是将团体和团体中的成员视为不同的结算单位。一般地，任何住店的团队都不会为该团队的成员负担全部的消费支出，大多数团队仅支付其成员的房费和一部分餐饮费用，成员消费的其他项目如电话费、娱乐费、商品采购费、洗衣费等，分别由个人承担。

P4修改预订、P5确认预订、P6预分房间同零散客人预订的处理方法，只是由于团队的住房数量较多，酒店的预订需经常地与该团队的接待或组织单位保持联系，在十分确定的情况下才能为团队预分房间，以免造成大量的损失。

数据存储D1保存与酒店签有协议的单位的信息及其协议的主要内容。D2保存团体订单的有关信息，这些信息由P1获取。D3中的房态表同零散客人预订。D4中保存团体所有成员的信息。

(三)特殊情况的处理

1. 对于通过计算机网络预订房间的情况，应详细记录预订者或团体组织单位的情况，如果是国际化的预订机构，酒店应按国际惯例，定期统计通过各机构预订的客人数，向这些机构支付订房佣金。

2. 考虑到在众多的预订客人中往往会有一部分人或团体由于种种原因，如飞机起飞时间延误、在其它地方发生意外事故等，取消或者更改预订。为创造尽可能高的收入，保持竞争市场中的客源，许多酒店允许其预订部门接受超额预订。这样做是冒有一定风险的，如果在房间订满的情况下，所有的客人都按期到达酒店，可能会对酒店的管理带来不利的因素。这种情况下，一般应尽量避免拒绝客人，可以向客人或团体介绍其他种类的房间（如套房等）或暂做候补，待有房间时再确认给予对方，万不得已的情况下应用友好、遗憾和理解的态度向客人或团体推荐其他酒店。

3. 接受非常重要的客人（VIP 客人）的订房。酒店一般将政府要人、商界知名人士、社会知名人士、旅游行业和合作单位重要人员视为非常重要的客人（VIP），在接待时提供较为特殊的服务，如特别安排的迎、送，高档次的房间，房内放置鲜花、水果、纪念品。在接受 VIP 客人的订房时也有一些特殊的安排：在预订单中注明是 VIP 客人、单独编制 VIP 客人报表、及时将 VIP 客人情况通报总经理。

4. 取消预订和没有到达情况的处理。对于取消预订的客人或团体，应及时将名称和取消的原因通报财务部门，由财务部门根据合同向客人或团体组织单位收取损失费。对于已做预订但未按预订的时间到达酒店的客人和团体，其预订的房间视为取消预订房，应及时修正房间的状态。

二、接待业务信息流程

接待业务是酒店通过总台向客人销售客房及其他综合服务的最重要的环节，能否向客人提供快速、准确、热情的服务决定着酒店潜在的客人能否成为实际的客人。因此，许多酒店都不惜任何代价设法提高总台接待工作的质量。其中，获取酒店营业信息的速度和准确程度是十分关键的。总台接待零散客人和团队的业务流程差别较大，接待已预订客人和无预订客人的流程差别不大。

（一）散客接待的信息流程

散客接待的业务过程为：确定客人是否有预订→查阅订房资料→请客人填写登记表（如客人已有预订，只需让其签名确认）→检查客人登记卡，核对证件→确认房价、房间、离店日期及付款方式→分配房间→收取住房押金→准备房间钥匙、通知开启房间电话→通知客房部准备房间→为客人开设住店期间的消费账号→整理客人的入住登记资料。从信息处理的角度看，接待客人的过程主要是为了使酒店和客人获取三方面的信息：①使酒店获取有关客人的基本信息；②使客人和酒店获取房间分配信息和房间价格数据；③确定客人预计离店的日期。

接待有预订客人和无预订客人的业务过程仅仅在上述过程的前几步有所区别，大部分的业务过程是一样的，因此，本处未将这两小类客人严格区分。

接待零散客人业务的数据流程图如图 3－3 所示。

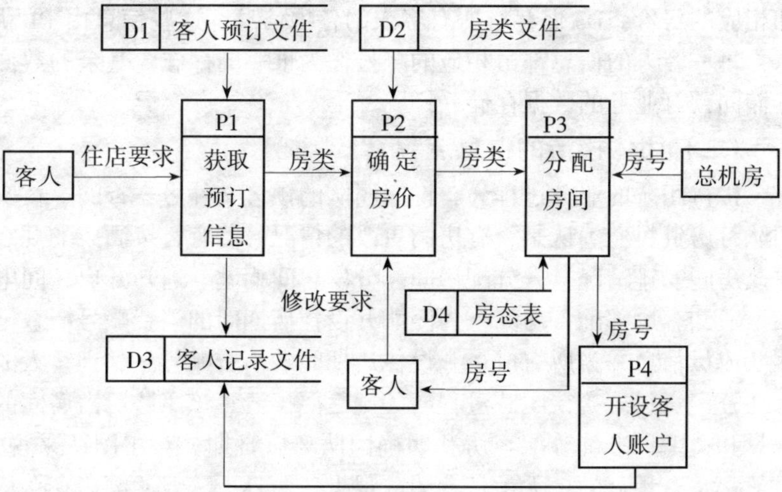

图 3－3 散客接待数据流程图

图中 P1 根据客人的要求获取散客信息的过程一般要求客人填写登记卡，卡上内容包括：客人姓名、性别、国籍、证件号码、预计离店日期、付款方式、其他要求（房间布置、租用汽车等）。对于有预订客人，可以不必要求客人填写登记卡，只需客人提供酒店预先通知的预订文件号码，通过查阅预订单获取客人信息。P2 为根据客人要求的房间类型、季节因素或预订单说明确定房价；对于签有协议的单位的客人，如果没有在住店前预订房间，一般要求客人登记后补充出示签订的房价协议；对于一些特殊的客人，如重要的政府官员、商人等，接待人员可向主管请示之后，在其权限内给予相应的折扣房价。P3 根据客人的要求和酒店可用的房间为客人分配房号，并同时根据客人的要求通知总机班开通该房间的国际长途、国内长途或市内电话。由于酒店在客人住店期间要正确计算房费和其它消费，并记录在册，但客人的姓名有可能重复，因此，P4 是为每一个客人开设惟一的标志账号，以区别对待每位客人的消费。

图 3－3 中，D2 房类文件保存有酒店所有可供销售的房间类型和相应的房价。D3 保存有所有客人的各项信息，这些信息由 P1 获取，每一客人的信息都由相应的账号作为惟一的标志。其余的数据存储同预订业务的数据存储一样。

（二）团体接待的信息流程

接待团队的业务过程为：询问团队的预订文件号→查阅、核实团队订房资料→确认是否有房间更改的情况（若有，按酒店的规定更改房间安排情况）→分配房间、分发房间钥匙、通知开启房间电话→通知客房部准备房间→为团队开设住店期间的消费账号→登记团队成员信息并为所有成员开设住店期间的消费账号→整理客人的入住登记资料。接待团队过程的关键是要搞清楚该团队所需房间的数量和类型、准确分配客房和明确团队离店日期。对于团队来说，一般都是有预订的，无预订的团队很少，而且，一般的酒店在接待无预订的团队时往往当无预订的散客对待。

团队接待业务的数据流程如图 3－4 所示。

图中 P1 获取的团队信息内容包括：团队名称、单位名称、人数、妇女人数、预计离店时间、付款方式、团体为其成员承担的费用项目、用餐标准和其它要求。P2 要为团体中的每一位成员分配房间，并同时通知总机班开通房间电话。P3 为该团体开设惟一标志的账号，用以区分酒店接待的各个团体。为快速安排到达酒店的团体客人，总台接待部门一般先是为每一位成员安排房间，然后登记每一位成员信息，通过 P5 实现。团体客人在住店期间，除消费客房外，可能会有团体不为其承担的其它方面消费，如国际长途电话、娱乐等，这些消费的费用应由本人承担，所以，酒店要为每一位团体成员开设不同的账号。

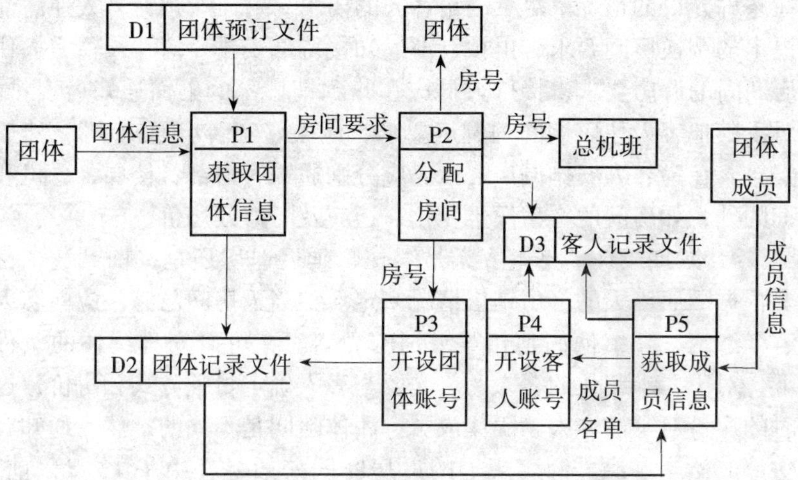

图 3-4 团队接待数据流程图

图 3-4 中 D2 记录团体的各项信息，以团体账号作为惟一的标志。

（三）接待业务的特殊情况处理

1. 接待 VIP 客人和商务楼层客人。由于 VIP 客人往往具有较高的社会地位，对酒店的声誉和社会效益具有较大的影响，酒店一般会特别对待 VIP 客人和重要的商务客人。首先，在客人到达前预先分配同类房间中最好的房间，并根据酒店的标准布置好房间；其次，尽可能详细地记录客人的信息，以便提供准确的服务；第三，做好客史的存档，以便客人下次住店时提前登记并作为订房的参考资料。

2. 加床。客人住店时为节省费用或同家人住在一起，可能会提出在正常的房间中增加床位。对于接待人员来说，应像对待正常客人一样要求加床客人填写登记表，并特别注明加床的价格，一般要低于正常床位价格，将加床信息及时通知客房部。

3．调换房间。酒店在处理客人要求调换房间问题时，一般应在条件允许的情况下尽量满足客人的要求。对于有预订客人住店前提出的调换房间要求，由预订部通知接待部安排。对于长住客人住店期间的调房要求，接待人员应在收到销售部的书面通知后安排。对于其他客人住店期间的调房要求，应填好"转房通知单"，然后安排。在为客人安排调房之后，应分别通知客房部各楼层、总机和询问处，如房间的类型发生变化，还应及时修改房价。

4．延期续住。不论客人是续住、延迟退房还是提前到达，都要根据酒店当天的客房销售情况来定。如当天房间已满，应向客人解释清楚，介绍他们到相等级别的酒店。在可以安排续住的条件下，对于要求续住的客人，首先要与客人确定付款方式和房价，这时的房价对零散客人、团体成员、团体陪同是不同的；然后通知客房部的楼层台班。酒店规定的退房时间一般是在中午 12 点以前，若客人因事要求在中午 12 点后退房，即延迟退房，需经前台经理、大堂副理、销售经理等管理人员批准，并视情况决定是否收取费用，然后通知客房楼层。

5．加入房间。如果在接待客人住店时，一位客人先入住于某一房间，另有后来一位想加入此房，称为加入房间。此时应到询问处查询已住店客人是否已留言，若是，则在确认后到的客人身份后，为其办理登记手续，安排入住。其它情况，应先与原住客人取得联系，并征得原住客人同意后，才可以安排客人加入。

6．逾期未走房。饭店为了对占用房进行有效的控制、更准确地掌握房态和做好出租房的预计、防止客人走单，应每天与原定当天离店而又没有退房的客人确认其确切的离店日期。首先应列明当天预计离店的客人，然后，与客房部楼层服务员联系确认该房的房间状态，在确定客人尚未离开后，应设法与客人联系上，询问客人确切离店日期和时间，根据情况决定是否要求客人补交住房押金。

7. 团体增加、减少房间。旅游或会议团体的接待单位（旅行社、政府、企业等）可能会由于各种因素的变化，在团体到达酒店时提出增加或减少房间的要求，接待人员应首先查阅与团体接待单位签订的协议，或与销售部门联系，确定是否可以改变房间的数量以及房间数量变化时的房价，然后根据确认的情况为团体安排房间。

8. 订餐安排。许多酒店为了吸引客人，常为住店客人提供免费的早餐，在客人登记住店时，以餐单的形式发给客人；为方便客人的用餐，酒店接待程序规定一般在客人登记住店时，根据客人或团体的用餐要求，为客人开餐单。餐单的内容有：用餐日期、用餐种类、团体名称、客人名称、用餐地点、人数、用餐标准。餐单一般为一式多联的形式，一联交给客人、一联通知餐饮部、一联留底存档。

9. 团体陪同房的安排。为了方便旅行社照顾其客人并与旅行社保持良好的关系，酒店一般为旅行社的陪同人员安排优惠的住房。在旅行社团体到达酒店时，接待人员应按合同规定安排陪同床位，费用以床位计算。若出现有陪同加入房时，一定要预先通知前者以及向后者讲清情况。

10. 报坏房。酒店客房内的各种设备、设施可能会因为客人住店时的操作不当或自然磨损发生故障，客人或客房部清洁员发现故障时应通知客房部报坏房。总台接待人员接到客房部报坏房时，应在坏房记录簿上做记录，内容包括日期、房号、坏房原因、预计复原日期、接待职员签名、客房部职员工号等，并检查此房间是否安排有客人或预分给当天的客人，如有则及时更改房号，同时通知预订部门不要将此房预订出去。

三、账务处理信息流程

酒店经营业务的收入实现和经营活动的有序循环是通过收银与结账业务体现出来的。在大多数酒店中，总台是涉及客人费用活动的中心和各种费用单据的存储中心，必须严密、系统、准确地为客人建立费用账目，在准确、系统地记录客人各项费用、保证酒店经营利润实现的同时，还要尽可能地简化记账、算账、结账的手续，方便客人。

（一）记账/收银

为了方便和鼓励住店客人在酒店内的消费，一般的酒店允许客人凭酒店房卡或房匙卡记账消费，或允许与酒店签有长期协议的单位在酒店记账消费，一经允许的客人在酒店附属营业设施消费后，可以不必马上付款，而是记在客人的费用账户中，待客人结账离店时或在住店的某一个时间到总台收银处一并付款。客人要求签单时，各收款员应首先核对客人的姓名、房号，检查该客人是否列在酒店的黑名单之列，若是，则不允许记账。其次，对于有协议单位的客人，应由主管人员核对客人的协议，情况相符时，还需检查客人的本次消费是否在客人记录中所规定的费用信用限额之内。第三步是确认对该客人的优惠条件，如长住房、总经理签字打折等。最后，将经核对的客人消费账单请客人签名作为记录客人费用的原始依据。

若客人要付现金或该客人并非酒店允许的可以记账消费的客人，各收款员应在客人消费后根据消费金额收取消费款。首先要确认对该客人的优惠条件；然后，将经核对的客人消费账单请客人过目，并收取消费款。消费款的形式可以是现金、支票、信用卡和酒店代价券。对于现金，直接收款、找零。对于支票付款，应首先请主管人员确认其合法性，然后按买入价折算。对于信用卡付款，应首先向客人索要身份证和信用卡，若是国内卡，应查阅该客人是否在发卡银行的黑名单上，并检查消费额是否在信用限额以内，条件符合时，刷下信用卡，并请客人在银行对账单上签字；若本次消费超过信用限额，应通过授权机同发卡银行联系，获得授权后，再刷卡、请客人签名，将身份证和信用卡交还给客人；若是国际卡，应首先通过授权机与国际发卡机构的办事机构联系，经授权后，再刷卡、请客人签名，将身份证和信用卡交还给客人。

（二）结账

客人来总台结账，首先要问清楚客人是否退房，有些客人是来先结一部分账的，这时就不应按结账处理。如果是退房，则要问清楚客人的房号，请客人交回房间钥匙，取出该客人的登记卡、批条等，再询问客人是否用过房间的饮料、当天是否在酒店的其他营业部门消费过、当天是否打过长途电话，并通知客房部的楼层服务员检查房间的设备、设施的状况和房间内的饮料数量，若客人报有房内消费，应将客人所报情况同楼层服务员所报情况相比较，无差错时，再问清客人用什么方式来结账。

在客人要求结账时了解客人结账的基本情况后，总台收银员还应做以下工作：检查时间是否超过酒店规定的正常结账时间，一般的酒店规定正常结账时间为中午12:00，超过该时间并在下午18:00以前，按半天房价加收，超过18:00按全天房价加收，经前厅经理、大堂副理或总台主管批准，可免除加收的房费；与总机房联系，检查该客人房间的电话记录，是否有当天的长途电话，并记录电话消费额和总机值班员，通知值班员关闭该房间的电话；检查客人记录是否有加床，若有，应将加床费用记入客人账户；检查客人记录是否开有保险箱，若有，则提醒客人退保险箱；检查客人记录是否有特殊的批条，对于一些特殊的客人，酒店的有关管理人员会在客人住店时按酒店的规定签发费用折扣的批条，若有批条，应按批条内容计算客人消费。在上述工作做完后，收取客人的消费款，过程见前述收银业务，对于要求挂账的客人，应由主管人员检查与该客人是否签有协议以及协议的内容，确定是否允许客人挂账。最后，应在总台房间状态表上做记录，将该房间做脏房处理，由客房部清洁员打扫。

团队结账的过程要稍微复杂一些，不但要涉及团队的消费，还涉及到团队中每一位客人的消费，结账时应分开进行。团队在入住酒店时，会事先声明为所有成员承担的费用种类和费用额度，而且，一般的团队是事后付款的，在处理团队结账时，明确团队承担的费用后，其他的工作参见散客的结账过程。对于团队成员的结账，在扣除团队为其承担的费用后，其他的工作同散客的结账过程一样。

（三）账务处理的信息流程

酒店一般客人消费的收费、结账业务的数据流程图参见图3－5。

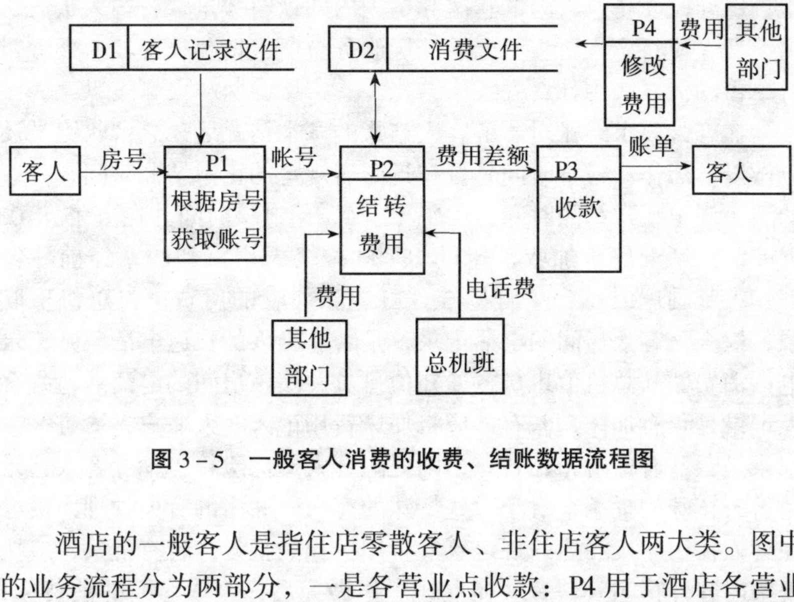

图3－5　一般客人消费的收费、结账数据流程图

酒店的一般客人是指住店零散客人、非住店客人两大类。图中的业务流程分为两部分，一是各营业点收款：P4用于酒店各营业部门的收款业务，客人消费后，如用餐、娱乐等，由各收款员根据客人情况查阅客人记录文件，将客人的消费项目及金额计入相应账户的消费文件中，或直接收取消费款，计入消费文件。二是总台结账业务：P1首先根据客人的房号确定客人的合法性，在查阅到相应的账号后，以账号作为惟一的标志账。P2统计该账号下的所有消费及付款情况，并通过电话或其他信息流通渠道，将该账号最新的消费转入账户。由P3计算费用的差额、收取客人消费款项或将某一账号下的某些费用转入另一账号中，收款方式见收银业务的介绍。

D2中以账号为索引，记录了客人所有的消费明细情况，包括账号、日期、费用项目、数量、单价、金额、转入账号、转出账号。D1为客人记录文件，内容同散客接待业务。

（四）其它情况的处理

1．客人账目调整。在酒店收款员为客人办理收银/结账等业务过程中，可能会由于受到不可预见因素的影响，使得计入客人账目中的费用发生错误，既可能导致酒店的营业收入的减少，也可能多收客人的钱财，在客人中造成不良的影响。当需要调整已进入客人账户中的非当天记录的费用时，要凭批条或经主管、经理同意后方可改正，并要有所有当事人的签名。

2．整理当日预计离店客人清单。为保证酒店客房的正常销售和酒店营业收入的实现，总台每天的结账工作应有所准备，一般是在前一天列出第二日将要离店的客人清单，在当日通知客房部清洁工到客房核对客人的实际住店情况，把查出的内容及时记录好。若发现某客房无人无行李，则应报前台部经理、客房部经理视客人是否已交押金、是否团队客人没有办理退房等具体情况处理。

3．提前结账。当客人要求第二日离店，并于当天晚上先来付清其费用时，应首先问清楚客人是否还需要打长途电话或其他消费，如果结账后再有消费，请客人明天再来付钱，同时，应将情况通知各营业部门。然后按账号上的费用金额加上一天的房租费用收钱，将房号写在提前退房表上，由早班收款员第二天中午以前作退房。

4．费用转账。当客人要求将甲账费用转入乙账户中时，应先确认客人的房号、姓名，由甲乙双方签名认可。若客人当时不在现场，应查阅甲账记录中有否记录转入××房字样及乙账记录中是否有同意接受甲方转入费用的字样和乙账客人的签名，然后经主管批准，将乙方声明的甲方费用转入乙方账户中，并将甲方转入乙方中的费用细目做标记，供以后核对。

5．预付金的收取。为保证客人消费酒店的客房服务后酒店能够收到相应的收入，在客人入住时，酒店一般要求客人根据预计住店的天数和一定的预计电话费交纳订金，并为客人开具一式数联的收据，同时提醒客人结账时将订金的收据带来，到时多退少补。若客人未住房要求退款时，必须严格按照财政部的规定操作：请客人出示入住时交预付金的收据（若客人遗失了收据则请客人在账单上写明原因）。

如总台收银员为酒店其它部门代收订金时，如代收宴会订金、娱乐服务订金等，应将一式数联的订金收据交由相关部门的人员填写，收款员根据订金单上的金额收齐钱后，在收据上签名投入保险箱。

6. 待结账。有时客人退房时费用不马上结清，而是挂账待结，其先决条件是必须有可追索人的批条，注明结账的具体日期、联系地址、电话及姓名。一般对于旅行社、政府部门、企业单位等均要有协议、合同的才可挂账待结。具体操作上，应首先根据协议确认签单人员是否有签单权，或是否有销售部的确认书，然后作转账处理，转账时应附齐有关的费用资料。

酒店长包房的客人一般是按月结账的，每到月末，收款员应预先统计各长包房客人的费用合计数和细目，若个别客人有特别的要求，则要按客人的要求制作明细账单。在合同规定的交款日期，将长包房客人的账单和收据报送客人。

7. 催收账款。对于团队客人，应在团队将要离店的前一天计算出全体成员个人应承担的费用情况，并对这些客人发催收信，信上列明房号、日期、费用项目、金额，并同时给团队陪同发信，信上写明团队费用项目下日期、金额、团队成员应个人承担的费用情况。

对一般住客、商务客人，根据酒店各类房间的规定，分别按不同限额进行催收，内容同团队成员一样。VIP 客人原则上不作催收，对入住时已刷下信用卡并已获得足够信用的住客原则上也不作催收。

对旅行社或其他企业的催收，按欠款时间长短，采取不同的措施进行，包括通过电话、书信、传真、上门等形式进行追收，必要时通过法律途径追讨欠款。对一向信誉好、团量大、因一时资金周转不灵而欠款的国际旅行社可采取灵活变通的处理方法。

对于走单客人，应每月整理一份黑名单，根据其入住时的登记资料进行追收，若有信用卡的，则通过发卡机构追收。应定期对已发出信件而没有回音的客人再追收，尽可能地收回欠款，减少坏账。财务上，每年年初，将时间长、经多方追收无效的账目报告给经理，建议作坏账处理。

在整个催收过程中，要及时将客人的消费情况报大堂副理及保安部，若客人经多次催收后仍不付款，征得总经理同意，由财务部通知有关部门，停止客人的一切签单权及关闭房间长途电话。

四、稽核业务的信息流程

酒店是24小时昼夜向客人提供服务的，但为使酒店的经营管理业务得以正常进行，必须要有一个阶段点作为参照基点，对过去的业务进行总结，这就是酒店稽核业务的职能。而且，由于酒店的服务业务大多发生在白天，只有夜间才可能有空闲时间，大多数的酒店都将稽核工作安排在夜间进行，故称为夜间稽核。总台夜间稽核工作的目的主要有三个：一是确保准确地将所有客人和团队的费用过入相应的账户中；二是核对酒店当天发生的各项费用及其单据；三是总结当天发生的各项营业收入和更新数据。

夜间稽核的业务过程为：过账，以账号为索引，将当天发生的各项费用，尤其是电话费，过入有关的账户中；核对当天入住客人的房价情况，将客人登记表的每一条同所分配的房间号码、房价、折扣批条、协议签字、优惠卡、加床价等一一对比，保证正确地记入房价；统计报告，统计各营业点实现的营业收入、各收款员的营业收入、饭店各部门的营业收入、各种收款方式的营业收入等，并更新系统数据。

夜间稽核业务过程的数据流程图见图3－6。

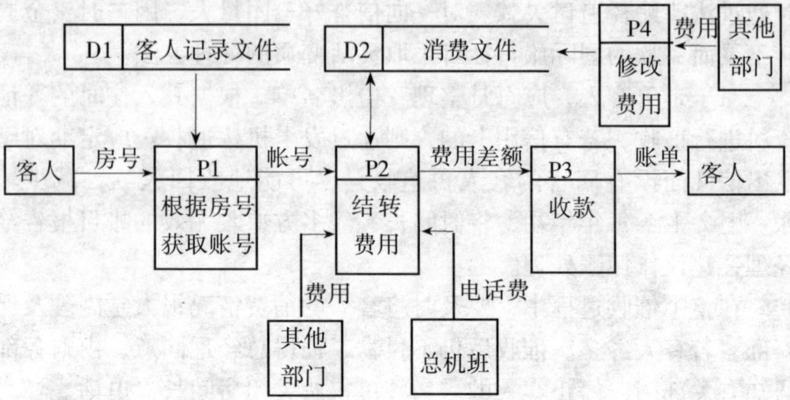

图 3-6　夜间稽核数据流程图

由于夜间稽核工作完全由总台夜间收款员独立完成，其业务过程相对封闭，故该流程图上未画出系统的外部实体。图中 P1 分别以客人记录文件中的账号和团队记录文件中的账号为索引，将各账号所对应客人或团队的各项费用计入客人消费文件中。一般地，除电话费和房费外，其他费用在各营业点日常的工作中已分别记入各账户中，这里主要是将各房间的电话费过入各账户。

P2 是根据账号，核对各房间的房价，计入客人消费文件中。客人住店时的房价一般是根据标准价或协议价计算的，但在某些情况下，酒店的一些管理人员可能会给客人一定的房价优惠，如政府要员、酒店联谊单位的管理人员等。酒店的制度应规定所有的房间折扣应有相应的批条，并且，不同级别的管理人员享有不同比例的折扣权限。为防止酒店员工的不正当操作，稽核人员应仔细核查折扣房是否有批条，以及批条的合法性；夜间稽核还有一项很重要的工作就是核对团队资料，核对旅行社的订房资料与酒店的开房资料是否一致。订房的资料包括团名、房数、日期、加床、人数、订餐、结算方式、房号、成员名单、其他服务要求，开房资料除上述内容外，还包括房价、加床价、用餐标准、为团队成员承担的费用项目、其他服务收费标准。

P3是以住店客人的账号为依据，根据记录在客人消费文件中的各类消费数据和原始单据进行核对，确认当天收到的各类营业收入方式，如现金收入、信用卡收入、储蓄卡收入等，保证收款员手中的营业收入和记录在客人消费文件中的数据是一致的。

P4是统计各种报表和更新数据供管理决策用。统计报表一般分为两大类：一类是服务于财务的报表，另一类是客源市场分析报表。财务报表分为4级：酒店级、营业点级、班次级、收款员级。酒店级的报表又分为4种：①酒店营业日报表，反映按经营项目种类划分的营业收入情况，内容包括房租收入、房间附加费收入、餐费收入、服务费收入、电话费收入等，见表3-1；②酒店营业收入日报表，反映酒店营业收入按其实现方式的划分情况，内容包括现金收入、转账（支票）收入、各种信用卡收入、应收账款等；③酒店部门营业收入日报表，反映按部门划分的营业收入情况，内容包括客房部营业收入、餐饮部营业收入、娱乐部营业收入等；④酒店部门营业收入日报表，反映按部门划分的营业收入的实际情况，内容包括客房部现金收入、客房部信用卡收入、餐饮部现金收入、餐饮部信用卡收入等。其他级财务报表各分为两种形式。其中，营业点级分为：①营业点营业日报表，反映各营业点的营业收入情况，内容可能包括中餐厅营业收入、西餐厅营业收入等；②营业点营业收入日报表，反映各营业点的营业收入实现情况，内容包括中餐厅现金收入、中餐厅信用卡收入、西餐厅现金收入、西餐厅信用卡收入等。班次级报表有营业点各班次营业日报表、营业点各班次营业收入日报表。收款员级报表有各收款员营业日报表、各收款员营业收入日报表。这些财务报表的种类、内容和格式等可能会由于各酒店的经营规模、特定的要求等的不同而有所不同。

客源市场报表主要有：①按客源国划分的市场分析报表，其内容一般是根据当地接待的主要客源国安排，以西安地区为例，内容包括港台地区客人数量及客源比例、日本客人数量及客源比例、美国客人数量及客源比例、德国客人数量及客源比例、国内客人数量及客源比例等；

表 3-1 ××酒店营业日报表

2002 年×月×日

序号	营业项目	今日	今日比例（%）	本月累计	本年累计	去年同期
1	房费收入					
2	房间附加费收入					
3	餐饮收入					
4	商务中心收入					
5	电话费收入					
6	洗衣费收入					
7	娱乐费收入					
8	其他收入					
9	合计					

制表人：×××

②按住店类型划分的市场分析报表，内容包括团队客人数量及比例、商务客人数量及所占比例、长住客人数量及所占比例等，见表 3-2。

表 3-2 ××酒店客人统计表

2002 年×月×日

序号	项目	人数	人数比例（%）	房间数	房间比例（%）
1	零散客人				
2	团队客人				
3	长住客人				
4	免费客人				
5	钟点房				
6	其他类型客人				
7	合计				

制表人：×××

P4 的另一项功能是更新数据，包括列明明日预计离店客人表、明日预计到达客人表、全部客人平均费用平衡表（见表 3-3)、全部团队费用平衡表，以及将已结账客人记录到客人历史文件等。这里的平衡概念是指费用累计额扣除已付款的累计额之间的差额，若为正数，说明客人或团队尚欠酒店的费用未付清；反之，说明客人或团队的消费较少，还未达到其已付款的额度。

表 3-3 ××酒店全部客人费用平衡表

2002 年×月×日

序号	姓名	房费	电话费	费用合计	付款合计	费用平衡
1021	张三	365	115	480	-500	-20
1022	李四	365		365	-500	-135
1023	王五	908	120	1028	-1000	28
⋮	⋮	⋮	⋮	⋮	⋮	⋮
合计		16 800	2 400	19 200	18 000	1200

制表人：×××

五、销售业务的信息流程

酒店的销售业务主要由销售部门完成，其主要的职责是对外促销酒店的产品、与原有的客户保持良好的关系，同时要设法争取新的客户；对内协调各营业部门接待团体客人或酒店的重要客人，其工作的质量直接影响到酒店的经济效益。因此，各酒店都十分重视销售部门的工作，赋予销售人员的权限较大。

完善的酒店销售营运体系必须包括以下三个方面：一是确立一定时期的企业市场目标。一家酒店在其筹建期间就应确定自己的经营方向和经营目标，如建立一家什么档次、性质的酒店？接待的主要客人是哪些类型？期望实现的年营业收入和利润分别是多少等。正确地确立酒店的市场目标应由总经理组织，由副总经理、销售部经理、前厅部经理、客房部经理、餐饮部经理和财务部经理参加，不仅要考虑酒店的经济效益，还要考虑社会效益。二是从市场目标出发，制定酒店的销售策略。应在充分分析主要客源地区的消费倾向和消费需求、客观分析本地酒店市场的竞争状况和竞争形势的基础上，对本酒店经营的服务项目、财务状况和其它资源状况进行分析，瞄准市场中的机遇制定销售策略。三是推广并执行销售策略。根据不同地区的客人、不同年龄阶段的客人、不同类型的客人，采用不同的促销手段，如信函、电视广告、Internet 网上广告、展示会等，推销酒店服务。

从信息处理角度看，酒店的销售业务主要是对外联系，为酒店建立和维护与客户的协议文件，其基本的业务过程见图 3－7 所示。

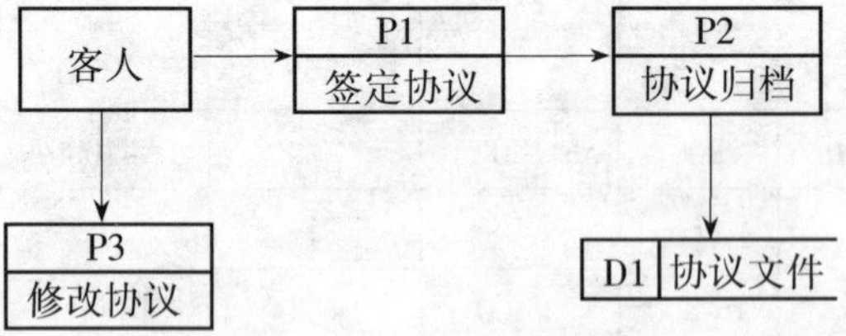

图 3－7 销售业务数据流程图

销售部门的业务相对独立，从信息处理的角度看，其业务过程与其它部门的交流主要是通过各种协议实现的，该图也是一个简化的数据流程图。图中P1是根据客人单位的规模、性质等，在酒店规定的价格范围内，与客人单位共同确定酒店销售客房及餐饮服务的协议条款、价格折扣和协议的有效期限。P2是根据不同的协议条款，将各协议归档保存，并提取其中的主要内容通知酒店各有关的营业部门，保证酒店各营业部门向协议单位提供恰当的服务和价格。在酒店的经营过程中，可能由于酒店档次提高、行业方向变化、社会消费水平提高等因素，调整各项服务的价格水平，因此，P3是根据变化的环境条件，在协议到期时，修改协议的条款和价格。

酒店销售部一般还承担一定的预订工作，其工作流程和数据流程图参见预订业务。

六、客房业务的信息流程

客房部的主要职责是为客人提供安全、舒适、清洁、便利的居住房间和配套设施服务，并协助总台各有关部门销售房间，有些高档酒店还根据需要为客人提供房间用餐服务，实际上是将酒店的餐饮服务扩展至客人房间内。从信息处理的角度看，客房部的主要工作就是正确地维护房间状态，将反映实际情况的房间状态及时地通知总台部门，并接受来自总台接待部门的信息安排客人住宿。客房部的工作较简单，但其结果直接影响着酒店客房的销售情况，如住店客人离店时，客房部应及时安排清洁员工检查客房的设备、设施状况和房内的酒水、饮料存货情况，并将结果通知总台结账部门，然后及时清扫客房。其中任何一个环节的拖延，都将影响总台为客人提供的结账服务速度，或影响总台接待部门尽可能多地销售酒店的客房。

客房管理业务的信息流程可以简单地描述为：

客房部文员──→房间状态维护──→房态表

客房部对房间状态的维护一般应指定专人负责，各清洁员及客房部领班在检查或清扫客房的过程中发现房间状态变化或房内设备、设施故障时，电话通知房间状态管理人员，由房间状态管理人员负责与总台有关部门或工程部取得联系。

有些酒店将洗衣服务的费用记录、客人在房间内消费饮料和酒水的费用记录、客人对房间设备设施的损失赔偿费用记录也归为客房部的业务，可以将客房部的这部分业务看作是向客人提供直接的销售服务，客人的洗衣、酒水饮料的消费、对房间设备设施的损失赔偿等费用作为客房部的营业收入，对于这一部分费用的收取可参见账务处理部分。

七、营业点业务的信息流程

酒店是向客人提供综合服务的一类企业，在酒店经营的各种服务项目中，住房及其房间内的有关服务项目仅仅是酒店营业项目中的一部分，从一般酒店的营业总收入结构来看，有三分之一以上的收入来自于除客房营业以外的餐饮、娱乐、商品销售等业务，而其中的餐饮和各种娱乐项目的营业收入又占有很大的比例。由于酒店的餐饮和娱乐等营业项目从信息处理角度看比较相似，都是在客人消费前选定需要的服务内容并确定各项目的消费价格，由服务人员记录客人的消费情况，待客人消费结束后结清本次消费金额，对于酒店来说，就构成了各服务项目的营业收入。对此，我们将酒店除总台收银和客房消费记账以外的营业项目均看作是营业点。在酒店所有的各类营业点中，数餐饮部门最为复杂，我们将就餐饮部门的业务作为营业点的主要模式展开讨论。

酒店餐饮部门生产产品与服务的过程大致如下：根据市场需求设计菜单→根据对市场消费规模的预测安排专人采购菜单所需的原材料→向客人推销菜单上的产品，获得客人的点菜单→根据客人点菜单要求制作菜肴→向客人提供用餐服务→向客人收取消费款。这一过程中，与信息处理有关的环节在于获取客人的点菜单和根据客人的消费内容收取消费款，原材料的采购、餐饮产品的制作、向客人提供用餐服务都属于手工作业。

所以，以餐饮产品和服务销售为代表的酒店营业点业务的信息处理流程为：制订营业项目（或菜单）及其价格→由客人点选服务项目同时也确定了各项目（菜品、酒水）的销售价格→记录客人的选择（由服务人员和收款人员操作）→通知产品或服务的制作部门→（客人消费行为完成后）收取客人的消费款项。该过程的信息流程图见图 3－8。

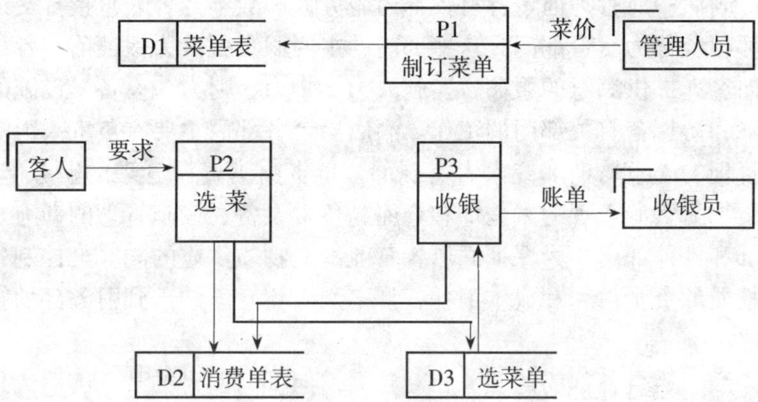

图 3－8　餐饮收银业务数据流程图

图中 P1 是由餐饮或其它营业项目的管理人员根据市场的消费需求编制营业项目（菜单）及其相应的销售单价；P2 是客人在服务员帮助下选择消费的服务项目，由服务员为客人开设服务单，并将客人选择的项目（菜品、酒水等）记录到选菜表中供收银员据以收取消费款；P3 是营业点收银员根据客人已经消费的项目及数量收取消费款，同时记录在客人的消费单中，作为营业收入的凭证和客人消费状态的变动情况。

图 3－8 中，D1 保存的是酒店开设的各种营业项目及单价，主要包括项目类别、项目编码、项目名称、项目单价；D2 保存的是为客人开设的消费单及其消费状态，主要包括消费单编号、台号、人数、是否结账、消费金额、折扣额、付款方式；D3 保存的是每一组客人的消费选项，有消费单号、项目编码、单价、数量、是否撤销。

第二节 酒店后台业务的信息流程

酒店中所有为前台各有关部门服务，一般不与客人直接打交道的部门统称为后台部门。这些部门的主要职责就是为保证前台各部门向客人提供满意的服务，实施人力、物力、财力、设备、设施的保障和协调各有关部门的工作。酒店后台各部门主要有负责人力资源管理的人事培训部或人力资源部，负责财力资源管理的财务部，负责物力资源管理的采购部和仓库，负责设备、设施管理的动力工程部和其他部门。为保证酒店各营业部门物质供应的同时，控制各种物质的资金占用和成本消耗，许多酒店将仓库纳入到财务部的管辖之下。

酒店后台各部门的业务相对独立，但都与前台的某一部门或某几个部门的业务密切相关，如酒店各营业部门的收款员的工作都要受到财务部的控制。因此，后台部门业务是否能够正常地开展，在很大程度上决定着前台为客人提供直接服务的各部门的业务开展。酒店后台业务管理必须是规范的，相应的信息交流渠道必须是畅通的、有效的。

一、人力资源管理信息流程

随着现代生活水平和消费水平的提高，人们对提供高档次服务的酒店提出了更高的要求。由于服务产品的特殊性，使得酒店向客人提供服务的质量在很大程度上取决于提供服务的员工的基本素质、工作态度、专业技能水平等。为酒店前台各部门提供训练有素的、合格的服务人员和管理人员，成为经营酒店企业的重要职能之一，这也是酒店人力资源管理部门的主要职能。

酒店人力资源管理部门的主要职能有五个方面：

1. 人力资源的招聘、使用、管理、开发。在我国目前的酒店企业中，人员流动率较高是一个普遍的现象。为此，一般的酒店都会长期地向社会招聘各类服务人员，并根据酒店工作岗位的需要和新员工的专业技能，从发挥个人特长的角度为新员工安排适当的岗位。在新员工任职工作后，还要有各种工作制度和操作规程，约束员工的自由度，指导员工正确地操作各种工具，为客人提供优良的服务。为鼓励员工的工作积极性，酒店一般有各种奖惩制度。

2. 酒店组织结构和人员编制的设定和人力资源成本的控制。作为一个正式的组织，酒店设有层次化的管理机构，并为各级机构制定了相应的职责和权限。为保证酒店组织机构的正常运作，还要为各级机构安排称职的管理人员和一般工作人员。酒店的职责是相对不变的，但应设置哪些机构、为各级机构配置多少员工，却是各酒店根据自身的情况可以调整的。各级机构的设置可以根据酒店的经营性质和经营规模在酒店筹建期间确定，以后的相当长时间内一般是不变的。人员数量的配备是根据酒店的经营效益和经营性质确定的，对于许多酒店来说，要受到经济景气度和旅游季节性等因素的影响，在一年时间的不同季节内，接待客人的数量差异可能很大，对员工的数量要求是变化的。各酒店确定人员配备的规模一般是从酒店的规模出发，本着节约人力资源成本的原则，即配备人数较少的、相对固定数量的员工，旺季到来时招聘临时工。

3. 制定酒店员工的薪资、劳动保护和福利保险制度并监督执行。这一职责是从保护员工利益的角度出发的，同时，也是确保员工发挥其工作主动性的基本保障条件。

4. 负责对各级、各类员工的培训、考核、奖惩、任免、调配等工作。酒店各工作岗位对员工的专业技能有不同的要求，新任职的员工其工作背景和基本素质也是不同的，为使员工能够适应工作岗位的要求，并在工作中不断提高个人的技术水平，人力资源部的一项非常重要的工作就是负责安排对酒店各级、各类员工的任职培训、岗位培训、语言培训等。对酒店员工的日常管理一般由各职能部门负责，但人员的任何变动、奖惩等必须经过人力资源部的批准。对员工的考勤、定期工作考核、根据实际工作情况的奖惩和各种工作任免成为人力资源部日常的工作内容。

5. 对劳动合同、档案资料实施有效的管理。一般来讲，为保证所有的工作具有可追溯性，人力资源部的任何决定都要有文字记录，并妥善保管，酒店中所有员工的聘用由人力资源部安排，与员工签订的劳动合同和其他有关文档也由人力资源部保管。

酒店人力资源管理的数据流程图见图 3-9。

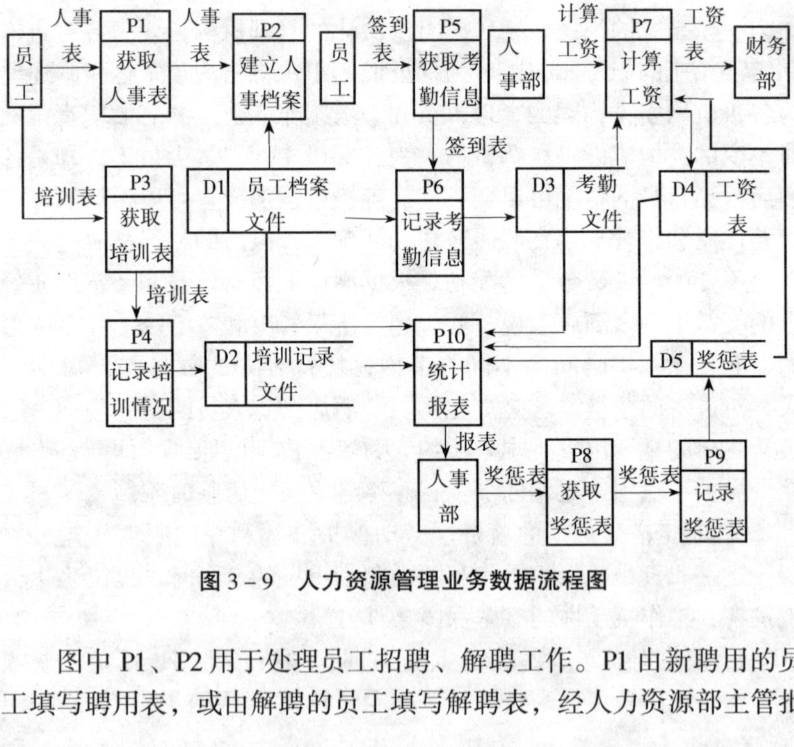

图 3-9 人力资源管理业务数据流程图

图中 P1、P2 用于处理员工招聘、解聘工作。P1 由新聘用的员工填写聘用表，或由解聘的员工填写解聘表，经人力资源部主管批准后，进入 P2 记录并建立员工档案，员工在酒店期间基本情况的变动，也要经 P1 和 P2 的处理。P3 和 P4 用于员工工作期间参加各种培训的事宜，P3 处理员工参加培训前的申报和批准事宜，以及培训后的结果考核事宜和资格认证事宜，经审核后的培训资料通过 P4 的确认记入员工培训记录文件，供以后的查询统计之用。P5 和 P6 用于处理人力资源部日常工作期间对全体员工的考勤事宜，对于使用不联网的打卡钟等设备的酒店，每到月末由人力资源部派专人统计全体员工的打卡情况（工作出勤情况），然后，经 P6 将全体员工的考勤情况记录在案。P7 在月底计算全体员工的工资，由人力资源部文员根据标准工资记录文件、考勤记录文件和奖惩记录文件的内容，计算应发放给员工的工资数，将计算结果的一份存档保存，另一份交财务部，由财务部根据人力资源部提交的工资表向员工发放工资。酒店的日常工作中，为奖勤罚懒，调动员工的工作积极性，要根据员工的工作表现决定是否对员工给予奖惩处分，奖惩情况应保存在人力资源部。P8 和 P9 的功能就是处理和记录酒店对员工的奖惩情况。人力资源部对员工的考核、晋升、调配等应是有根据进行的，最基本的资料来源于日常对所有工作过程和工作结果的记录，对这些资料按管理者的需要进行统计汇总，是 P10 的功能。P10 的统计报表一般具备两种功能：一是根据特定的条件检索员工情况，如酒店需要在本企业员工中提拔出能够胜任工作的餐饮部副经理，要求具有餐饮部各工作岗位工作的经历、经过专业技能和管理知识的培训、经多年考核具备一定的组织能力等条件，人力资源部就要根据这些特定的条件从全体员工中进行挑选；二是要能够根据需要对企业的员工队伍进行统计，便于管理者衡量本企业人力资源状况，如提供按专业统计的企业人员构成表、按学历水平统计的人员构成表等，见表 3－4。

数据存储中 D1 保存员工的工作档案。工作档案由两部分信息组成：一是员工的基本信息，有工号、姓名、性别、出生年月、民族、身份证号、家庭住址、联系电话、最后学历、最后毕业学校、所学专业、配偶姓名、配偶工作单位等；二是履历信息，有身份证号、曾经工作单位、起始时间、结束时间、工资标准等，这些履历信息与员工的基本信息是多对一的关系，即每一位员工的基本信息记录，在该员工曾经在多家单位工作的情况下，对应着多条履历信息的记录。D2用于保存员工培训记录，内容有员工身份证号、培训内容、培训单位、起始时间、结束时间、资格认证等。D3中保存员工工作期间的考勤信息，内容有员工身份证号、日期、进门时间、出门时间、请假原因等。D4中保存全体员工的标准工资，内容有员工身份证号、职务、标准工资、标准附加工资等。D5中存有对全体员工的奖惩记录，内容有员工身份证号、日期、奖惩内容、奖惩原因等。

表3-4 ××酒店按学历水平统计的人员构成表

2002年×月×日

序号	学历	人数	所占比例（%）
1	研究生毕业	2	0.58
2	本科毕业	10	2.88
3	大专毕业	15	4.32
4	中专毕业	200	57.64
5	其他	120	34.58
6	合计	347	100

制表人：×××

二、财务会计业务的信息流程

酒店财务会计是通过对企业经营管理过程中表现出来的资金运动进行核算，全面反映和监督企业经营管理的全过程，它是酒店企业经营活动的中心。为使会计工作能够系统地展开，首先要根据酒店的经营范围和管理活动范围，对企业所有的经济活动进行分类，并通过设置分类、分级的会计科目对分类的经济活动进行描述，然后在酒店的日常营运过程中，将发生的合理、合法的经济活动分门别类地记录到不同的账户中，在年底或其它需要的时间根据账户中记载的经济业务对酒店经营管理全过程进行总结。这是酒店财务会计的一般性工作过程。

（一）主要财务会计业务信息处理流程

具体地看，酒店财务会计的工作流程为：

1. 根据酒店的业务开设账户体系和建立账簿，开设的账户力求全面、系统，能够覆盖酒店所有的经济业务，既能够全面、综合地反映各类业务发生的情况，也能够明晰地反映每一笔业务的发生情况，对所有科目的编号要留有余地，便于在今后业务发生变化时容易增、删会计科目。账户体系一经建立，在短时间内一般不会发生变化。

2. 根据国家的会计法、税法等政策法规和企业财务会计管理制度，审核伴随经济业务发生而产生的各种原始凭证，尤其要审核经济业务的审批手续是否健全，只有那些合法、合理的原始凭证才被允许进入酒店的账务系统。

3. 将原始凭证反映的经济业务分门归类，编制相应的记账凭证，作为进入账户体系的依据。

4. 根据记账凭证登记账簿。

5. 根据财务会计制度对酒店的账务进行调整，以真实地反映企业发生的经济业务情况。

6. 在年末、月末或其它需要的时候，编制会计报表。

由于酒店的财务会计工作相对独立，可以将会计工作的数据流程简化如下（见图 3-10）：

图中 P1 为设置和修改会计科目，将结果保存在科目文件中。设置科目的过程相对独立，一般只有在酒店增加服务业务和减少服务业务时才对会计科目进行修改。P5 为审核原始凭证。P2 为根据原始凭证和酒店开设的会计科目编制记账凭证。一般地，审核原始凭证和编制记账凭证属于需要人的判断能力的过程，由会计人员手工操作。P3 登记账目，将记账凭证以标准的形式记录到账户体系中。P4 在需要的时候，根据要求提交会计报表。会计报表主要有三种：资产负债表、利润表和财务状况变动表，其格式及编制办法在财务制度中有规定，这里不再细述。酒店也可以根据需要编制其它类型的财务报表，可能有利润附加表、现金流量表、财务预算表等。

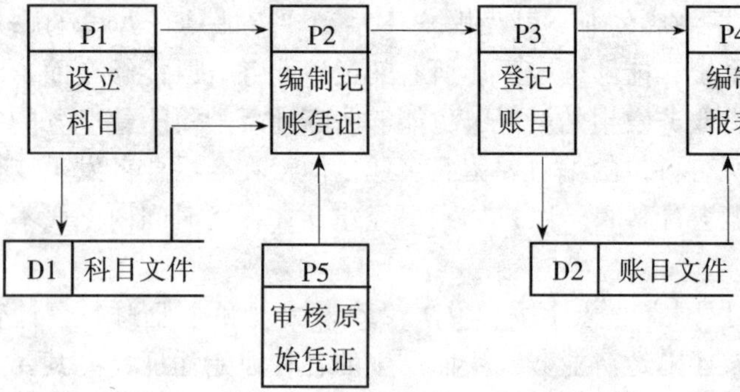

图 3－10 财务会计数据流程图

D1 中保存有酒店开设的所有科目情况，内容有科目编号、科目名称、科目类型、科目状态等，其中，科目编号还要反映科目的级别。D2 中保存有酒店的全部账务细节情况，内容有日期、记账凭证编号、科目号、借方金额、贷方金额、摘要等。

为保证酒店财务工作的正常开展，使得其它部门能够配合财务部门的工作，酒店还应制定相应的财务管理制度，一方面指导各类人员处理与财务有关的业务，如出差报销、购买办公用品、领用低值易耗品、领取部门备用金等；另一方面规范财务会计人员的记账工作。

（二）其它业务信息流程

酒店的财务会计除了要处理基本的会计账目业务外，还要处理其它与企业资金运动相关密切的业务：

1. 固定资产核算。固定资产是酒店企业对客人提供各种服务应具备的基本条件，由于固定资产使用时间长、占用资金量大等特点，会计人员必须对固定资产实施特定的管理。从信息处理的角度对固定资产的核算主要应考虑如何确定各种固定资产的折旧率，也就是如何计算所有固定资产的折旧，同时要考虑对固定资产的档案管理；何时检修、检修的结果及零部件更换情况等。

2. 财产清查。为核实酒店财产物质的拥有情况，会计人员要定期对酒店的所有财产进行清查，并根据清查的实际情况，在主管人员批准下，调整账目中记载的资产拥有情况。财产清查工作也就是调整存货量，调整成本费用和资本盈余量的工作，其过程为：根据经批准的清查报告编制记账凭证→登录记账凭证→调整财产数量。

(3) 成本控制与成本核算。成本控制一般是通过各项成本管理制度实现的，制度中应明确规定哪些费用可以列支、物料用品和低值易耗品的使用和损耗的处理办法、管理费用和营业费用的摊销办法等。成本核算就是严格按照会计准则中的配比原则核算酒店的成本，即酒店创造的营业收入应当同创造这些收入的成本相配合，具体地讲就是设法将酒店日常的各种开销正确地分配到相应的营业部门、营业项目和管理业务中。为有利于酒店的管理决策，会计人员应当能够随时根据管理者的要求提供各种成本资料。

三、物资供应业务的信息流程

酒店的物资供应系统一般分属两个不同的部门管理：一是采购部，负责根据各种物资使用部门的要求，在市场上按质、按量采购所需物资，并将所采购的物品完好地运回酒店，对于进口物品还应负责报关、保险等业务；二是仓库保管部门，负责验收、存储、发放各种物资，并提供保管不同物品的环境条件。这两个部门在管理上相对独立，但在物资供应业务上却是密切相关的，必须充分合作并保持十分畅通的信息渠道，才可能保证酒店的物资供应。

（一）采购部和仓库保管部物资供应业务信息流程

酒店物资供应业务的一般过程是：

1．由物资材料使用部门填写请购单。各使用部门在需要物品的时候一般要到仓库中领用，如果发现仓库中现存的物品不足使用，或存货数不足以维持一定时间的消耗，使用部门就应向采购部门提交物品请购单，并注明对所需物品的具体要求。

2．由采购部门根据经批准的请购单派人外出采购。对数量较多或金额较大的采购业务，应同物品的供应单位签订购货合同，以保证所购物品的质量和数量能够满足使用部门的要求。

3．物品验收入库。由仓库保管人员会同采购人员，必要的时候可以请使用部门的人员共同对所购物品进行验收，验收的依据是请购单和购货合同书中的条款规定。

4．由仓库保管人员根据不同物品的条件要求，提供不同条件的保存环境，确保物品在保管期间不会发生变质损耗。如鲜活物品在一般环境下的保存时间较短，酒店往往提供冷冻保管这些物品。

5．物品领用。使用部门根据制作产品或工作的需要，由部门主管签发领料单，派专人到仓库领料。

物资供应业务的数据流程图见图 3－11。

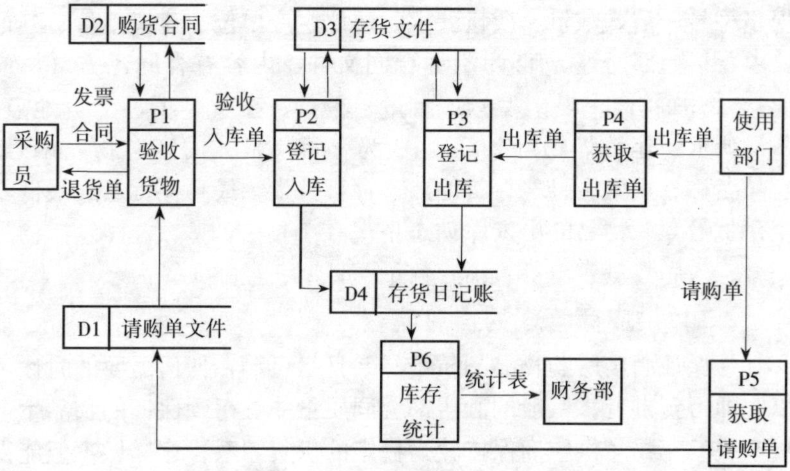

图 3－11 物资供应数据流程图

图中 P1 为验收货物，根据购货合同和请购单中的条款对所购物品的数量和质量进行检验，若达不到合同要求，仓库管理人员可拒绝接受该批物品；若达不到请购单的要求，则要追究采购员的责任。P2 是根据经验收通过的物品清单填制入库单，登记入库。P4 为获取使用部门的领料单。在正式发放物品前，仓库管理人员应仔细检查领料单的合法性，保证酒店的物品不因冒领受到损失。P3 是由仓库保管员发放物品并登记领料单，同时要检查该种物品的库存量是否达到安全存货量的下限，如果超过该下限，应及时通知领料部门填报物品请购单。P5 是根据使用部门填报的请购单登记备案，并同时安排人员外出采购。P6 是用于满足管理需要的统计业务。酒店高层管理人员为制定有关决策，可能需要了解酒店各种物品的存货情况和保管情况；财务部门为安排企业的营运资金需要了解库存物品的动态、出入库情况和存货物品的资金占用情况等。这些都需要主管仓库资金运作的财务人员和仓库管理人员对仓库物品的动态情况和存量情况进行统计。

数据存储中 D1 保存全部的请购单，主要内容包括物品名称、规格型号、请购数量、质量要求、建议生产单位、建议单价、其他要求、请购部门等。D2为购货合同文件，内容有合同乙方（供应商）、物品名称、规格型号、数量、单价、交货日期、交货地点、质量要求、违约处罚等条款。D3为存货文件，内容有物品编号、物品名称、规格型号、存货地点、存货数量、最高存货量、最低安全存货量等。物品的出入库动态情况在D4中反映，内容包括物品编号、入库数量、单价、出库数量、日期、经办人等。

（二）供应商管理的信息流程

为保证酒店所购物品的质量，并且尽可能在任何需要的时候可以立即得到供货，一般的酒店都会同质量能够得到保证的物品生产厂家或专业物品供应商保持较为稳定的供货关系，这样做不但能得到质量和时间的保障，还能够通过长期、大量的采购获得价格上的优惠，降低物品的采购成本，为酒店创造效益。为此，采购部门要为主要的供应商建立档案，一方面便于联系，另一方面能够跟踪产品的质量和合同的执行情况。对供应商管理的业务数据流程如图3－12所示。

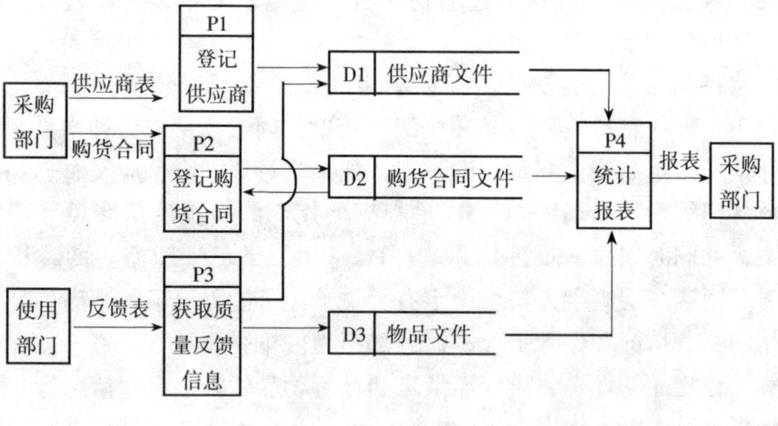

图3－12　物资供应数据流程图

图中 P1 为登记新的供应商和修改供应商变动的情况。P2 为登记购货合同及跟踪其执行情况。采购部门通过 P3 获取物品使用部门的质量反馈信息，记录到物品文件和供应商文件中，作为以后对供应商产品质量评价的依据。P4 是根据采购业务管理要求，对供应商信息、购货合同信息、物品信息进行统计、汇总，然后打印出一定格式的报表。

数据存储中 D1 保存供应商的基本信息：供应商编号、名称、地址、联系人、联系电话、传真、信誉评价等。D2 同上述的购货合同文件。D3 中保存供应商提供的物品情况：供应商编号、物品编号、累计供货量、质量评价等。

酒店在日常经营过程中需要消耗大量的、各种各样的物资材料，大多数物资材料的获取、使用过程是按照上述环节进行的，但在某些特殊情况或紧急情况下，各使用部门也可以直接采购一些物品并马上投入使用。为此，酒店的财务部门一般都为各职能部门安排有一定量的备用金，供紧急情况下使用。如前厅部的打印机色带用完了，如果按照上述过程，可能需要几天的时间才能得到新的色带，影响了前厅部正常的工作，前厅部完全可以随时购买打印机色带，然后向财务部报销。

第四章　酒店管理信息系统的功能需求

酒店管理信息系统是在充分把握酒店原信息处理流程的基础上，系统地进行信息采集、归类、整理和处理，从而达到集中统一地管理酒店信息并为管理决策提供支持。功能需求分析是酒店管理信息系统设计的第一步，其分析的结果直接影响信息系统功能的完善性、可靠性和整体效率。设计人员必须同酒店管理人员密切配合，共同探讨系统的功能需求，使设计的系统既能满足酒店的实际使用要求，又具有一定的先进性和可扩充性。由于酒店管理信息系统分前台和后台两部分，因次，我们也按前台和后台的功能需求进行讨论。

第一节　前台子系统的功能需求

酒店管理信息系统的前台子系统是直接面向客人服务的信息系统，其服务质量的好坏、效率的高低直接影响着客人的感受，同时还承担着接受客人的信息反馈、把握目标市场等作用。因此，前台系统具有信息流程复杂、信息处理实时性强等特点，而计算机介入酒店前台管理，则大大提高了手工处理信息的种种不足。当然每个酒店都有自己的经营特色，每个前台系统为了满足用户的需求又可能各不相同，这里只能介绍各酒店前台系统的共性部分，即每个酒店前台系统所共有的功能需求。

酒店前台管理信息系统与一般生产企业的MIS不同，它具有以下特色：

(1) 时效性非常强，客人多点消费，一次性结账，随时都要有客人准确的消费信息。

(2) 人员信息流中不仅有员工信息，更多的是客人信息。

(3) 酒店客房作为一种特殊产品，具有不可储存性，必须及时销售出去，这也更需要实时地把握客房状态。

因此，要设计一套很好的酒店前台管理信息系统并非一件易事，成功的关键就在于对前台的功能需求分析上。

一、前台系统的主要功能构成

前台系统的主要功能有预订、接待、结账、夜间稽核、客房管理、餐饮管理、程控电话管理以及查询服务等。每个功能模块都和宾客直接有关，其采用计算机管理信息的目的是提高酒店服务的质量，提高信息管理的精度，进而提高酒店在客户心目中的信誉，树立良好的酒店服务形象。前台功能模块和对应的管理部门如表4-1所示。

表4-1 前台系统主要功能分布

计算机功能模块	对应的酒店部门
预订模块	预订部、销售部
接待、问讯模块	总台接待、商务中心、总机
账务模块	总台结账处
夜间稽查模块	夜审组
客房管理模块	客房部
收银点模块	餐饮部、康乐部、商品部、商务中心、洗衣房
电话计费	总台、客房、总机、商务中心

（续上表）

计算机功能模块	对应的酒店部门
公关销售模块	公关部
总经理查询模块	总经理、副总经理

二、前台系统功能需求分析

（一）预订功能需求

预订分散客预订和团队预订，其主要目的是提高酒店的开房率，为客人预留房间，并提供良好的预订服务。

手工操作预订是一件很困难的事情，因为客人需要的房间类型和房间数在所预订期内是否有，需要很长时间才能查找确定，要保证其准确性就更不容易。大量的文字档案需要人工进行统计，如果酒店有300间房，8种房型，每天的工作量可想而知。所以手工的预订一般只能做到3个月以内，而采用计算机进行预订则可以达到3年。

1．散客预订

散客预订的功能需求包括预订查询、可用房确认、预订记录建立、预订确认、预订记录维护以及报告生成等。

（1）预订查询

预订查询是指酒店预订人员根据客人的预订请求进行酒店可用房的实时查询。查询中通常需要收集如下数据：客人抵达日期、所需房间类型与房间数、夜间数、费用代码（标准、特别、优惠以及其他）、团队人数等。当查询与可用房数据匹配时，系统分配并锁定房间，然后将它从可用房文件中删除。

（2）可用房确定

预订查询一旦输入，系统就依照一个预先决定的算法与可用房数据比较。可能得出的结果会是出现在预订员显示屏上的系统生成的几个反馈之一：接受或拒绝预订请求；后备房间类型或房费建议；后备酒店建议。

(3) 预订记录建立

一旦预订请求被接受并且房间已锁定，系统就会要求预订员收集并输入必要的数据以完成预订记录，比如：顾客个人的数据（姓名、地址和电话号码）、抵达时间、预订分级（高级的、确认的、担保的）、预订者数据（代理机构或秘书）、特殊要求（残疾人设施、婴儿床、无烟区等等）。

(4) 预订确认

酒店管理信息系统可以在预订请求被接受的当天自动生成确认信。信息可以从预订记录中获取，并以特殊设计的酒店格式打印。确认信的格式和风格可根据酒店自身的情况确定，但一般应包括客人的姓名和地址、抵达时间和日期、房间类型、房间数和房费、人数、预订级别（确认的或保证的）、客人的特殊服务要求、确认编号、保证金或预付费用要求、初始预订更新（再确认、修正或取消）、取消预订条款等。

(5) 预订记录维护

预订记录存储在一个电子文件中，通常根据抵达日期、团队名和顾客名分段。文件的组织方式和读取文件的方法是预订模块是否高效的关键，这是因为预订者会频繁地更新、变动、取消或再次确定他们的预订。例如，当预订者请求取消预订时，预订员能很快地访问到准确的预订记录、修改记录的内容并执行取消操作。

(6) 报表生成

通过预订模块可以获得的报表数量和种类取决于用户需要、软件功能和数据库内容。以下报表是预订模块应提供的。

收入预测报告。将预测住房率与现有房费相乘以规划未来的收入。

预订事务记录。提供所建立、修改或取消的预订记录的每日汇总。

预计抵达和离开名单。显示预计将要到达和离开的顾客数目、继续留宿者的数目以及与每种事务相关的顾客姓名。

代理佣金报告。描述了预订事务和应支付给代理的佣金。

拒绝报告。跟踪因没有可用房用于销售而拒绝的预订。

散客预订功能子系统的结构可参见图 4－1：

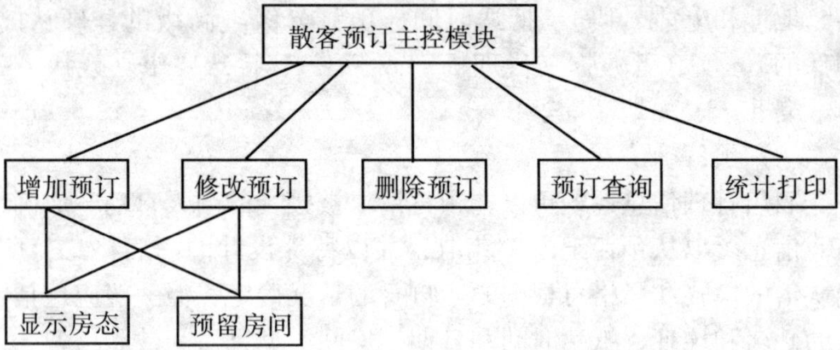

图 4－1 散客预订子系统功能结构图

图中“增加预订”完成接受零散客人新的预订的功能，如果根据客人的要求和客人的信用情况决定为客人预留房间，接待人员需要了解酒店客房的出租情况，才能为客人准确地预留房间。同样，在“修改预订”信息时，可能也需要修改预留房间信息。“删除预订”完成客人要求取消预订的功能。是否接受客人的预订、是否修改客人的预订、是否允许客人取消预订的决定完全出自于总台服务人员的判断，计算机系统是不可能进行判断的。“预订查询”服务于预订的修改、删除功能，即预订部员工必须首先确定具体的预订客人，才能进行预订信息的修改和删除。“统计打印”完成按时间要求统计预计到达客人清单的功能。

散客预订功能子系统的计算机实现界面可参照图 4－2，该图中最上面的功能菜单可用于任何功能转向情况，是预订子系统的总体功能表。操作该系统时，随时选择任一功能，系统将转到相应的界面上，便于使用。图中所有显示文字后面带有“()”的标志均为系统提供的功能，括号中的字母代表执行该功能的热键。由于图上的功能均在一个界面上，所以各功能对应的热键符号不能相同。

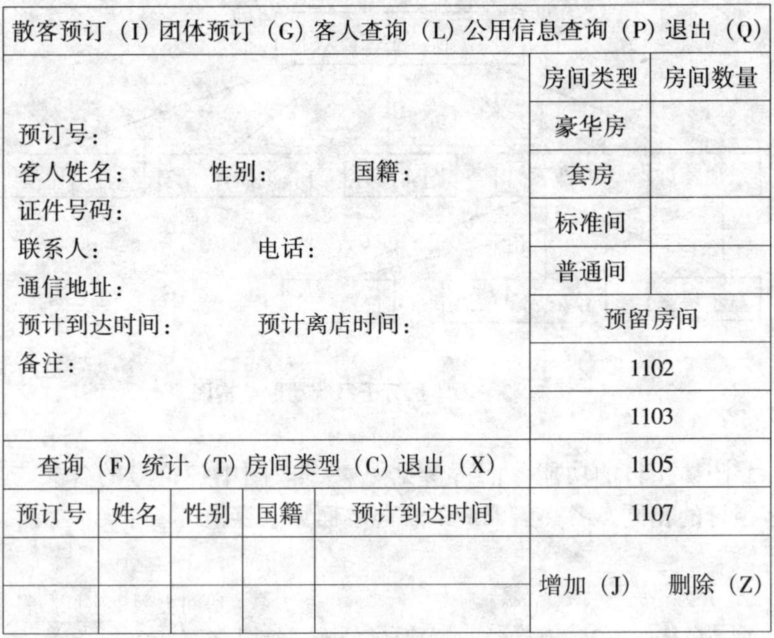

图 4－2 散客预订功能界面

2．团体预订

团队预订比散客预订要复杂，必须要有团队主单输入、修改、删除的功能，团队预留房分配的功能、团队付款代码定义的功能、团队房价定义修改的功能，以及团队成员信息批输入和批修改的功能。系统对团队预留房可以自动排房，也可以手工排房，对成员信息也可以进行增加和删除的功能。

根据团体预订业务数据流程图，将团体预订子系统的功能结构图设计成如图 4－3 所示。

团体预订各模块的功能与散客预订各模块的功能基本相似，其特殊之处在于团体仅是一个虚设的对象，真实的对象是团体中的成员。因此，必须为记录团体预订信息的系统增加登记团体成员的功能，该功能也是附属于增加和修改团体预订信息功能的。

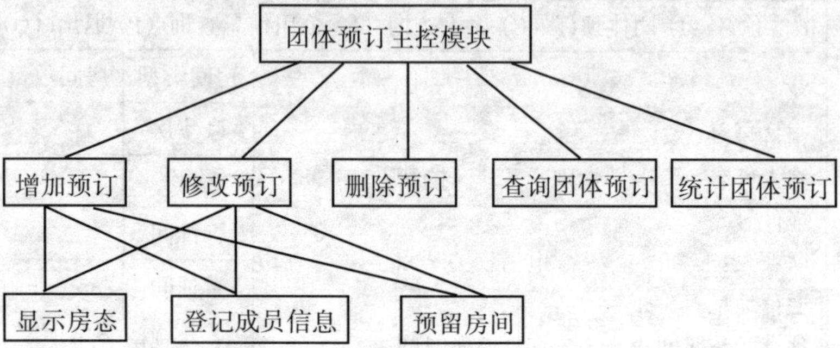

图 4－3　团体预订子系统功能结构图

团体预订的功能界面可参见图 4－4。图中各符号的含义与散客预订的相同，各热键对应的功能界面见散客预订。

<table>
<tr><td colspan="3" rowspan="8">预订号：
团体名称：　人数：　妇女人数：
接待单位：
联系人：　电话：
通信地址：
预计到达时间：　预计离店时间：
用餐标准：
备注：</td><td>房间类型</td><td>房间数量</td></tr>
<tr><td>豪华房</td><td></td></tr>
<tr><td>套房</td><td></td></tr>
<tr><td>标准间</td><td></td></tr>
<tr><td>普通间</td><td></td></tr>
<tr><td colspan="2">预留房间</td></tr>
<tr><td colspan="2">1102</td></tr>
<tr><td colspan="2">1103</td></tr>
<tr><td colspan="3" rowspan="2">增加（A）删除（D）房间状态（R）确认（Y）
查询（F）统计（T）房间类型（C）退出（X）</td><td colspan="2">1105</td></tr>
<tr><td colspan="2">1107</td></tr>
<tr><td>成员姓名</td><td>性别</td><td>房间号</td><td colspan="2" rowspan="2">增加（H）　删除（K）</td></tr>
<tr><td></td><td></td><td></td></tr>
</table>

图 4－4　团体预订功能界面

（二）接待功能需求

接待系统的目标就是以最快的速度为客人开房。如果客人已预订，则其相关信息已存在计算机中，酒店方面可在客人到达之前准备好各种服务，如VIP的鲜花、水果的摆放，把应到客人列表、各种客人的特殊要求列表等传递到相关服务部门。客人到达后，接待员只需直接在预订单上补充客人信息就可以了，如客人的护照（身份证）号码、来源等。

而Walk-in（未经预订）的客人需要输入的内容就非常多，客人的全部信息都要在接待时输入，所以不少酒店为了不让客人等候时间过长，明确规定接待客人不得超过3分钟，设计前台系统时要能够有充分保证。

接待人员在工作任务上也具有预订的职责，这在境外的酒店很普遍。而接待系统同时还应该具有预订的全部功能。

1. 散客接待

散客登记是接待系统的主要工作，接待系统必须提供各种形式的散客登记。如已预订的散客登记、无预订的直接登记、回头客的登记、刚结账客人的再登记、在住客人的信息修改、在住客人的信息查询、到期客人的续住以及根据历史档案登记等。

散客接待业务的功能结构见图4-5。该图中的增、删、改客人信息的功能类似于散客预订相应的功能。在接待零散客人时，总台接待人员要面临两种情况，一是接待无预订的散客，二是接待有预订的散客。在接待有预订的零散客人时，由于客人的基本信息已记录在系统中，可以不要求客人填写登记卡，而是根据客人提供的姓名、预订日期等查找预订信息后，直接将其转入客人的登记信息中，这是转入预订信息完成的功能。

散客接待功能的系统界面见图4-6。该图中的结构和内容同散客预订界面相似，特别之处在于：

(1) 系统中是以客人的“账号”作为惟一标志的，这在以前介绍过。为保证账号的惟一性，一般不应由操作人员输入和修改，而

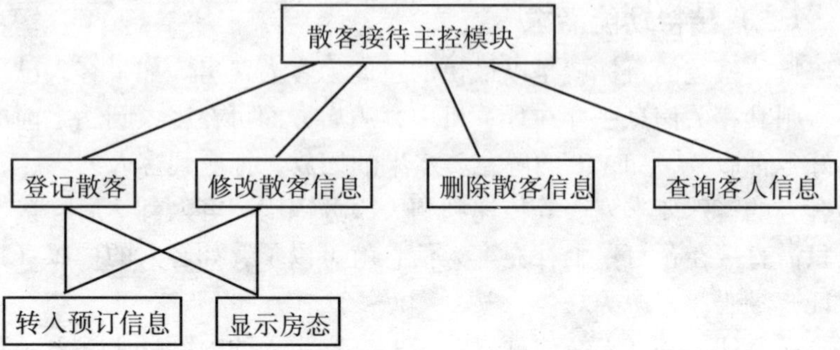

图 4－5　散客接待子系统功能结构图

是由计算机系统自动产生，这样做可以避免许多由于员工修改信息时发生的错误。如操作员不小心将账号中的一个数字改掉，以后所有该客人发生的费用均记到改过的新账号中，造成账务的混乱，难以收到客人的消费款。

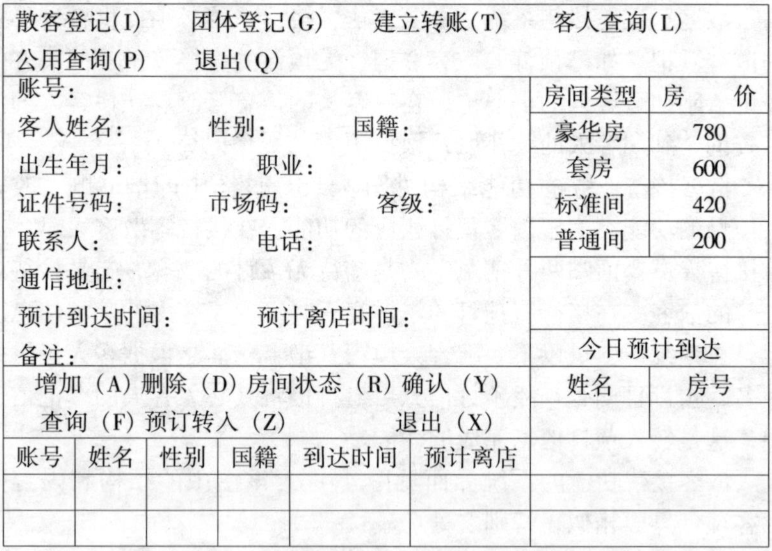

图 4－6　散客接待子系统功能界面

(2) 图中的“市场码”是用于以后统计客人来源情况的，“客级”信息是用于区别住在同一房间的客人中应由谁来付房费和客人在房间内的消费款的，系统应保证所有占用的房间中的每一间至少且只能有一个人承担房内的各种费用。

在接待零散客人时，客人可能会提出在住店期间将某一人的某些费用转到另一人的账户，由另一人代为承担这些费用。由于费用的计算由计算机自动进行，所以，必须事先将转账要求通知计算机的费用计算过程。可通过设置自动转账功能实现。

2. 团体接待

团队登记也是接待系统的主要工作，但团队登记的工作比散客登记要复杂得多，它必须处理团队主单、团队价格、团队预留房、团队成员等信息。接待系统同样必须提供各种形式的团队登记，如团队自动登记、团队直接登记、团队按预留房登记等。同时还必须具备团队成员信息的修改、主单信息修改、团队返回重新入住以及付款方式的处理等功能。

其他接待功能需求还有客人应收、应付账主单的建立、修改和删除，国内国际直拨电话（IDD/DDD）的直接开通和关闭，旅行社和协议公司等介绍单位的有关信息的输入和处理，房类清单、可用房表、当前排房表的显示和打印，客人留言、记事、备注的输入、修改、显示、打印和传送，还有如职员留言功能（每当该职员登录系统时，会自动显示相应的留言）、修改房间状态功能、处理客人的各种优惠（长包房、协议单位、贵宾卡、领导签字等）、住店人员信息报公安局户稽接口、VIP 客人管理以及客人历史档案管理等功能需求。

团体接待子系统结构如图 4 - 7 所示。

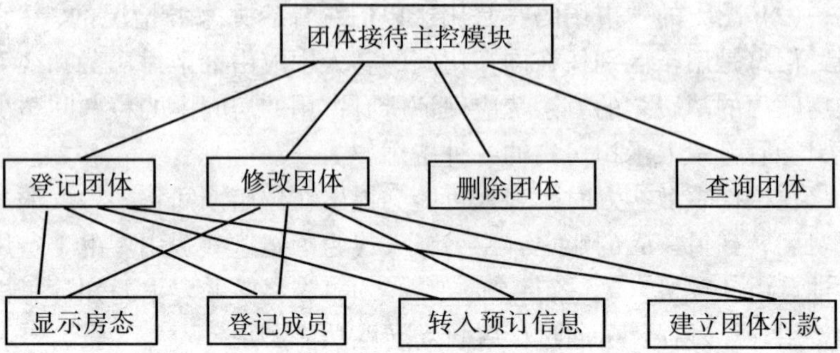

图 4－7　团体接待功能结构图

该图的各项功能与散客接待业务的相似，对应的界面见图4－8。

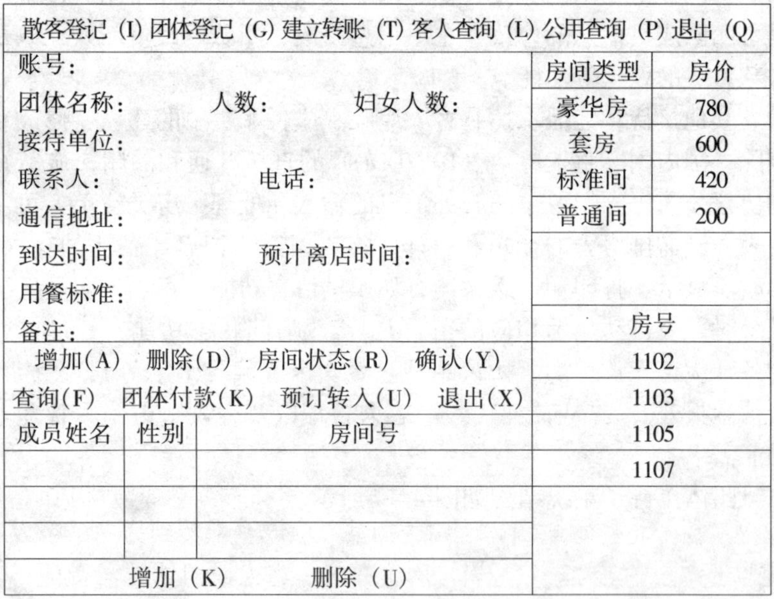

图 4－8　团体接待子系统功能界面

（三）客账处理功能需求

客人账务处理子系统主要完成客人或团体记账、算账付款、结账功能，这些功能是相对平行的，这里忽略了本子系统的功能结构图，对应的功能界面如图 4－9 所示。

该图中通过查团体（G）和查客人（I）找出指定客人或团体信息列于屏幕上方，该客人或团体的消费情况和费用总额列于屏幕中间，然后由收款员根据客人的要求提供服务。

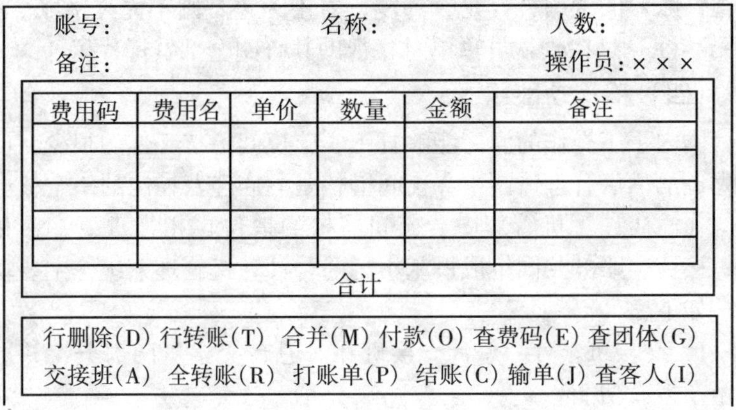

图 4－9 客人账务处理功能界面

“输单”（J）用于记录客人或团体在酒店的消费款。“行删除”（D）是在收款员输错数据时，用于删除屏幕中间记错的费用项目。“交接班”（A）用于在各收款员交接班时，打印交班报表。“行转账”（T）和“全转账”（R）是应客人的要求，经转入/转出客人双方同意后，将客人或团体费用中的某一项或全部转到另一个客人或团体的账户中。“合并”（M）用于在某一客人或团体的消费项目较多，其中相同的费用项目也较多时。如长住客人每天要打出很多次电话，而每一次电话都将在费用列表中有记录，长期下来，相同的电话费记录会很多，难以检查核对，收款员可在一定时期将某一账号的明细费用打印出来，然后将同项费用合并到一项中，减轻系统的负荷。“打账单”（P）是在客人或团体付款或结账时，将其明细费用打印出来供核对检查。“付款”（O）用于客人或团体要求结账时一次付清消费款，或在住店期间分期支付酒店消费款，付款以负数记入账户中。“结账”（C）用于客人或团队预备离店时，结清在酒店的消费款，并自动修改房间状态。系统在执行此功能时首先自动检查该账号的所有电话费是否转入账户中，然后检查系统的时间是否超过正常结账时间，如超过，将提醒计算增加的房费，最后，检查该账户的费用合计是否为零，若不为零，则不允许结账。“查费码”（E）是在收款员输单时，帮助其查阅全部费用代码。

（四）稽核功能需求

国内手工操作的酒店能够真正实施夜间稽核工作的很少，但是在先进的酒店管理体制中，夜间稽核是酒店经营控制的一个核心部分。在酒店计算机管理中，夜间稽核的地位也相当重要，它和预订、接待、账务共同组成最基本的前台计算机管理系统，主要功能需求如下：

1. 交接班。分为总台交接班和非总台交接班两部分，并提供查账及报表功能。

2. 酒店账务处理。将酒店中未用计算机管理的各营业点的营业数据输入到酒店专用账户中。

3. 过房租。每天一次地将在住客人的账目加上当天的房租费用。在实过房租以前，提供预过房租功能，可打印预审报表供查对。

4. 日营业报表。将当天的收入进行分类统计，类似的报表还有班收入报表等。

5. 夜间处理。对全系统的各数据库进行更新维护，并为各种报表准备数据。

6. 每日数据的备份，以增加系统的可靠性。

7. 打印夜间稽核报表。

根据数据流程图，夜间稽核的功能结构如图 4－10 所示：

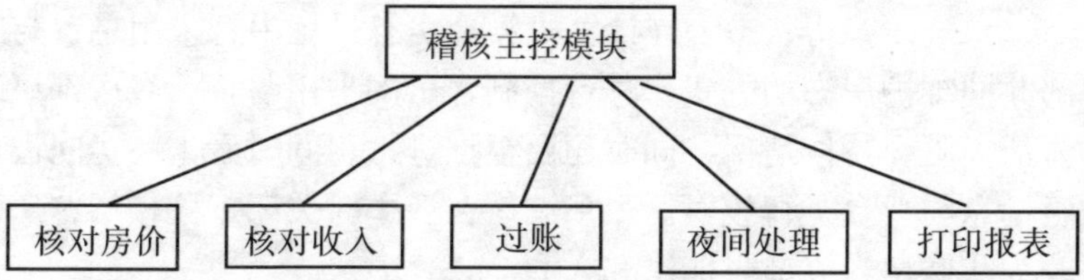

图 4－10　稽核业务功能结构图

核对房价由系统将当日销售的房间价格全部列出或打印出来，由稽核人员分别核对标准房价、折扣房价和批条、免费房和批条等，以确保正确计算房价，控制接待和收款人员的非法操作，保证酒店的客房销售收入的实现。核对收入是将各营业点的营业收入和实现的营业收入、应收账款进行核对。过账是将当日未记入账户的各种费用分别记入有关人员的账户中，并将全酒店的营业收入及其实现情况记入相应的账户中，费用一般有房费、电话费和其他杂费。夜间处理是根据酒店预先设计的要求，分别统计各种服务项目的销售情况、客人消费情况、酒店营业情况等，更新系统中的数据和日期，并将已离店的客人信息根据设定的天数转入客人历史文件中。打印报表一般有两种具体的功能：成批打印所有的夜间处理报表，单独打印需要的报表。

（五）客房管理功能需求

客房是酒店经营的主要产品，客房管理是酒店经营的重要方面，酒店经营要信息化，首先客房管理必须信息化。客房管理信息系统是实现客房信息化管理的工具，通过对客房的信息化管理，可提高客房管理的精度和准确度，同时减轻酒店客房中心员工的工作负担，从而提高客房管理的效率和服务质量。

客房管理的最主要任务是修改客房状态，提供房间是否空闲、出租、干净、脏房等信息，以便于预订接待员分配房间。一般酒店均通过客房中心计算机修改房态。如果有配备先进的电话交换机系统，也可直接由查房人员通过房间电话修改。

客房管理模块具体功能需求如下：

(1) 修改客房状态。在计算机管理房态过程中，采用总台与客房部共同维护房态的方式，总台控制客房的占用与否，客房部更改其清洁、脏、待修情况，同时还要根据进入房间时看到的房间占用与否信息与总台进行核对。很多酒店在淡季时关闭一些楼层，房态更改为待修房，以节省能源和人力。

(2) 客房过账管理。客房中有些物品是可以销售给客人的，如Mini吧的食品饮料、酒店的纪念用品等，因此客房中心也需要处理部分客人的账务，这样的账务管理称为过账管理。过账管理涉及的内容有洗衣费用、Mini吧费用和损毁赔偿费用等。客房过账由客房管理人员操作处理，把所有费用输入计算机系统后，客人就可以在总台一次性处理账务。

(3) 客房耗材管理。客房管理中涉及的很大一块内容是耗材管理，如客房中的牙刷、牙膏、毛巾、拖鞋、卫生纸等需每天更换的耗材。客房管理信息系统必须每天登记客房使用耗材的情况，做到合理发放、合理使用，减少耗材的浪费和损失。

(4) 拾遗物品管理。客房管理模块还可以提供如失物招领、把客人遗留在客房中的物品登记并想方设法把物品归还等管理功能。

(5) 客房历史查询。

(6) 与总台核对房态。

(7) 客房维修与维修史管理。

(8) 客房部内部管理。

(9) 打印有关客房部报表。如预计抵、离客人报表，特殊要求报表，VIP客人报表，回头客报表，输账员报表，催账单，当前排房表等。

根据数据流程图和附加的费用登记业务设计的功能结构图如图4－11所示。房态维护用于对房间状态在限定的状态范围内进行修改。在记录向客人提供服务的各项收费过程中，对于客人损坏的房内设施、设备按酒店的规定视为客人的购买行为，按规定的价格记为客人的费用。

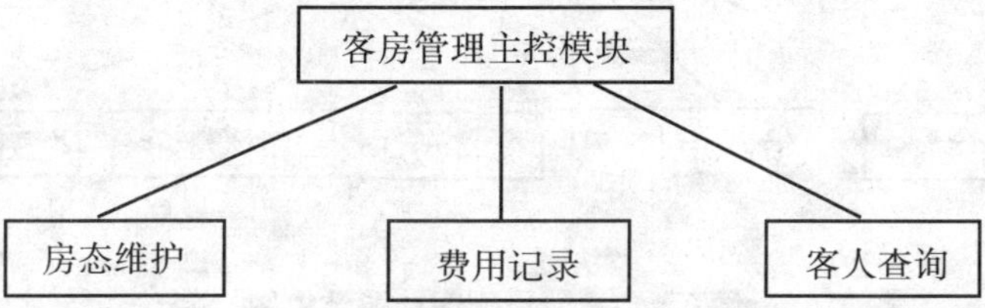

图4－11 客房管理功能结构图

（六）销售管理功能需求

酒店的销售是酒店经营活动的重要组成部分，它始于酒店提供产品和服务之前。酒店销售不仅仅是酒店产品的推销。推销是设法把已经准备好的产品销售出去，而市场营销比推销更为广泛，它涉及以下活动：

1. 市场营销调查

市场营销工作始于收集市场信息，分析本企业和竞争企业的经营状况，选择目标市场，研究目标市场的需求。

2. 酒店产品设计、开发和定价

酒店管理人员要根据宾客的需要，改进、调整和组合酒店的设备设施、环境气氛以及服务项目和服务质量，并根据市场需求的情况、竞争状况和酒店经营状况确定酒店产品价格。

3. 产品推销

酒店产品的推销包括酒店外部广告、销售促进和公关等活动，使宾客了解产品，产生需求并且愿意购买，同时也包括酒店内部宣传和全员促销。

4. 产品流通

酒店采取直接销售或通过旅行社及其他销售代理机构，使宾客在合适的时间和地点能预订酒店的产品。根据数据流程图设计的销售管理功能结构如图 4－12 所示。

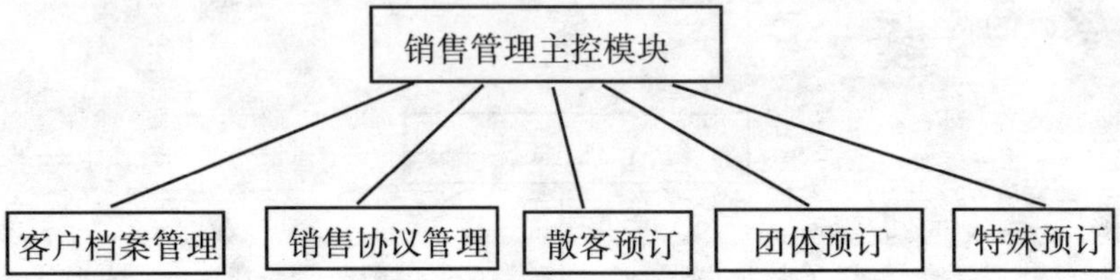

图 4－12　销售管理功能结构图

“客户档案管理”是对客人历史信息、长住客人和协议单位的信息进行增、删、改的维护工作。“销售协议管理”是对各协议单位的协议条款进行维护。“散客预订”和“团体预订”参见前述内容。“特殊预订”是指销售部门与使用单位签订的临时宴会预订、会议预订等，不包括房间的预订。

特别需要引起重视的是，在上述销售管理主控模块中，应加入“收入管理”部分。收入管理，有时候叫做收益管理，是一套需求预测技术，用于决定价格是否应该提升或降低以及一个预订请求应该被接受还是拒绝。收入管理基于供求关系。若需求超过供给，价格趋于上升；供给超过需求时，价格趋于下降。定价是谋取利益的关键。通过在淡季增加预订以及在旺季以较高的房费销售客房，酒店可以提高自己的盈利能力。

（七）营业点收款功能需求

餐饮收款系统与酒店的营业点收费系统较为相似，但由于餐饮企业是一个独立经营的实体，它不像酒店各营业部门那样可以借助其它部门的协助，许多与收款业务相关的业务可以由其它有关部门代办，餐饮企业收款系统的功能应该比酒店的营业点收款系统更完善。

一个较为完善的餐饮收款系统的功能控制结构图如图 4 – 13 所示。

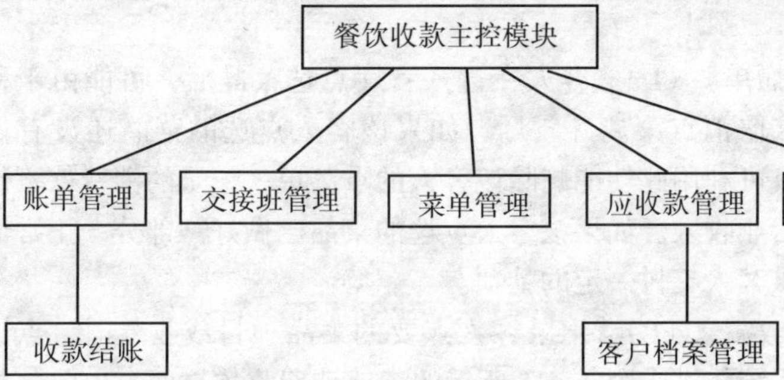

图 4 – 13 餐饮收款系统功能结构图

根据图 4 – 13 所设计的餐饮收款系统的主界面应如图 4 – 14 所示。

序号	账号	台号	人数	消费额	状态
1	9980010	5	4	110.60	消费
2	9980011	12	4	46.00	撤单
3	9980012	6	6	60.00	结账
4	9980013	8	10	180.00	消费
5	9980014	10	8	220.00	结账
开单（N）撤单（D）收款（C）交班（T）应收（R）菜单（M）统计（S）退出（X）					

图 4 – 14 餐饮收款系统主界面图

该图中的功能简介如下：

(1)“开单”（N)。餐厅服务员根据客人的要求记录下客人点要的菜品后，将客人点菜单送交收款员记入计算机系统，收款员应根据服务员提供的有关信息，在系统中为每一桌客人开设一个账户(图中的某一行)，用以记录该桌客人在餐厅期间的消费情况，据以收取消费款。图中账号由系统自动生成，消费额一栏由系统根据机内记录的数据自动统计，状态栏是指客人在餐厅期间的状态，由收款员确定。

(2)“撤单”(D)。客人在进入餐厅点选菜品后，可能由于种种原因要求取消点菜离开餐厅，如果该客人点选的菜品还没有做好，收款员可利用此功能删除该客人的点菜单，记录的消费款不作为企业的营业收入。如果该客人点选的菜品已做好一部分，正常情况下应要求客人支付一定的款项。

(3)“收款”(C)。记录客人点要的菜品项目或收款时，点选此功能，系统将进入图4-15所示的餐饮计费收款界面，由收款员将客人点选的菜品记录计算机中，并在客人消费完后打印账单，收取款项，结清账户。

(4)“交班”(T)。该功能统计各班次收款员的营业收入和实际收入的营业款，用以核对每一班次收到手中的现金和营业状况，是控制收款员工作的功能。

账号：9980012　台号：16　收款员：013 备注：					
编号	菜名	单价	数量	金额	备注
002	芳香排骨	12.00	1	12.00	
004	五香花生	8.00	1	8.00	
035	云南汽锅鸡	30.00	1	30.00	
045	清炒莴笋	10.00	1	10.00	
合计　60.00					
增加(A) 删除(D) 付款(M) 打单(P) 结单(C) 查询(F) 退出(X)					

图4-15　餐饮计费收款界面

(5)“应收”(R)。餐饮企业在其经营过程中，为保持获得稳定的营业收入，一般要与一些重要的商业单位、个人等签订消费协议(类似于酒店的协议)，根据这些协议的规定，可能会允许部分客人消费后并不马上付款(在餐饮企业，记为应收款)，而是定期

（如一个月）结算。这样，就要求系统能够记录客人的每一次消费情况和付款情况，并在需要的时候随时统计挂账客人的费用情况。

⑹“菜单”（M）。该功能提供对餐饮企业经营的菜品种类，单价的增、删、改维护功能。如图 4－16 所示，用以更新企业经营的产品。

(7)“统计”（S）。该功能是服务于餐饮企业的管理者的，可以提供营业状况统计表、营业收入统计表、各种产品销售统计表、客人数量及翻台情况统计表等。

编号	菜名	单价
015	松鼠鳜鱼	78.00
016	珍珠虾排	58.00
017	凤尾对虾	78.00
018	清炒蟹粉	45.00
019	葱蒸干贝	55.00
增加(A) 删除（D）说明（M）图片（P）退出（X）		

图 4－16　餐饮收款菜单维护功能界面图

（八）多媒体技术在餐饮企业中的应用

客人在用餐以前，一般是不知道餐饮企业提供的产品的质量、特色的，其消费过程往往带有一定的盲目性，在点要的菜品被服务员送到餐桌上时，客人却说这些菜品并不是他点要的，造成客人与服务员的冲突，企业往往只好自己承担由此带来的损失，这种情况在餐饮企业屡见不鲜。如果在菜品制作出来之前将样品摆放在餐厅中，可以消除客人的盲目性，避免由于客人的不满意给企业带来的损失；而且，在制作好的菜品成品中，有时很难分辨出原材料的种类、主料、配料等，同样使客人难以选择。

现代计算机多媒体技术的应用为解决这一问题提供了一条简捷、有效的途径。利用多媒体技术，企业可以在餐厅方便就近的地方设置一台带有触摸屏的计算机，并预先将企业能够生产的各种菜品成品用数码摄像机摄成照片存入计算机中，同时，在照片的旁边加上产品的文字说明，包括主料、配料、加工特点、成品特点等。这样，在客人准备点菜时，可以参照屏幕上显示的信息选择，彻底避免了消费的盲目性，避免了由于盲目选择给客人带来的不满意和给企业带来的损失，提高了餐饮企业的服务质量。

计算机多媒体点菜系统由两极界面组成；第一级界面为企业可以制作的所有菜品清单，当客人用手点指到某一条菜品上时，系统进入第二界面，如图 4－17 所示。

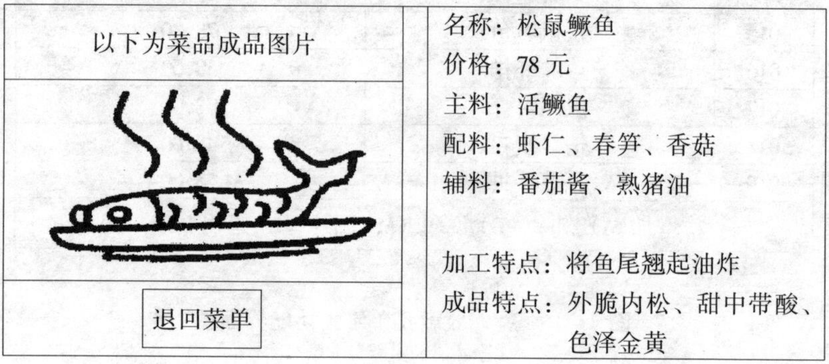

图 4－17　菜品查询多媒体系统界面

若客人想继续了解其它菜品的情况，只需用手点指“退回菜单”就可返回到第一级菜品清单界面。这种系统操作简便，平时无须专人服务就可获得满意的效果。

第二节　后台子系统功能需求

酒店后台系统主要以账务处理（总账、应收账、应付账、银行现金日记账）为中心，附以采购、库存、设备管理、固定资产、人力资源等模块。

在酒店管理信息系统的后台管理中，只需要将会计凭证输入计算机并审核过账后，就可以随时取得账务处理结果资料和报表，中间过程全部由计算机自动完成，从根本上改变了财务工作的枯燥、繁琐的状况，大大减轻了财务人员的劳动强度，并使他们的工作重点从大量的核算转到对账务的审计。后台系统在总体功能上要符合以下几点：

（1）必须按照财政部的最新会计准则和新会计制度进行设计，财务处理规范。

（2）必须针对酒店业的实际，增加商场管理模块，采用多币制记账，各种报表符合酒店业的要求和规范。

（3）保密性、安全性、可靠性程度要高。财务是酒店的机密中心，各级人员应该有自己的权限和密码，同时系统应具备较强的容错性和从故障中恢复数据的能力。

（4）界面友好，简单易学。

一、人事培训管理的功能需求

人事培训管理的功能结构如图 4－18。

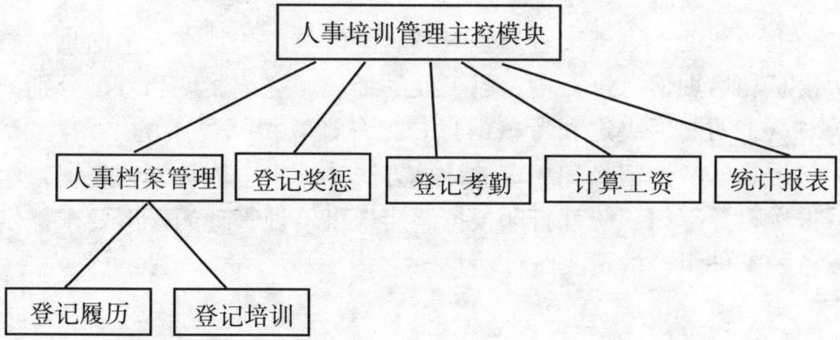

图 4－18 人力资源管理功能结构图

与该功能结构相对应的系统功能界面见图 4－19。

人事档案（B）考勤管理（I）奖惩管理（H）工资计算（W）团体预订（P）退出（Q）

工号：　　姓名：　　性别：

出生年月：　　身份证号：

民族：　　政治面貌：　　最后学历：　　毕业学校：

毕业时间：　　参加工作时间：

工作部门：　　职称：　　职务：　　级别：

家庭地址：

配偶姓名：　　配偶工作单位：

配偶身份证号：

备注：

开始	终止	单位

增加（H）删除（K）

增加（A）删除（D）查询（F）确认（Y）退出（X）

工号	姓名	性别	部门	级别

开始	结束	培训

增加（K）删除（C）

图 4－19　人事培训管理功能界面

上两图的人事档案管理是对酒店全体员工的基本人事信息、履历信息和培训信息进行增、删、改的维护。登记奖惩和考勤分别记录对员工的奖惩决定和考核信息。工资计算根据员工的工作要求、奖惩记录、考勤记录和相应的计算方法计算出全体员工的工资，然后报送财务部门。统计打印根据酒店人事培训管理的一般要求提供按各种条件组合的员工统计信息。

二、物资供应管理的功能需求

物资供应管理功能结构如图 4 – 20。

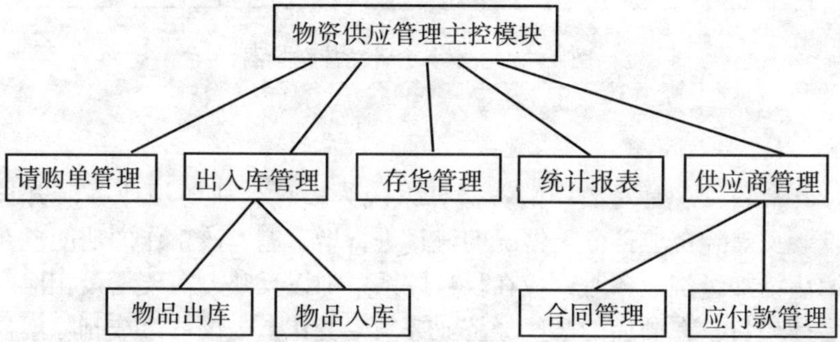

图 4 – 20 物资供应管理功能结构图

请购单管理用于登记和修改各使用部门的物品请购单，并提供查询打印的功能。出入库管理用于对物品的入库验收、登记、发放业务进行记录。存货管理的功能是维护全部物品的存放地点、安全库存量、最高存货量等信息，并在酒店增加、减少物品种类时修改相应的信息。统计报表用于对库存物品的收发记录、资金占用、存货量等进行统计和打印。供应商管理是对物品供应单位的有关信息、产品信息、购货合同数据进行维护。

三、财务会计管理的功能需求

财务会计管理的功能结构如图 4 – 21。

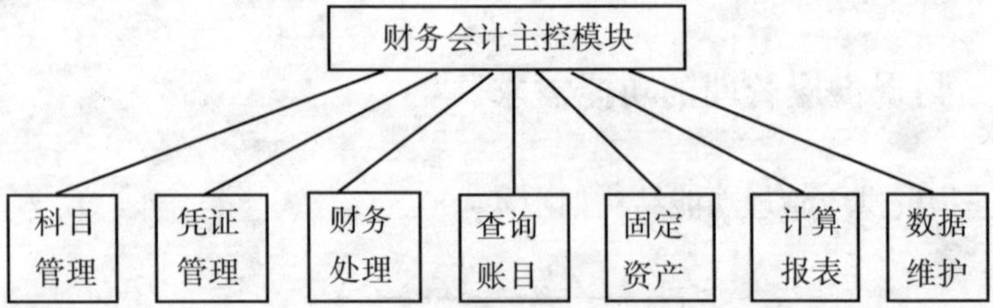

图 4－21 财务会计功能结构图

1．科目管理

科目管理是对酒店财务会计系统为核算企业各项业务所开设的、反映经济业务分类情况的科目进行增、删、改工作的功能。在酒店增加经济业务时，应在科目体系中加以反映，需要增设相应的会计科目。在酒店的某些经济业务发生变化，需要修改或删除不再使用的会计科目时，其过程相对复杂些。酒店过去日常发生的经济业务已通过会计核算体系记录到计算机系统中，而且，系统中记载的各种会计凭证一般是以会计科目编码记录的，如“501001”代表客房部的营业收入，如果根据需要修改该科目的编号或科目名称时，必须对系统中已经记录的所有相应的凭证进行调整，将原有的科目编号改为新的科目编号，以保证原有的凭证记载的经济内容和过去实际发生的经济内容相一致。如果现在某些科目不再使用，需要删除这些科目时，也面临同样的问题：在查阅过去的凭证时，原有的科目编号在科目表中不存在，无法判断该凭证的经济内容。因此，一般的财务会计管理系统不允许删除会计科目，当科目不再使用时，只是在科目表中做出标记。

2．凭证管理

凭证管理完成记账凭证的记录和修改功能，在设计应用系统时，记录记账凭证的屏幕格式应尽量同实际使用的格式相同，见图 4－22。但在修改记账凭证时，会计上是有限制的，即凡是已经记入账簿中的凭证是不允许修改的，可以编制与原凭证相同的红字凭证进行冲减修改，或另行编制补充的凭证；在计算机系统中，凡是进行过账务处理的凭证不允许修改。

科目管理（K）凭证（V）账务（B）查询（L）固定资产（F）报表（P）数据维护（W）退出（Q）

××酒店记账凭证

编号： 日期： 操作员：

序号	科目编号	科目名称	摘要	借方金额	贷方金额

增加（A）删除（D）复制（C）摘要（N）科目查询（M）确认（Y）放弃（Z）

图 4－22 财务会计系统功能界面

3．账务处理

账务处理是将已经记入系统中的记账凭证过入到相应的账务文件中，同时，也限定了对这些凭证的修改。会计报表的产生来自于这些账务文件中的数据。

4．查询账务

查询账务提供按凭证编号、科目编号、科目名称、摘要内容检索记账凭证的功能。

5．固定资产

固定资产是酒店企业的最为重要的资产，由于其占用资金量大、使用时间长、对酒店的经营有重大影响，应加强对固定资产的管理，在会计上需要做专门的处理。编制一般的会计凭证只能从资金上反映经济业务情况，对固定资产的核算还需要从数量上、使用时间上、计算方法上进行记录和反映，使用时间和计算方法是通过固定资产折旧和大修理反映的。这里的固定资产管理功能主要是：为每一固定资产建立会计档案并确定其折旧方法、大修理记录、报废处理。

6. 计算报表

计算报表的功能是定期或不定期地计算、打印主要会计报表(资产负债表、利润表和财务状况变动表）和特殊的会计报表（营业收入表、费用表等)。在手工作业系统中，报表的编制一般是定期按月进行的，使用计算机系统后，应能够随时计算、打印各种报表。

由于财务数据是酒店中最重要的数据，一般由财务部门单独处理，因此，系统中应考虑财务数据的后备和恢复，设置定期将财务数据后备到软磁盘中并可根据需要能够随时将后备在软磁盘中的数据恢复到硬盘的功能。

在上述财务会计管理功能模块中，应特别加入“财务分析”部分。财务分析常常采用比率分析方法，并通过与某种标准的比较来说明问题。如与历史某一时期、与其他企业、与行业平均水平、与计划比率目标等的比较。

比率分析对所有者、债权人和财务及酒店运营的管理人员特别有用。不过比率仅仅是一个指示数，它们既不能解决存在的问题，也无法揭示可能存在什么问题。如果问题可能存在，就需要通过大量的分析和调查来确定新的修正方案。

四、总经理室系统的功能需求

总经理查询子系统的功能模块见图 4－23。

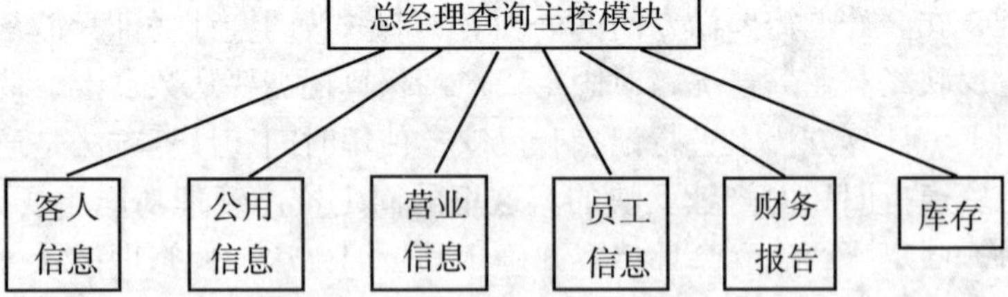

图 4－23　总经理查询功能模块

总经理查询模块是一个单纯的信息输出模块，所输出的信息大多为经过统计汇总处理的信息。客人信息查询和公用信息查询的功能同总台相应的功能模块。营业信息提供当日营业状况的统计报告，这些报告的格式中包括本月、本年等累积信息。员工信息提供酒店在岗员工的各种统计情况，也提供特定条件下查询的功能。财务报告随时提供当月和当年的财务报表，但一般不提供记账凭证细节。库存系统提供仓库的存货统计情况、资金占用情况，也提供按条件查询的功能。

五、系统维护功能需求

系统维护是一个计算机化管理信息系统最重要的功能之一，它并不实现具体的业务管理功能，而是为软件系统的正常运转服务的，它是软件系统的功能是否完备的重要标志，是软件系统在实际单位中能否正常工作的重要保障。由于系统维护功能涉及到软件系统的整体情况，因此，该功能不向一般的信息系统使用者开放，而是由指定专门的系统操作员使用，主要用在系统初始化的过程中或当系统的软件、数据发生故障时使用。

系统维护的功能结构见图 4－24。

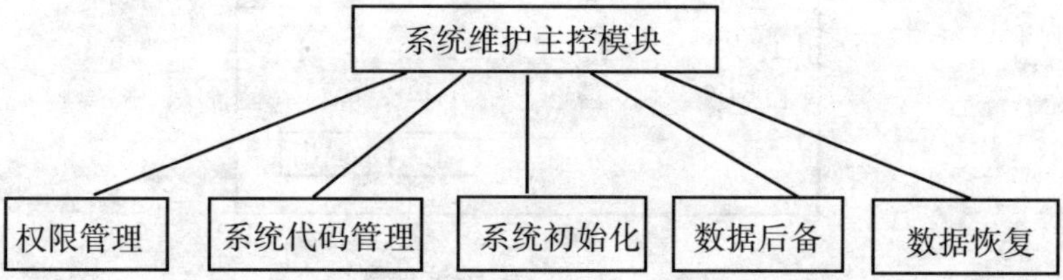

图 4－24 系统维护功能结构图

权限管理是为所有计算机系统操作人员分配权限的功能，在实现过程中，可以通过一张二维表格分配权限，见图 4－25。

工号	姓名	密码	预订	接待	计费	结账	房态	审核	夜处理
015	张　三	cat	T	T	F	F	F	F	F
016	李　四	mise	F	F	T	T	F	T	T
017	王　五	new	F	F	T	T	F	F	F
增加（A）			删除（D）			退出（X）			

图 4－25　权限分配表界面

为保证员工正常地使用所分配的权限，还应为所有的操作员设置进入系统的口令，在各系统启动时提供，由软件系统根据操作员注册时的身份判定该操作员是否有权进入系统以及根据权限表的分配应该进入哪一个功能子系统。系统启动时的注册界面见图 4－26。系统代码管理完成对上述的各类系统代码进行增、删、改的功能。系统初始化是在安装系统时或重新安装系统时，根据酒店具体的情况，对各类系统代码进行最初的设置。

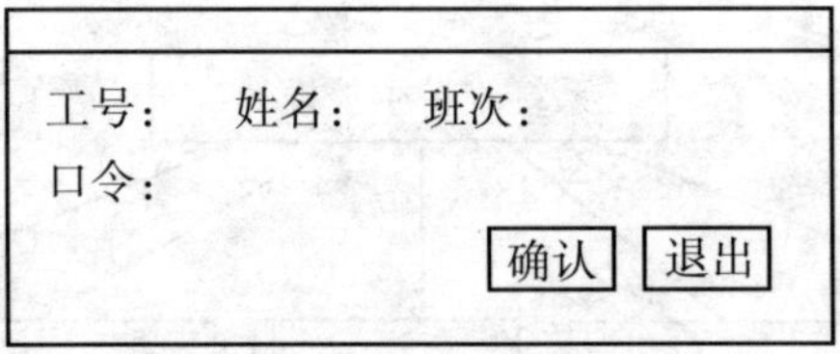

图 4－26　进入系统注册界面

考虑到系统在运行过程中可能会受到病毒和自然灾害等的侵害，造成不可恢复的损坏；也可能随酒店服务业务的不断开展，系统中所保存的数据会越积越多，必须对系统中的数据进行后备。数据的后备方式可以是通过软磁盘、磁带，也可以通过硬磁盘或光盘。在系统出现故障时，对设备进行维修后，通过系统的数据恢复功能，将原来备份出来的数据重新安装到系统中，使系统恢复到最近一次数据备份前的状态。为尽量减少系统故障带来的损失，酒店应当规定每天在进行夜间处理以后对数据进行后备。并且定期更换数据备份用的存储设备，即磁盘、光盘等，避免在系统出现故障需要进行数据恢复时，数据备份的存储设备磨损，不能读出数据。

第五章 酒店管理信息系统的开发与规划

酒店管理信息系统的开发通常是一项耗资大、复杂程度高、时间较长的工程，无论从信息系统本身还是从其开发过程来看，都要求有一个规划性的设计，才能使信息系统有明确的长远目标和科学的开发计划，使得开发出来的系统具有良好的整体性、较高的适应性、较好的可靠性，同时可以缩短开发周期，节省开发费用。酒店管理信息系统的总体规划，着眼于从系统的外部看待信息系统，以及系统的运行环境和运行条件，它是系统设计工作的指南。同时，信息系统又是酒店企业系统的有机组成部分，信息系统规划的目标应服从于企业的整体目标。

第一节 酒店管理信息系统的开发

一、酒店管理信息系统开发概述

（一）管理信息系统开发的任务

管理信息系统开发的任务，简而言之，就是将现有的管理信息系统转换成能满足用户需要、更加有效，并有力支持管理决策目标的具有先进技术的管理信息系统。

具体地说，管理信息系统的任务可以从以下四个方面来分析：

1．满足用户需要。之所以开发新系统，是因为旧系统存在问题，束缚着组织的发展，不能适应用户的需要。作为新系统，必须保证其最终系统能够被用户接受，实现用户的初衷。

2．功能完整。功能是否完整，是指能否覆盖组织的主要业务管理范围。同时，还表现在各部分接口是否完备，数据采集和存储格式是否统一，各部分是否协调一致。

（1）数据处理功能。能对各种形式的原始数据进行存储、分类、处理，以供查询并进行各种统计、综合，并提供各种各样的输出信息。

（2）控制功能。对整体计划的执行情况和主要工作环节进行监测、检查，比较计划和执行情况的差异，进行信息的反馈或根据偏差分析其原因。

（3）预测功能。运用运筹学、统计学进行系统仿真，并根据历史数据预测未来的发展。

（4）决策功能。利用现代数学的方法，在模型和预测的基础上及时找出各种参考方案和最优解，为各级管理者提供决策依据。

（5）公用信息服务功能。为上级单位的网络补充信息，为基层单位或部门以及公共信息网提供信息。

3．技术更先进。正确认识各种先进技术的优劣长短，从而根据组织的实际情况和未来发展将其合理地运用到管理信息系统的开发中去。要努力发挥其高速度、高精度、高密度的优点，也要避免其缺乏灵活性、不便于处理意外情况的弱点。同时，不要为了一味的先进而忽视技术本身的成熟性。

（二）管理信息系统开发的组织与管理

管理信息系统开发周期长、耗费大、参与人员多，并涉及到管理体制、管理方法的变革，因此，必须加强对 MIS 开发过程的控制和管理。虽然加强 MIS 开发过程管理并不一定能保证系统开发成功，但不良的管理方法必然导致系统开发的失败。例如，系统长期不能交付使用，预算超支或软件不能满足用户需求，维护困难等。因此，为了保证系统开发成功，并取得良好的经济效益和社会效益，必须对系统开发工作进行精心地组织与管理。

1. 管理基础工作的标准化、程序化

管理基础工作包括标准化工作、定额工作、计量工作、信息传递、资料存储及规章制度的建立等。这些工作是建立 MIS 的前提，它的好坏将直接影响到 MIS 的质量。如果一个组织的管理基础工作做得不好，不能向管理信息系统提供准确、齐全、有效的数据资料，管理信息系统就不能给出正确、有价值的结论。因此，急于开发管理信息系统是不正确的，应当首先健全组织的管理基础工作，逐步实现基础管理规范化、管理业务程序化、定额指标科学化、信息名称代码化、编码体系标准化。

2. 人力、物力、财力分阶段投入

管理信息系统的开发是一项浩大的工程，需耗费大量的人力、物力、财力。一般而言，建立一个 MIS 少则一年，多则几年，必须按各个阶段的不同需要分期投入，分期开发，及时把握开发进度和安排费用支出，合理分配人力、财力和物力，保证系统开发顺利进行。

3. 进度计划与控制

在总体规划阶段就应制定系统开发大致的进度计划，随着系统分析、系统设计的不断深入，再制定详细的开发进度计划，并指定专人负责。在计划执行过程中，项目负责人要对各项任务进行定期检查。系统开发的进度计划以甘特图或网络管理法的形式表示，以便按期进行检查，保证系统按计划进行。表 5－1 就是以甘特图的形式表示的开发进度安排。

4. 阶段性评审

系统各阶段完成后，要进行阶段评审，审核各阶段的工作，符合要求方可进入下一阶段工作，尤其是要做好系统分析阶段的评审工作，把好质量关，为系统的成功开发打下坚实的基础。

表 5-1 某组织的管理信息系统开发进度安排

序号	工作项目	进度安排		完成者	负责人	提交的文档
		1999	2000			
		6789101112	123456789101112			
1	总体规划			系统规划组	李静	可行性研究报告
2	系统分析			分析、设计组	王平	系统分析说明书
3	系统设计			分析、设计组	赵红	系统设计说明书
4	硬件安装调试			硬件组	武天	硬件调试报告
5	经营子系统开发			编程组	许键	程序说明书
6	产品设计子系统开发			编程组	许键	程序说明书
7	仓储管理子系统开发			编程组	李江	程序说明书
8	生产管理子系统开发			编程组	陈强	程序说明书
9	财务管理子系统开发			编程组	李江	程序说明书
10	人员培训			分析、设计组	王平	人员培训报告
11	系统整体调试			所有小组	李静	整体调试报告
12	系统试运行			所有小组	赵红	试运行结论
13	系统评价			所有小组	李静	评价报告

（三）管理信息系统开发的人员

管理信息系统的开发不仅需要制定明确的开发任务、遵循开发原则，而且还要有高素质的开发人员。只有这样，才能保证 MIS 开发的成功。其主要人员有用户、系统分析员、数据库管理员、硬件网络设计员、系统设计员、程序设计员、项目经理等。

系统分析员：其主要职责是起着用户和系统开发其他人员之间的桥梁和接口作用，是 MIS 开发的核心人员。首先，系统分析员要负责了解用户的想法和需求，并运用自己所具有的计算机专业知识、通信专业知识和正确的开发方法，在头脑中形成一个清晰的轮廓，确立系统应具有的逻辑功能，然后用适当的工具和方法将其表达出来，形成新系统的逻辑方案，这个方案要能充分体现用户的需求并与用户取得共识，同时又能够使系统设计员、程序设计员依此予以系统设计与实施。其次，系统分析员要充分反映用户的利益，负责对系统设计员、程序设计员的工作成果进行评审，看其是否符合逻辑方案中的总体功能要求。最后，在系统测试阶段要与用户共同制定测试标准、制定测试计划、准备测试数据，并通过系统的全面测试对系统的性能加以评审，看其是否达到了预期的目标，还应该有哪些改进。

数据库管理员：其主要职责一是依据新系统逻辑方案中提出的数据需求进行数据库的设计、定义和存储，二是在系统运行中监督和控制数据库的运行，三是做好数据库的维护和改进工作。

硬件网络设计员：其主要职责是依据新系统逻辑方案中提出的对硬件网络的基本要求制定硬件网络配置方案，并负责该方案的全部实施工作。

系统设计员：其主要职责是依据新系统逻辑方案，以及实现系统的硬件、软件环境，进行系统的总体设计、模块设计以及模块之间接口的设计。

程序设计员：其主要职责是依据新系统逻辑方案进行系统的程序设计，实现方案中的各项功能，负责进行用户的使用培训工作，负责系统的测试和试运行。

项目经理：其主要职责是组织和协调好系统开发的各类人员，解决系统开发过程中出现的各种矛盾。可见，项目经理必须有能力解决实际问题，正确而果断地决策，能使参与系统开发的每一个人都能富有成效地工作。有充分理由要求项目经理由组织的高层领导来担任。

用户：在管理信息系统开发中，用户是 MIS 开发的参与者和最终使用者，他们懂得具体的管理需求和信息需求。因此，其主要职责是必须负责地提出系统需求，对其他各类人员所理解、设计并表述的结果进行评审，及时纠正系统开发中的偏差，并在系统正常运行时能够熟练地运用新系统为自身的管理工作服务。当然，在 MIS 开发中要务必做好广大用户的培训工作，提高他们的参与意识和使用新系统的积极性。

二、酒店管理信息系统开发方法

（一）结构化系统开发方法

结构化系统开发方法（Structured System Development Methodology）是自顶向下的结构化方法、工程化的系统开发方法和生命周期法的结合，是迄今为止开发方法中应用最普遍的一种开发方法。

1．结构化系统开发方法的基本思想

结构化系统开发方法的基本思想是：用系统工程的思想和工程化的方法，按用户至上的原则，结构化、模块化、自顶向下地对系统进行分析与设计。也就是说，先将整个管理信息系统的开发划分成若干个不同的阶段，如系统规划、系统分析、系统设计、系统实施等；然后在系统规划、分析和设计阶段采用自顶向下的方法对系统进行结构化划分；最后在系统实施阶段采用自底向上的方法逐步实施。

2．结构化系统开发方法的特点

(1) 面向用户的观点。用户参与程度和评价是衡量系统开发是否成功的关键。因此，在 MIS 开发过程中要面向用户，激发用户热情，使他们与系统开发人员打成一片；同时使系统开发人员更多地了解用户的需求，更深入地理解用户的需求，使新系统更加科学、合理。

（2）自顶向下的分析与设计和自底向上的系统实施。按照系统的观点，任何事情都是联系的整体。因此，在系统分析与设计时要站在整体的角度，自顶向下地工作。但在系统实施时，先对最底层的模块编程，然后一个模块、几个模块地调试，最后自底向上逐步构成整个系统。

（3）严格区分工作阶段。根据系统工程的思想，必须把整个MIS开发过程划分为若干工作阶段，明确每个阶段的任务和目标，并在开发领导小组的检查和督促下严格按照划分的工作阶段逐一完成任务，从而实现预期目标。

（4）深入现场调研。在系统规划和分析阶段，要深入现场，详细地调查研究，尽可能弄清现行系统业务处理的每一个细节，做好总体规划和系统分析，从而描述出符合用户实际需求的新系统逻辑模型。

（5）充分考虑变化的情况。在现实世界中任何一个系统都不是孤立的，而是与其他系统密切相关的。一旦MIS开发的周边环境，如组织的内、外部环境，用户的需求，信息技术等变化，都会直接影响到MIS的开发。因此，必须在系统调查和分析时对将来可能发生的情况给予充分的重视，使新系统具有应付各种变化的适应能力。

（6）工作成果文档化，文档资料规范化、标准化。根据系统工程的思想，管理信息系统的各个阶段的成果必须文档化。只有这样，才能更好地实现用户与系统开发人员的交流，才能确保各个阶段的无缝连接。因此必须充分重视文档资料的规范化、标准化工作，充分发挥文档资料的作用，为提高MIS的适应性提供可靠保证。

3．结构化系统开发方法的五大阶段

由结构化系统开发方法开发一个系统，一般将整个开发过程分成五个首尾相连的阶段，称之为结构化系统开发的生命周期（Life Cycle），如图 5-1 所示。

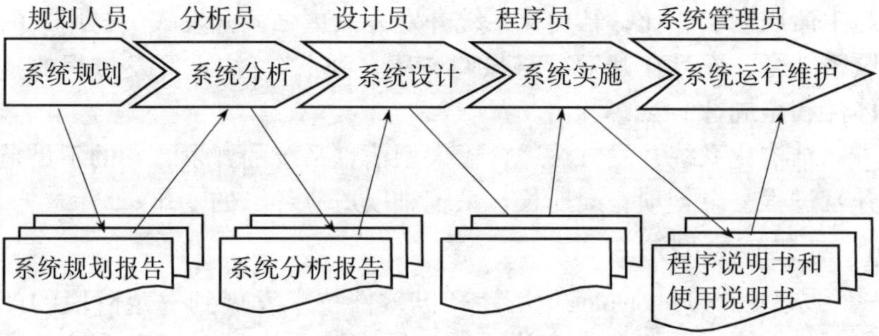

图 5-1　结构化系统开发方法的生命周期

（1）系统规划阶段：根据用户的系统开发请求，进行初步调查，明确问题，确定系统的目标和总体结构，确定分阶段实施进度，最后进行可行性研究。

（2）系统分析阶段：通过对组织的现行系统进行详细分析，作出详尽描述，如分析业务流程、分析数据与数据流程、功能与数据之间的关系，从而提出若干个解决方案，分别进行成本效益分析，最后得出新系统的逻辑模型。

（3）系统设计阶段：根据新系统的逻辑模型，提出新系统的物理模型，进行总体结构设计、代码设计、数据库/文件设计、输入/输出设计和模块结构与功能设计。

（4）系统实施阶段：根据系统设计阶段的文档资料进行软件编程、调试和检错，硬件设备的购入和安装，以及对用户的培训和系统试运行。

（5）系统运行维护阶段：进行系统的日常运行管理、维护和评价三部分工作。若运行结果良好，则送利益相关者；若存在一些问题，则对系统进行修改、升级等；若存在重大问题，则用户只有提出开发新系统的要求，这标志着旧系统生命的结束，新系统的诞生。

以上五大阶段构成了系统开发生命周期。

4. 结构化系统开发方法的优缺点

结构化系统开发方法是在传统生命周期法基础上发展起来的。与生命周期法相比，结构化系统开发方法更强调开发人员与用户的紧密结合，而且在开发策略强调“从上到下”，注重开发过程的整体性和全局性。

结构化系统开发方法适合于大型信息系统的开发，它的不足是开发过程复杂繁琐，周期长，系统难以适应环境的变化。

(二) 原型法

原型法（Prototyping）是计算机软件技术发展到一定阶段的产物。与结构化系统开发方法不同，原型法不注重对管理系统的全面、系统的详细调查与分析，而是本着系统开发人员对用户需求的理解，先快速实现一个原型系统，然后通过反复修改来实现管理信息系统。

1. 原型法产生的前提

(1) 系统需求难以准确定义。一般来说，系统需求在系统开发前难以准确地描述，虽然用户能确定系统的目标和大致的功能，但对具体细节无法说明清楚。

(2) “原型”系统给开发人员和用户提供了一个讨论、交流的良好环境。这是结构化系统开发方法所不具备的。虽然在进行系统的需求分析时图形工作比文字描述优越得多，但仍缺乏直观性和感性特征，存在理解的偏差，而原型提供的交互式使用户面对的是一个生动的系统，使开发人员和用户更好地交流、及时纠正偏差，具有重大意义。

(3) 不同的管理信息系统，其最低层的功能模块和操作方式基本相同。

(4) 管理信息系统逻辑功能的规格说明、物理结构的规格说明及软件功能的说明，可以标准化、统一化和规范化。

2. 原型法的特点

(1) 原型法符合人类认识事物的规律。比如，人们认识任何事物都不可能一次完全了解，认识和学习过程都需循序渐进，人们总是在环境的启发下不断完善对事物的描述。

（2）原型法缩小了用户和系统开发人员的距离，清除了歧义，取得了共识。

（3）开发周期较短。原型法利用了最新的软件工具，丢弃了手工方法,使系统的开发时间、费用大大减少,效率和技术等大大提高。

（4）在系统开发过程中存在着大量反复。大量反复是不可避免的和必要的，应该加以鼓励。因为系统开发人员提供原型的目的就是让用户积极改进现有系统，充分发挥用户的潜在能力，从而改善开发人员和用户之间的关系，实现用户和新系统间的良好匹配。

3．原型法开发的六大阶段

（1）识别基本需求。识别基本需求是开发初始原型的基础。因此，需要对组织进行初步调查，与用户进行交流，收集各种信息，进行可行性分析，从而发现和确定用户的基本需求。用户的基本需求包括：系统的结构、输入和输出要求、数据库基本结构、保密要求、系统接口等。

（2）开发初始原型。初始原型是根据用户的基本需求开发一个初步原型，以便进行讨论，并从它开始迭代。可见，初始原型的质量对生成新的管理信息系统至关重要。假设一个初始原型存在明显缺陷，就会导致重新构造一个新原型。构造一个初始原型一般需要3～6周，最长不能多于两个月，否则就会导致用户丧失信心。

（3）原型评价。系统开发人员和用户通过对原型的操作、检查、测试和运行，不断发现原型中存在的问题，并对功能、界面（屏幕、报告）以及原型的各个方面进行评价，提出修改意见。

（4）修改和改进。根据原型评价阶段所发现的问题，系统开发人员和用户共同修正、改进原型，得到最终原型。当然，第三阶段和第四阶段需要多次反复，直至用户满意。

（5）判定原型完成。判定原型是否完成就是判断有关用户的各项需求是否最终实现。如果已经实现，则进入整理原型提供文档阶段，否则继续修正和改进。

（6）整理原型，提供文档。整理原型，提供文档是把原型进行整理和编号，并将其写入系统开发文档资料中，以便为下一步的运行、开发服务。其中包括用户的需求说明、新系统的逻辑方案、系统设计说明、数据字典、系统使用说明书等。所开发出的系统和相应的文档资料必须得到用户的检验和认可。如图 5－2 所示。

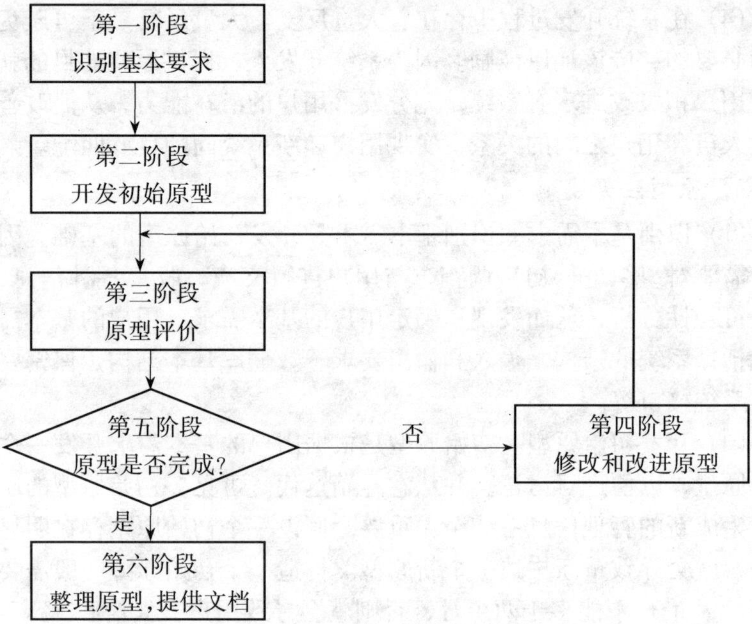

图 5－2 原型法开发的六大阶段

在用原型法开发信息系统时，为了迅速建立和修改原型，需要利用多种软件开发工具，现在已有许多具有实用价值的开发工具出现，有关内容可参见第二章第二节。

原型法贯彻的是“从下到上”的开发策略，它更容易被用户接受。但是，由于该方法在实施过程中缺乏对管理系统全面、系统的认识，因此，它不适用于开发大型的管理信息系统。该方法的另一不足是每次反复都要花费人力、物力，如果用户合作不好，盲目纠错，就会拖延开发过程。

（三）面向对象法

面向对象方法（Object - Oriented Method）产生于20世纪60年代。80年代以来，随着应用系统日趋复杂、庞大，面向对象方法以其直观、方便的优点获得广泛应用。面向对象方法以类、类的继承、聚集等概念描述客观事物及其联系，为管理信息系统的开发提供了全新的思路。

1. 基本思想

系统开发人员首先应根据用户的需求，找出和确定问题领域对象和类，对其进行静态的结构描述和动态的行为描述，然后建立解决领域的模型，用问题领域对象和类、接口对象和类、运行对象和类以及基础与实用对象和类去构成一个体系结构，通过不断地反复与累增，尽可能直接描述现实世界，实现模块化、可重用，完全而准确地满足用户的所有要求。

2. 面向对象法的基本概念

（1）对象：对象是现实世界中具有相同属性、服从相同规则的一系列事物的抽象，也就是将相似事物抽象化，其中的具体事物称为对象的实例。

（2）对象的属性：对象的属性是实体所具有的某个特性的抽象，而实例本身被抽象成对象。获得对象的一组属性的目的在于：①整体性。属性反映了所定义对象的全部信息。②完全分解性。每一个属性只反映对象这个抽象体的某个方面的信息。③相互独立性。属性具有相互独立的取值。

（3）类：类是具有相同属性和相同行为描述的一组对象。比如，人、公司、高校、管理信息系统都是类。类还可以描述如何创建这个类的新对象。

（4）行为：行为是指一个对象对于属性改变或消息（Message）收到后所进行的行动的反映。一个对象的行为完全取决于它的活动。

（5）关系：关系是指现实世界中两个对象或多个对象之间的相互作用和影响。比如，交易关系、师生关系、上下级关系、机器与配件的关系等。

3．面向对象法的特点

面向对象法是以对象为中心的一种开发方法。具有以下特点：

（1）封装性。面向对象方法中，程序和数据是封装在一起的，对象作为一个实体，其操作隐藏在方法中，其状态由对象的“属性”来描述，并且只能通过对象中的“方法”来改变，从外界无从得知。封装性构成了面向对象方法的基础，因而，这种方法的创始人 Codd 和 Yourdon 认为，面向对象就是“对象 + 属性 + 方法”。

（2）抽象性。面向对象方法中，把从具有共同性质的实体中抽象出的事物本质特征概念，称为“类”（class），对象是类的一个实例。类中封装了对象共有的属性和方法，通过实例化一个类创建的对象自动具有类中规定的属性和方法。

（3）继承性。继承性是类特有的性质，类可以派生出子类，子类自动继承父类的属性与方法。这样，在定义子类时，只需说明它不同于父类的特性，从而可大大提高软件的可重用性。

（4）动态链接性。对象间的联系是通过对象间的消息传递动态建立的。

4．面向对象法的四大开发阶段

（1）系统分析阶段。根据用户对系统开发的需求进行调查研究，在繁杂的问题领域中抽象地识别出对象及其行为、结构、属性等。

（2）系统设计阶段。根据系统分析阶段的文档资料，作进一步的抽象、归类、整理，运用雏形法构造出系统的雏形。

（3）系统实现阶段。根据系统设计阶段的文档材料，运用面向对象的程序设计语言加以实现。

（4）系统运行维护阶段。进行系统的日常运行管理、维护与评价工作。

面向对象法的优点是以对象为中心，利用特定的软件工具直接完成从对象客体的描述到软件结构间的转换，缩短了开发周期，是一种很有发展潜力的系统开发方法。缺点是需要一定的软件支撑，并且在大型 MIS 开发中不进行自顶向下的整体划分，而直接采用自底向上的开发，同样会造成系统结构不合理、各部分关系失调等问题。

三、酒店管理信息系统开发的方式

管理信息系统的开发方式主要有自行开发、委托开发、合作开发、利用软件包开发等方式。这几种开发方式各有优点和不足，需要根据使用单位的技术力量、资金情况、外部环境等各种因素进行综合考虑和选择。不论哪一种开发方式都需要使用单位的领导和业务人员参加，并在管理信息系统的整个开发过程中培养、锻炼、壮大使用单位的管理信息系统开发、设计人员和系统维护队伍。

（一）自行开发方式

由用户依靠自己的力量独立完成系统开发的各项任务。这种开发方式适合于有较强专业开发分析与设计队伍和程序设计人员、系统维护使用队伍的组织和单位，如大学、研究所、计算机公司、高科技公司等单位。

自行开发方式的优点是开发费用少，容易开发出适合本单位需要的系统，方便维护和扩展，有利于培养自己的系统开发人员。缺点是由于不是专业开发队伍，除缺少专业开发人员的经验和熟练水平外，还容易受业务工作的限制，系统整体优化不够，开发水平较低。同时开发人员一般都是临时从所属各单位抽调出来进行管理信息系统开发工作的，他们都有自己的工作，精力有限，这样就会造成系统开发时间长，开发人员调动后系统维护工作没有保障的情况。

采用自行开发方式时，应注意以下两点：

（1）需要大力加强领导，实行“一把手”原则；

（2）向专业开发人士或公司进行必要的技术咨询，或聘请他们作为开发顾问。

（二）委托开发方式

由使用单位（甲方）委托通常有丰富开发经验的机构或专业开发人员（乙方），按照用户的需求承担系统开发的任务。这种开发方式适合于使用单位（甲方）没有管理信息系统的系统分析、系统设计及软件开发人员或开发队伍力量较弱、但资金较为充足的单位。开发一个小型管理信息系统需要几万元，开发一个大型管理信息系统则需要几十万、几百万甚至上千万元。甲乙双方应签订管理信息系统开发项目协议，明确新系统的目标与功能、开发时间与费用、系统标准与验收方式、人员培训等内容。

委托开发方式的优点是省时、省事，开发的系统技术水平较高。缺点是费用高、系统维护与扩展需要开发单位的长期支持，不利于本单位的人才培养。

采用委托开发方式应注意以下两点：

(1) 使用单位（甲方）的业务骨干要参与系统的论证工作；

(2) 开发过程中需要开发单位（乙方）和使用单位（甲方）双方及时沟通，进行协调和调查。

（三）合作开发方式

由使用单位（甲方）和有丰富开发经验的机构或专业开发人员（乙方）共同完成开发任务。双方共享开发成果，实际上是一种半委托性质的开发工作。合作开发方式适合于使用单位（甲方）有一定的管理信息系统分析、设计及软件开发人员，但开发队伍力量较弱，希望通过管理信息系统的开发来建立、完善和提高自己的技术队伍，以便于系统维护工作的单位。

合作开发方式的优点是相对于委托开发方式比较节约资金，可以培养、增强使用单位的技术力量，便于系统维护工作，系统的技术水平较高。缺点是双方在合作中沟通易出现问题，因此，需要双方及时达成共识，进行协调和调查。

（四）利用现成的软件包开发的方式

目前，软件的开发正在向专业化方向发展。一批专门从事管理信息系统开发的公司已经开发出一批使用方便、功能强大的应用软件包。所谓应用软件包是预先编制好的、能完成一定功能的、供出售或出租的成套软件系统。它可以小到只有一项单一的功能，也可以是有 50 万行代码的、400 多个模块组成的复杂的运行在主机上的大系统。为了避免重复劳动，提高系统开发的经济效益，可以利用现成的软件包开发管理信息系统，购买现成的应用软件包或开发平台，如财务管理系统、小型企业管理系统、供销存管理信息系统等等。该开发方式对于功能单一的小系统的开发颇为有效，但不太适用于规模较大、功能复杂、需求量的不确定性程度比较高的系统开发。

利用现成的软件包开发这一方式的优点是能缩短开发时间，节省开发费用，技术水平比较高，系统可以得到较好的维护。缺点是功能比较简单，通用软件的专用性比较差，难以满足特殊要求，需要有一定的技术力量根据使用者的要求做软件改善和编制必要的接口软件等二次开发的工作。

总之，不同的开发方式有不同的优点和缺点，需要根据使用单位的实际情况进行选择，也可以综合使用各种开发方法。

第二节 酒店管理信息系统总体规划

一、信息系统发展的阶段理论

把计算机应用到一个单位的管理中去，一般要经历从初级到成熟的成长过程。美国哈佛大学教授诺兰（Nolan）总结了这一规律，于 1973 年首次提出了信息系统发展的四阶段理论，被称为诺兰阶段模型（Nolan's stage hypothesis）。到 1979 年，诺兰进一步完善该模型，把信息系统的成长过程划分为六个不同阶段。

第一阶段：初始阶段

初始阶段指单位购置第一台计算机并初步开发管理应用程序。该阶段，计算机的作用被初步认识到，个别人具有了初步使用计算机的能力。一般初始阶段大多发生在单位的财务部门。

第二阶段：推广阶段

随着计算机应用初见成效，信息系统（管理应用程序）从少数部门扩散到多数部门，并开发了大量的应用程序，使单位的事务处理效率有了提高，这便是所谓的推广阶段。显然，在该阶段中，数据处理能力发展得最为迅速，但同时出现了许多有待解决的问题，如数据冗余性、不一致性、难以共享等。可见，此阶段只有一部分计算机的应用收到了实际的效益。

第三阶段：控制阶段

管理部门了解到计算机数量超出控制，计算机预算每年以30%～40%或更高的比例增长，而投资的回收却不理想。同时随着应用经验逐渐丰富，应用项目不断积累，客观上也要求加强组织协调，于是就出现了由企业领导和职能部门负责人参加的领导小组，对整个企业的系统建设进行统筹规划，特别是利用数据库技术解决数据共享问题。这时，严格的控制阶段便代替了推广阶段。诺兰认为，第三阶段将是实现从以计算机管理为主到以数据管理为主转换的关键，一般发展较慢。

第四阶段：集成阶段

所谓集成，就是在控制的基础上，对子系统中的硬件进行重新联结，建立集中式的数据库及能够充分利用和管理各种信息的系统。由于重新装备大量设备，此阶段预算费用又一次迅速增长。

第五阶段：数据管理阶段

诺兰认为，“集成”之后，会进入“数据管理”阶段。但20世纪80年代时，美国尚处于第四阶段，因此，诺兰没能对该阶段进行详细的描述。

第六阶段：成熟阶段

一般认为，“成熟”的信息系统可以满足单位中各管理层次（高层、中层、基层）的要求，从而真正实现信息资源的管理。

诺兰阶段模型还指明了信息系统发展过程中的六种增长要素：

（1）计算机硬软资源：从早期的磁带向最新的分布式计算机发展；

（2）应用方式：从批处理方式到联机方式；

（3）计划控制：从短期的、随机的计划到长期的、战略的计划；

（4）MIS 在组织中的地位：从附属于别的部门发展为独立的部门；

（5）领导模式：一开始技术领导是主要的，随着用户和上层管理人员越来越了解 MIS，上层管理部门开始与 MIS 部门一起决定发展战略；

（6）用户意识：从作业管理级的用户发展到中、上层管理级。

诺兰阶段模型的创立，旨在用一种简捷清晰的方式描述出企业引入并展开 IT 技术应用的一般过程，以计算机在企业中的应用规模以及企业在 IT 应用上的资源投入大小（IT 开销）为尺度，在整体的层次上辨析出 IT 技术向企业经营活动渗透的轨迹。从另一个角度而言，这一吸收过程也可以看作是 IT 应用的组织学习过程。

诺兰阶段模型总结了发达国家信息系统发展的经验和规律。一般认为模型中的各阶段都是不能跳跃的。因此，无论在确定开发管理信息系统的策略，或者在制定管理信息系统规划的时候，都应首先明确本单位当前处于哪一成长阶段，进而根据该阶段特征来指导 MIS 建设。

我国酒店企业从 20 世纪 80 年代初开始引入 IT 技术，在最近 20 年的发展中，不少星级酒店的信息系统都经历了从初始到推广，现正在向集成和数据管理阶段发展的历程。从预订排房、客账处理到电话自动计费、电子门锁系统，从前台对客服务到后台应用管理，从微机到网络，系统的集成功能在不断地增强，技术性能在不断地提高，用户界面日趋友好，越来越多的酒店也因此实现了前后台作业的自动化。但是另一方面我们也应该清楚地看到，对于目前国内绝大多数酒店来说，IT 技术的应用仅仅停留在基本的操作层面，系统输出主要的是表现为统计报表形式，真正应用在企业高层管理和战略服务的却少之又少，也就是说 IT 应用还远没有触及企业的灵魂。那么，究竟怎样才能合理地规划酒店企业的信息化进程呢？应该说，诺兰的信息系统阶段理论为酒店企业的信息化定位提供了一个很好的模型。

二、管理信息系统总体规划的任务

管理信息系统规划是一个组织的战略规划的重要组成部分，是关于管理信息系统长远发展的规划。这项工作的好坏是管理信息系统成败的关键。

管理信息系统规划的主要任务是：

1. 制定管理信息系统的发展战略

管理信息系统服务于企业管理，其发展战略必须与整个企业的战略目标协调一致。制定管理信息系统的发展战略，首先要分析企业的目标和发展战略，评价现行信息系统的功能、环境和应用状况。在此基础上确定管理信息系统的使命，制定管理信息系统的目标及相关政策。

2. 制定管理信息系统的总体方案、安排项目开发计划

在调查分析企业信息需求的基础上，提出管理信息系统的总体结构方案。根据发展战略和总体结构方案，确定系统和应用项目开发次序及时间安排。

3. 制定系统建设的资源分配计划

提出实现开发计划所需要的硬件、软件、技术人员、资金等资源，以及整个系统建设的概算，进行可行性分析。

三、管理信息系统总体规划的步骤

1. 确定规划的性质。明确 MIS 战略规划的年限及具体方法。

2．收集相关信息。

3．进行战略分析。对 MIS 的目标、开发方法、功能结构、计划活动、信息部门的情况、财务情况、风险程度和政策等进行分析。

4．定义约束条件。根据单位的财务资源、人力及物力等方面的限制，定义 MIS 的约束条件和政策。

5．明确战略目标。根据 3、4 的结果，确定 MIS 的开发目标，明确 MIS 应具有的功能、服务范围和质量等。

6．提出未来的略图。给出 MIS 的初步框架，包括各子系统的划分等。

7．选择开发方案。选定优先开发的项目，确定总体开发顺序、开发策略和开发方法。

8．提出实施进度。估计项目成本和人员需求，并列出开发进度表。

9．通过战略规划。将战略规划形成文档，经单位领导批准后生效。

四、管理信息系统开发策略的确定

系统开发的策略有："自下而上"方法、"自上而下"方法和"综合"方法。

1．"自下而上"方法

"自下而上"的开发方法是从现行系统的业务状况出发，先实现一个个具体的功能，逐步由低级到高级建立 MIS。因为任何一个 MIS 的基本功能都是数据处理，所以，"自下而上"方法首先从研制各项数据处理应用开始，然后根据需要逐步增加有关管理控制方面的功能。一些组织在初始和推广阶段各种条件（设备、资金、人力）尚不完备，常常采用这种开发策略。其优点是可以避免大规模系统可能出现运行不协调的威胁，但缺点是不能像想象那样完全周密，由于缺乏从整体系统出发考虑问题，随着系统的进展，往往要作许多重大修改，甚至重新规划、设计。

2."自上而下"方法

"自上而下"的开发方法强调从整体上协调和规划，由全面到局部，由长远到近期，从探索合理的信息流出发来设计信息系统。由于这种开发策略要求很强的逻辑性，因而难度较大，但这是一种更重要的策略，是信息系统的发展走向集成和成熟的要求。整体性是系统的基本特性，虽然一个系统由许多子系统构成，但它们又是一个不可分割的整体。

3."综合"方法

由于自上而下的方法适宜于系统的总体规划，自下而上的方法适宜于系统设计、系统实施阶段，因而，实际使用时往往将两种方法综合起来，发挥各自的优点。采用自上而下的方法进行总体规划，将企业的管理目标转化为对信息系统的近期和长远目标，新系统的设计和实现采用自下而上的方法。

五、管理信息系统总体规划的方法

制定MIS战略规划的方法有多种，在此，我们只介绍企业系统规划法和关键成功因素法的基本原理。

（一）企业系统规划法

企业系统规划法（Business System Planning，简称BSP）是一种对企业管理信息系统进行规划的结构化方法。这种信息系统开发方法是最早也是影响最广的一种总体规划方法，它能帮助企业形成信息系统的规划和控制机制，改善对信息需求和数据处理资料的使用，从而成为开发企业信息系统总体规划的有效方法之一。

BSP的主要规划过程可以概括为：

1.描述企业的战略目标

首先，对企业高层管理人员进行深入的调查，问题主要是关于他们如何使用信息，从哪里获取信息，企业目前所处的环境是什么，企业的目标是什么，他们是如何决策的以及他们需要什么信息用以帮助他们进行决策等情况。

2. 定义企业过程

了解业务处理过程是了解信息系统需求和识别关键数据需求的基础，定义业务处理过程是 BSP 方法的核心。可以根据企业目标和系统总体需求分析，从战略计划与控制、产品生产和服务以及辅助资源这三个方面来识别业务处理过程。

(1) 战略计划和控制是指一个企业长期的总体计划、投资计划、资源开发计划等。例如企业发展目标、市场产品预测、组织规划、员工水平规划、投资、资产计划等。战略计划与控制不仅仅是针对某一资源（产品与服务）而做的，所以识别过程时应单独考虑。

(2) 产品生产和服务功能应该从企业组织的工作目标去考察，从各部门工作职责和业务流程中去提取。一个企业的产品生产和服务系统功能的数目没有完全一致的规定，但一般认为整个企业的组织是产品生产和服务系统的体现，在功能识别过程中可能已开始整理出的功能数目较多，经仔细推敲可以合并。

(3) 辅助资源是一个企业必需的部分，包括人、财、材料、设备。管理人员通过管理各种资源支持他们的管理目标，只有研究他们管理资源的各种活动和决策过程才能总结出企业各组织的管理功能。一般从对资源的需求、计划工作等活动开始，接着进行资源的开发活动，激活资源的活动，例如产品的生产、人员的聘用、材料的组织与采购等。资源还有存储和服务活动，最后终止资源的活动和决策。

3. 定义数据类

在定义了企业过程之后，下一步的工作是对由过程所产生、控制和使用的数据，按逻辑上的相关性进行分析和归并，以减少数据的冗余，为数据库开发作准备。为使以后工作方便，应写出每个数据类的定义，并说明它所包含的数据。

4．定义信息结构

定义信息结构对由过程所产生、控制和使用的数据，按逻辑上的相关关系进行分类和归并并找出 U/C 矩阵的分组，以便确定相应的业务过程和潜在的系统项目。

BSP 法的优点在于利用它能够保证信息系统的独立于企业的组织机构，也就是能够使信息系统具有对环境变更的适应性。即使将来企业的组织机构或管理体制发生变化，信息系统的结构体系不会受到太大的冲击。

（二）关键成功因素法

关键成功因素指的是对企业成功起关键作用的因素。CSF 法（Critical Success Factors，简称 CSF）就是通过分析找出使得企业成功的关键因素，然后再围绕这些关键因素来确定系统的需求，并进行规划。

1．CSF 法的基本思想

CSF 法是一个由组织目标、关键成功因素和关键性能指标组成的复合概念体系。CSF 法的意义在于为组织的高层管理者成功履行自己的管理职责、实现组织目标提供了一个清晰的思路和有效的方法，即：管理者可以根据组织的目标确定关键成功因素，制定和描述相应关键成功的关键性能指标，紧紧围绕关键成功因素开展工作并凭借关键性能指标评价管理工作成效，从而形成一个以组织目标为设定值，以调控行为的成效为检测结果的包括组织目标、管理者和信息系统在内的反馈控制系统。

2．CSF 法的实施步骤

CSF 法的实施包括三个方面的内容，即组织目标的确定与分解、CSF 的确定及相应的 KPI 的制定。其具体实施步骤如下：

（1）组织目标的确定与分解

组织的目标应依据组织内外的客观环境条件制定，保证其切实可行。在目标确定后，可视需要将其按下属部门和业务单位分解为若干个合适的下级子目标。

（2）确定 CSF

能否正确地确定 CSF 是 CSF 法成功的关键。在实际应用中，CSF 可按下述步骤确定：首先，根据已经确定并合适分解了的组织目标列举与目标实现有关的所有因素；其次，讨论这些因素与目标之间的关系以便明确诸因素地位的主次、作用的大小及其相互关系，进而决定哪些因素应该合并，哪些应该忽略，经过筛选而保留那些确有关键作用的因素，并制定相应的评价指标。

（3）确定 KPI

关键性能指标 KPI（key performance indicators，KPI）包括硬数据和软数据两类。硬数据指的是那些能直接用数字表示的反映内部生产、经营和管理状况及外部运行环境的各种原始数据或经过加工后得出的综合数据，如销售收入、盈利或亏损等。软数据指的是诸如反映人际关系、思想倾向、精神状态、满意程度以及新闻、谣传、想法等一些不能直接用数字表示的各种信息。

关键性能指标 KPI 的确定应当在 CSF 确定之后进行。既然 KPI 是用于描述和度量 CSF，那就要求它在操作上是可控的，对 CSF 的度量结果是可信的。需要强调的是，必须坚持业务和管理人员参与的原则，以确保 CSF 法的成功。

第三节　酒店管理信息系统的可行性研究

在做完总体规划之后，根据开发先后顺序的安排，确定近期需要开发的信息系统。这时就要仔细分析信息系统的开发是否可行，对目标系统进行可行性研究。此研究要从系统调查入手，再进一步从技术上、经济上和社会效益等方面论证其可行性，最后提交一份可行性研究报告。

一、系统的初步调查

用户提出管理信息系统的开发要求后，系统开发人员必须对酒店经营的总貌及其对信息处理的需求进行初步调查，确定用户的开发要求是否可行。

（一）用户需求分析

初步调查的第一步就要从用户提出新系统开发的缘由、用户对新系统的要求入手，考察用户对新系统的需求，预期新系统要达到的目的，包括对新系统的功能、性能的要求以及新系统的运行环境、限制条件等。

对用户需求进行分析是非常必要的，用户的初始需求与对项目目标的确切陈述之间是有相当距离的。

为了完成系统规划，开发人员在需求调查中要认真确认以下几个方面：

1．信息需求和非信息需求

在初步调查中，未来的酒店管理信息系统的使用者常常是不区分信息需求和非信息需求的。例如，他们把对管理组织、人员、设备的要求和对信息的要求混在一起提出来。其中，有许多要求可以被认为和信息处理没有明显关系，在调查中必须注意将这些要求去掉。

2．可量化需求和模糊需求

用户的要求也不都是可以数量化的，但是在管理信息系统中计算机处理的信息一般都只限于已经量化的信息。尽管人们也在研究模糊数学应用于管理决策过程，不过在目前酒店的信息管理中尚不能找到这样的实例。因此，系统开发人员必须区分使用者所提要求中哪些需求是可以量化的，将它们作为管理信息系统处理的对象。对于那些非量化需求，也要注意它们很可能和管理信息系统的使用相关，往往涉及一些配合 MIS 应用所需的对员工管理工作规程的特别要求。

3．功能需求和技术性能需求

即使用户所提的要求确实属于对管理信息系统的需求，我们对这些需求仍可以区分它是功能需求还是技术性能需求。根据实践经验可知，功能需求更加重要，直接涉及如何确定系统的目标和功能定义、结构定义，而技术性能需求则更多地影响到MIS将采用何种计算机硬件系统以及何种软件工具。这些需求涉及管理信息系统的信息处理能力、输入和输出能力、响应时间、可靠性、可扩充性、保密性、可维护性、环境适应性等各个方面。

4．系统输入要求和系统输出要求

按照一般的讲法，信息系统主要涉及信息的收集、存储、加工、传递和显示，但是从另一个角度也可以讲，信息系统主要涉及系统的信息输入、内部信息结构、处理算法、系统的信息输出。其中，在初步调查时，首先要摸清系统的输入要求和系统的输出要求。此两者既反映了用户对系统的功能要求，又涉及对系统人机对话的具体要求，从使用者角度自然要受到人们的格外重视；从设计者角度，它们同样是格外重要的。在实践中一些调查人还特别愿意从调查系统的输入和输出入手，感觉这种做法就比较容易把握信息系统的脉络，尤其是调查经验不多的调查人员更容易产生这种想法。

5．对信息处理的顺序、频率和周期的要求

信息处理主要涉及信息的收集、存储、加工、传递和显示。在这五个方面，不同信息处理在相互间总是存在着一定的处理顺序、一定的处理频率和一定的处理周期。

（1）信息处理顺序是多种多样的

①并行处理：两项信息处理可以分别进行，相互之间不必约定先后的顺序。它们可以同时，也可以不同时。

②顺序处理：两项信息处理存在着先后次序，必须先进行某一项信息处理之后，才可以进行另一项处理，否则将产生错误或混

乱。

这种顺序处理又可以区分不同的情况，例如：

连续处理，即把早已完成的某项信息处理结果拿来参与和控制当前的信息处理。汇总处理，即在几项信息处理之后再进行某一项综合性信息处理。

③反复处理：它是指在一定条件下，一项信息处理中可能将返回到先前已经做过的另一项信息处理中继续工作。

对于经过一项信息处理后无条件地返回到已经做过的另一项信息处理，则应该视其为顺序处理（连续处理），而不必视为反复处理。这里提到的反复处理，是指在特定条件下才发生的，条件不满足时并不发生。需要明确一点：有时这种反复处理也可能是多次的，即多次反复。

④分支处理：它是指在不同条件下，一项信息处理将转向不同的其他信息处理过程。

（2）在企业中的信息处理频率大致可以分为两种

①固定频率，例如会计系统中常见的会计期末处理（大多一月一次）。

②不固定频率，例如信息系统中的容错处理或是对偶然发生的故障进行处理。显然，一些不固定频率的信息处理在调查中容易被忽视，因此更要特别注意。

（3）信息处理周期应当是明确的

任何事物都有其时间和空间要素，信息处理也是如此，周期就体现出信息处理的时空特征。在酒店经营中，信息处理的周期大多是年、季、月、日。

总之，上面讨论的五个方面，都需要我们在需求调查中认真对待。在某一个酒店的调查中，任何一个方面都有可能是很难确认的。更为复杂的是，在这五个方面相互之间仍会有着许多的交叉，这使得我们的调查工作更加复杂。

（二）企业概貌调查

在初步调查中，需求调查是核心任务，但是大量的工作是概貌调查。它包括对酒店目前的整个经营管理体系的概貌调查以及对酒店经营管理活动中信息处理的概貌调查。

1. 管理系统的调查

这种调查是总体性调查，可以分为如下三个步骤：

(1) 调查并编制组织结构图；

(2) 调查部门之间的业务关系，了解它们的相互协作；

(3) 大致摸清部门之间的信息界面。

在酒店的经营管理中，各个部门都必须有其各自明确的组织结构、岗位职责以及相关的操作规程。

例如，图 5-3 是人事培训部的组织结构图，以图中的人事主任为例，其岗位职责和具体工作可有类似如下的安排。

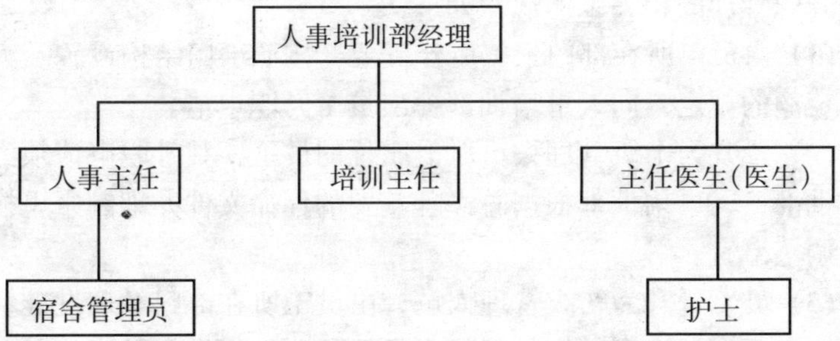

图 5-3 人事培训部组织结构图

岗位职责：

负责办理员工的招聘、离职、调动及劳动保险手续，核算薪金，安排员工住宿及处理日常人事、劳动工资事务。

具体工作说明：

(1) 负责做好招聘员工的准备工作，审核求职者个人资料。

(2) 负责收集国家及省市有关人事劳动政策的文件和规定，建立人事档案，记录有关数据，做好统计工作。

(3) 办好员工入职、离职及调动手续，并负责员工更衣柜的管理及钥匙的发放、保管员工卡及工号章的制作和发放。

（4）负责处理员工入职前的例行体检，以及在职员工的常规体检事项。

（5）负责做好文件、资料的上传下达，以及打印、收发、登记、存档和保管工作。

（6）负责各部门员工考勤及膳食情况的计算机资料统计工作。

（7）负责员工住宿区的管理工作，检查并落实住宿安排、环境卫生、来访登记以及日常安全消防等工作。

（8）做好办公室的日常清洁卫生工作，完成部门经理交办的其他工作任务。

再如人事主任负责的各项工作：招聘、员工内部调动、员工离职、员工升职、工资管理，各自又都有其明确的工作规程。例如对员工升职管理的相关工作规程如下：

（1）由员工所在部门根据工作需要，按照部门结构设置及人员编制定额的规定，向人事培训部提出员工升职申请。

（2）晋升为中级管理人员以上职位的员工，其升职申请须经总经理批准，人事培训部根据总经理签发的任命文件办理制服更换及薪金调整事宜。

（3）员工晋升为初级管理人员，由员工所在部门经理批准，报人事培训部，经人事培训部经理审核后，通知培训主任安排其参加升职培训。

（4）升职培训合格，由人事培训部经理核准后，再通知人事主任为其办理制服更换及薪金调整事宜。

（5）员工升职的有关材料均由人事培训部备案存档。

（6）被提升为管理人员的人选，必须有从事其工作不少于一年的实际工作经验，特殊情况由部门经理与人事培训部经理协商解决。

类似以上示例所介绍的部门编制、岗位职责、工作规程，在一些酒店里，尤其是在那些已经由酒店管理公司管理的酒店，我们可以找到比较完整的资料，例如已经整理成册的酒店管理与服务规程。此时的概貌调查就比较方便,很快就可以进入对各部门之间协作关系的分析,即把握酒店经营活动总体中各个部分之间的有机联系。

2. 信息系统的调查

在部门之间的信息界面大致已经摸清的基础上,我们就可以转入信息系统调查。这种调查同样可以分成几个步骤:

(1) 由各部门间的信息界面出发,了解部门处理的信息对象,各部门之间的信息界面涉及往来的文件、票据、报表、电话,同时涉及信息的格式、媒体、数量、频率。

(2) 综合各部门各自处理的信息对象,以及各部门之间信息交流界面,归纳出酒店经营活动中信息流的主要集散和最重要的基础信息。

(3) 如果酒店中已有 MIS,要了解 MIS 与信息系统之间的关系。例如在信息处理上管理的范围如何,再如对信息处理的质量控制如何。

(4) 无论酒店中有或没有 MIS 存在,都要了解对新 MIS 的新要求。

(5) 对重点基础信息进行深入调查,涉及信息内容、输入要求、加工处理算法和过程、输出要求、性能要求、规范化程度。

(三) 新系统的开发条件

初步调查不仅要为论证新系统的必要性收集材料,更要为论证新系统开发的可能性提供充分的依据。这方面的调查包括:

1. 企业领导、管理部门负责人和广大管理人员对开发新系统的态度。

2. 目前的管理基础工作是否完善,管理部门的机构是否健全,职责与分工是否明确和合理,规章制度是否齐全,各项主要管理业务是否科学合理等等。

3. 可提供的资源如何。包括可投入系统开发的人力(数量和质量)、物力(计算机设备、通信设备和辅助设备)和财力。

4. 约束条件。是指一些不以系统开发人员的主观努力为转移、对系统开发起限定作用的某些情况。

二、新系统方案设想

在对系统做了初步调查以后，开发者应根据实际情况对下述问题作出抉择：现有系统是否完全有推倒重来的必要性、如果完全推倒重来的话应该按何种方式和规模组织开发、这些方案执行的可行性如何等等。

1．方案的设计

新系统方案初步设想包括如下几个方面：新系统的定位、新系统的规模、新系统拟覆盖的范围、新系统应解决的主要问题、新系统预计的投入和产出比。

2．方案的选择

通过可行性分析，如果结论是系统开发工作可以立即进行，那么就要对新系统的开发提出方案和制定开发计划。主要考虑这些内容：系统范围和目标，包括系统的功能、性能、接口和可靠性等问题；资源需求和选择意向，包括应该到位的资金、硬件、软件和人员；制定新系统开发进度表。

通常总要构思或考虑若干个可选的方案，并说明各自的特点，然后在其中选择一个较好的作为首选方案。在方案的选择中一般应考虑：

(1) 方案是否照顾到了企业目前的情况，同时也考虑了今后的发展需求。

(2) 方案在规模上是否与企业的管理水平、经济能力和技术能力相适合。

(3) 根据数据处理量的大小、对数据处理的时间要求、输入输出的频繁程度等因素，分析是否选择了合适的计算机系统结构和设备。

(4) 选择效益高、手工操作复杂、数据处理量大、时间要求高的子系统作为第一开发对象。

(5) 选择成本费用较低、开发周期较短、见效较快的方案。

三、可行性研究的内容

可行性研究的任务是明确应用项目的开发的必要性和可行性。必要性来自实现开发任务的迫切性，而可行性则取决于实现应用系统的资源和条件。管理信息系统的可行性研究应从管理、技术和经济三个方面考虑。

(一) 管理上的可行性

指管理人员对开发应用项目的态度和管理方面的条件。主管领导不支持的项目肯定不行。如果高中层管理人员的抵触情绪很大，就有必要等一等，积极做工作，创造条件。管理方面的条件主要指管理方法是否科学，相应管理制度改革的时机是否成熟，规章制度是否齐全以及原始数据是否正确等。

(二) 技术上的可行性

这方面应分析当前的软、硬件技术能否满足对系统提出的要求(如增加存储能力、实现通讯功能、提高处理速度)。此外，还要考虑开发人员的水平。信息系统属于知识密集型，对技术要求较高，如果缺乏足够的技术力量，或者单纯依靠外部力量进行开发，是很难成功的。

(三) 经济上的可行性

主要是估计费用支出和对项目的经济效益进行评价。在费用支出方面，不仅要考虑主机费用，而且要计算外围设备费用、软件开发费用、人员培训费用和将来系统投入运行后的经常费用（如管理、维护费用）和备件费用。经济效益应从两方面综合考虑，一部分是直接经济效益，如加快流动资金周转，减少资金积压等。把这种效益与系统投资、运行费用相比，可以估算出投资回收期。另一部分是间接经济效益，例如提供更多的高质量的信息，提高取得信息的速度等。

据国外统计，管理信息系统的效益按其重要性排列如下：

● 提供以前提供不了的统计报表和分析报告；
● 提供比以前更为准确、及时、适用、易理解的信息；
● 为领导决策提供了有力支持；
● 促进体制改革，提高工作效率；
● 减少人员费用；
● 改进服务，增强顾客信任，提高企业的竞争地位；
● 改善工作条件；
● 将来需要的潜力。

由此看来，管理信息系统的效益主要是难以用货币表现的间接效益。

综上所述，在进行酒店管理信息系统的可行性研究时，技术上或经济上的可行性分析工作并不是重点。在许多酒店中经常有这样的情况，即人们进行管理信息系统建设时，所需资金往往都不构成多么大的障碍，技术性能指标也往往不必过于苛求，允许有较大的调整幅度。因此，经济方面和技术方面的可行性分析比较容易就可以通过，而管理方面的可行性必须进行细致的分析，如果对它有所轻视，由此产生了有缺陷的分析结果，就可能会影响所制定的实施计划的科学性，也可能会影响日后系统所取得的效益。

四、可行性研究报告

可行性研究报告是系统开发人员对现行系统进行初步调查和研究之后的结论，它反映了系统开发人员对新系统开发的看法和设想。可行性研究报告一般要提交到企业决策者、部门领导、业务人员及系统开发人员参加的正式会议上讨论。

一般可行性研究报告包括以下内容：

1. 引言

包括摘要、背景、参考和引用的资料和专门术语的定义。

2. 系统建设的背景、必要性和意义

(1) 现行系统的调查研究。指组织机构、业务流程、工作负荷、费用、人员、设备、计算机应用情况和现行系统中存在的主要问题和薄弱环节。

(2) 需求调查和分析。包括用户提出的需求及考虑经济改革和发展的需要进行干预的结果。

3. 新系统几种方案的介绍

一般要求提出一个主方案和几个辅助方案。

(1) 拟建系统的目标。可以从以下几个方面考虑：促进管理体制的改革和改进管理手段；改进决策方法和依据；提高和改进管理信息服务；增强资源共享；减少人力和设备费用；提高社会和经济效益；改进人员利用率；拟建系统满足需求程度。

(2) 系统规模及初步方案。包括系统规模、组成和结构。

(3) 系统的实施方案。

(4) 投资方案。包括数量、来源及时间安排。

(5) 人员培训及补充方案。

(6) 其他可供选择的方案。

4. 可行性研究

(1) 技术上的可行性，包括现有技术的估价、使用现有技术进行系统开发的可行性、对技术发展可能性产生的影响进行预测、关键技术人员的数量和水平估计。

(2) 经济上的可行性，包括现有经济条件分析、开发费用分析、运行费用分析、对系统效益的估计和经济可行性的分析。

(3) 系统运行的可行性分析，包括系统对组织机构影响的可行性、人员适应的可行性和环境条件的可行性。

5. 几种方案的比较分析

若结论被认为是可行的，则给出系统开发的计划，包括各阶段人力、资金、设备的需求和开发进度。

6. 结论

可按某方案立即进行，或等待某些条件成熟后再进行，如不可行必须停止。

第六章 酒店管理信息系统的分析、设计和实施

酒店管理信息系统是一个复杂而庞大的系统工程。其运行效率、可靠性、安全性、稳定性直接关系到酒店的经济效益和服务质量。面对这样的系统，必须遵循开发管理信息系统的理论、方法和手段，有计划、有组织地进行开发。

第一节 系统分析

系统分析是系统开发的第一阶段，也是系统生命周期的最初阶段，其任务是：彻底了解用户的需求，对选定对象进行调查和分析，明确系统目标，提出新系统的逻辑模型并完成系统分析报告。系统分析是设计合理、优化的重要步骤。这个阶段的工作深入与否，直接影响到系统的设计质量和经济性，因此，必须予以高度重视。

由于新系统建立在现有系统或手工系统的基础上，为了使新系统比当前系统更加经济有效，必须首先做好对当前系统的详细调查分析。

系统分析的内容很多，如信息需求分析、用户结构分析、管理业务状况分析、数据流程分析等。为了便于分析人员和管理人员之间进行业务交流和分析问题，在调查分析过程中应尽量使用各种形象、直观的图表工具。图表工具很多，图表 6－1 列示了系统分析

中常用的图表工具。

表 6－1　系统分析常用的图表

<table>
<tr><th>图表名称</th><th>图表用途</th></tr>
<tr><td>组织结构图</td><td>描述用户的组织结构</td></tr>
<tr><td>管理业务流程图</td><td rowspan="2">描述管理业务的现状</td></tr>
<tr><td>表格分配图</td></tr>
<tr><td>数据流程图</td><td rowspan="3">描述和分析数据、数据流程及功能</td></tr>
<tr><td>判断树</td></tr>
<tr><td>决策表</td></tr>
</table>

一、系统详细调查及用户需求分析

在对管理信息系统进行总体规划时，经过初步调查，初步明确当前现行系统的目标任务、组织结构和管理体制及其分工，对用户单位的经济状况、管理水平和外部联系都有所了解，并分析目前存在的主要问题及薄弱环节，在此基础上进行可行性分析。当系统开发人员和用户一致认为新系统所提出的目标可行后，系统的研制开发工作就进入了实质性的阶段。这时的首要任务就是进行详细调查，深入了解系统的处理流程，确定用户需求。

（一）详细调查的目的及原则

详细调查的对象是现行系统（包括手工系统和已采用计算机的管理信息系统），目的在于完整掌握现行系统的现状，发现问题和薄弱环节，收集资料，为下一步的系统化分析和提出新系统的逻辑设计做好准备。

详细调查应遵循用户参与的原则，即由使用部门的业务人员、主管人员和设计部门的系统分析人员、系统设计人员共同进行。设计人员虽然掌握计算机技术，但对使用部门的业务不够清楚，而管理人员则熟悉本身业务而不一定了解计算机，两者结合，就能互补不足，更深入地发现对象系统存在的问题，共同研讨解决的方案。

（二）详细调查的方法

在详细调查时，调查组应制定调查计划，明确调查内容和进度，并选择适当的调查方法。常用的调查方法有以下几种：

1. 座谈会

通过举行座谈会，与会者互相启发，加深对问题的理解。

2. 个别访问

对有经验的用户和现有系统的主要参与人员以及主要分管领导进行个别专访，认真听取他们的意见和建议。

3. 调查问卷

从系统分析员的角度，根据所要了解的问题设计调查问卷。

4. 查询档案资料

通过查阅有关档案和资料，对用户要求和当前系统进一步了解，掌握实际数据。

5. 参加实践

要想真正了解用户业务流程，在必要的情况下可以参加实践，把用户业务流程完整地做一遍，这样有助于切身体会用户业务流程。

总之，在这一阶段，系统分析员要善于同他人一起工作，应具备虚心、热心、耐心、细心、恒心等良好的性格修养和工作态度，具有启发他人讲述问题的能力，具有较强的分析能力、组织能力和决策能力，采用有效的方法，开展调查分析工作，才能取得良好的效果。

（三）用户需求分析及其方法

需求分析是一项既复杂又要求高的工作，它是建立在对用户业务做大量调查分析的基础上，对整个系统的功能、条件、效果等进行分析，最后形成有关用户需求的文档资料。

用户需求分析主要从四个方面进行：对问题的识别、分析与综合、制定规格说明和评审。

1．问题识别

首先系统分析人员要研究在管理信息系统规划阶段产生的可行性分析报告，初步确定新系统的综合要求，并提出这些要求的实现条件，以及需求应达到的标准。这也就是解决新系统要做什么、做到什么程度。然后，通过详细调查与分析进一步确定用户需求。这些需求包括：功能需求、性能需求、环境需求、可靠性需求、安全保密需求，用户界面需求、资源使用需求、软件成本消耗与开发进度需求。

2．分析与综合

在对用户问题识别的基础上，系统分析员逐步细化所有的系统功能，找出系统各元素之间的联系、彼此之间的接口特性和设计上的限制，并分析它们是否满足功能要求，是否合理。依据功能需求、性能需求、运行环境需求等剔除其不合理的部分，增加其需要部分，最终综合成系统的解决方案，给出新系统的逻辑模型。

3．制定规格说明

对已经确定的需求应当进行清晰准确的描述，即编制需求分析文档。

4．需求分析评审

为保证需求分析的准确性，在需求分析的最后一步，应该对功能的正确性、完整性和清晰性，以及其他需求给予评价。评审的主要内容有：系统定义的目标是否与用户的要求一致，系统需求分析时提供的文档资料是否齐全，文档中的所有描述是否完整、清晰，与其他相关系统的重要接口是否已经描述，设计的约束条件或限制条件是否符合实际，开发的技术风险是什么，等等。评审应由专门的人员负责，评审结束后应由评审负责人对结论意见签字。

在实际分析过程中，上述四个方面是有反复的。比如，在需求分析评审中提出修改意见，就需要重新对问题进行分析和综合，修改需求分析文档。

二、管理业务调查

开发和建设酒店管理信息系统的根本目的在于提高酒店的管理水平，严格地说，设计一个新的信息系统，应首先进行组织的重新设计，应当把建立新系统看成是对组织的一种有目的的改变过程。因此，在开发酒店管理信息系统时，对现行管理业务的调查也就显得十分必要。管理业务调查包括组织结构调查、管理功能调查和管理业务流程调查等。

（一）组织结构调查

组织结构，指的是一个组织的组成以及这些组成部分之间的隶属关系或管理与被管理的关系，通常用组织结构图来表示（见图6－1）。

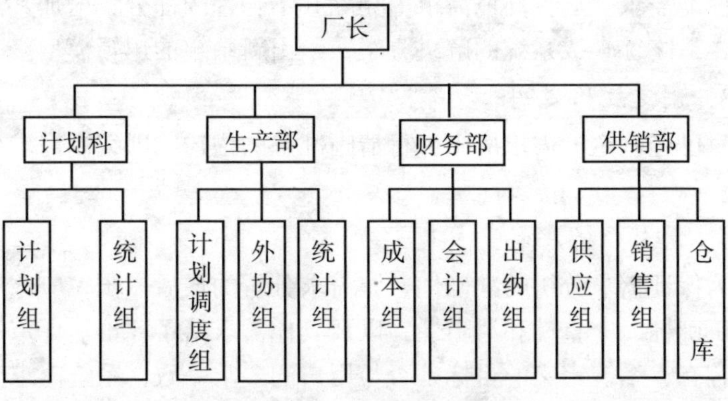

图6－1 组织结构图

组织结构调查还应详细了解各级组织的职能和有关人员的工作职责、决策内容、存在问题以及对新系统的要求。

（二）管理业务流程调查

调查管理业务流程应顺着原系统信息流动的过程逐步进行，内容包括各环节的处理业务、信息来源、处理方法、计算方法、信息流经去向、提供信息的时间和形态（报告、单据、屏幕显示等）。描述管理业务流程的图表主要有管理业务流程图和数据流程图。

1. 管理业务流程图

管理业务流程图是一种描述系统内各单位、人员之间业务关系、作业顺序和管理信息流向的图表，利用它可以帮助分析人员找出业务流程中的不合理流向。图 6－2 是某物资管理的业务流程图，

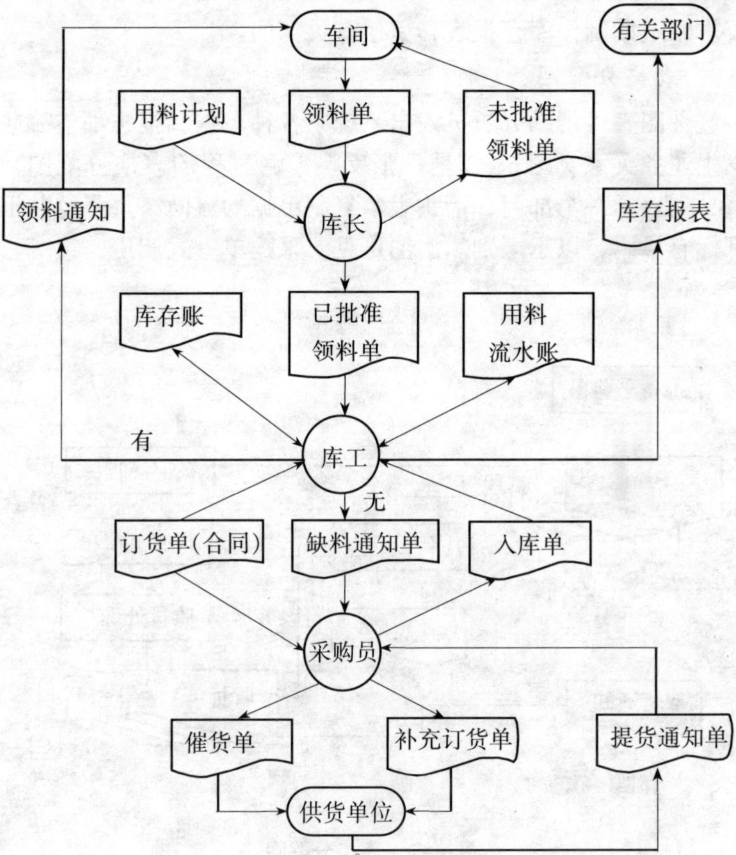

图 6－2　某企业物资管理业务流程图

其处理过程是：车间填写领料单到仓库领料，库长根据用料计划审批领料单，未批准的退回车间。库工收到已批准的领料单后，首先查阅库存账，若有货，则通知车间前来领取所需物料，并登记用料流水账，否则将缺货通知采购人员。采购人员根据缺货通知，查阅订货合同单，若已订货，则向供货单位发出催货请求，否则就临时申请补充订货。供货单位发出货物后，立即向订货单位发出提货通知。采购人员收到提货通知单后，就可办理入库手续。接着是库工验收入库，并通知车间领料。此外，仓库库工还要根据库存账和用料流水账定期制作库存报表，呈送有关部门。

2．表格分配图

这种图表可帮助分析员找出系统中各种单据和报告都与哪些部门发生业务关系。图6－3是一张反映采购过程的表格分配图，其中每一列表示一个部门，箭头表示复制单据的流向，每张复制报告上都标有号码，以示区别。由图可见，采购单一式四份，第一张交

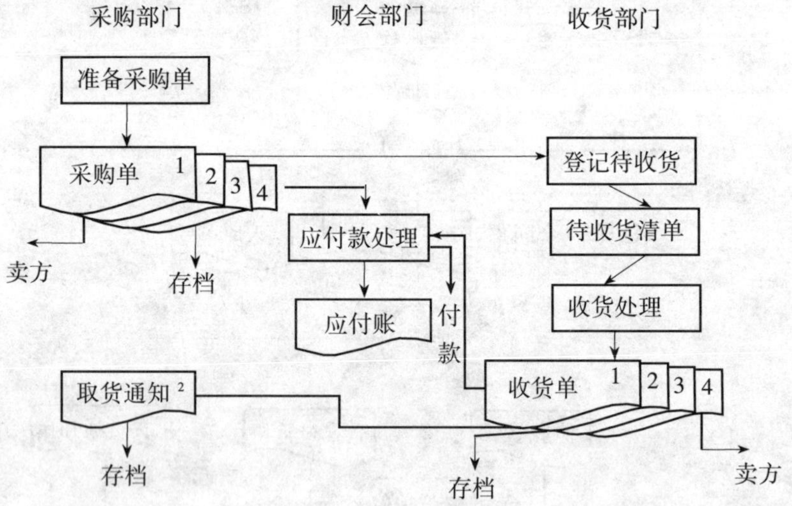

图6－3 表格分配图

给卖方；第二张交到收货部门，用来登记收货清单；第三张交给财务部门，登记应付账；第四张存档。到货时，收货部门接待收货清单校对货物后填写收货单四张，其中第一张交财务部门，通知付款；第二张通知采购部门收货；第三张存档；第四张交给卖方。

三、数据流程调查

管理业务调查过程中绘制的管理业务流程图和表格分配图等虽然形象地表达了管理中的信息流动和存储过程，但仍没有完全脱离一些物质因素（如货物、产品等）。为了用计算机进行信息管理，还必须进一步舍去物质要素、收集有关资料，绘制出原系统的数据流程图，为下一步分析做好准备。

数据流程调查过程中收集的资料包括：

1. 收集原系统全部输入单据（如入库单、收据、凭证）、输出报表和数据存储介质（如账本、清单）的典型格式。

2. 弄清各环节上的处理方法和计算方法。

3. 在上述各种单据、报表、账本的典型样品上或用附页注明制作单位、报送单位、存放地点、发生频度（如每月制作几张）、发生的高峰时间及发生量等。

4. 在上述各种单据、报表、账册的典型样品上注明各项数据的类型（数字、字符）、长度、取值范围（指最大值和最小值）。

通过调查可以绘制出原系统的数据流程图。数据流程图（Data Flow Diagram，简称 DFD）是一种能全面地描述信息系统逻辑模型的主要工具，它可以用少数几种符号综合地反映出信息在系统中的流动、处理和存储情况。数据流程图具有抽象性和概括性。抽象性表现在它完全舍去了具体的物质，只剩下数据的流动、加工处理和存储；概括性表现在它可以把信息中的各种不同业务处理过程联系起来，形成一个整体。无论是手工操作部分还是计算机处理部分，都可以用它表达出来。数据流程图由图 6－4 所示四种符号表示。图中：

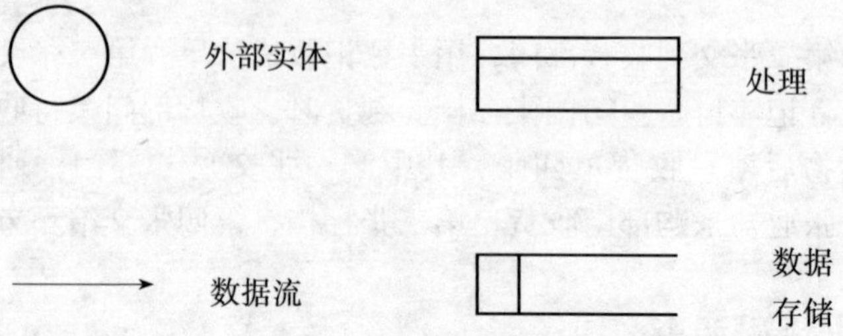

图 6－4　数据流程图的符号

1．外部实体。指本系统之外的人或单位，他们和本系统有信息传递关系。在绘制某一子系统的数据流程图时，凡属本子系统之外的人或单位，也都被列为外部实体。

2．数据流。数据流表示流动着的数据，它可以是一项数据，也可以是一组数据（如扣款数据文件、订货单等），也可用来表示对数据文件的存储操作。通常在数据流符号的上方标明数据流名称。

3．处理（功能）。处理，又称功能。它用一个长方形来表示逻辑处理，图形下部填写处理的名字（如开出发票、出库处理等），上部填写惟一标识该处理的标志（如 1，1.1，1.1.1 等）。

4．数据存储。指通过数据文件、文件夹或账本等存储数据，用一个右边开口的长方形条表示。图形右部填写存储的数据和数据集的名字，左边填入该数据存储的标志。

图 6－5 是某企业成品销售管理的数据流程图。

数据流程图是分层次的，绘制时采取自顶向下逐层分解的办法。首先画出顶层（第一层）数据流程图。顶层数据流程图只有一张，它说明了系统的总的处理功能、输入和输出。

下一步是对顶层数据流程图中的“处理”进行分解，也就是将“销售处理”分解为更多的“处理”。图 6－5 是销售处理被分解后第二层次数据流程图，图中包含三个“处理”，它们是：

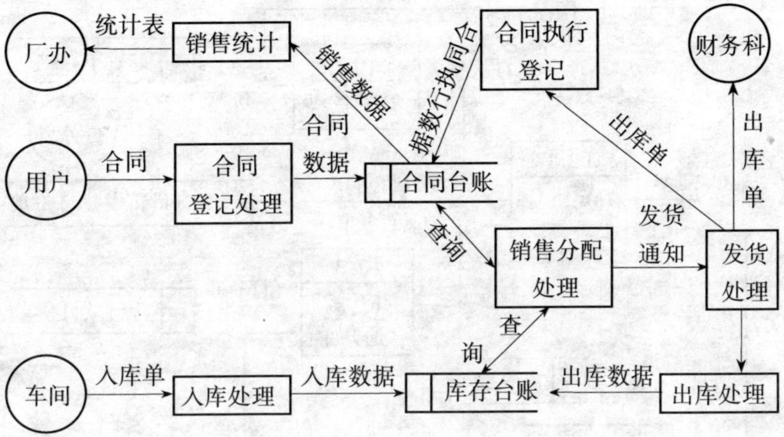

图 6-5 成品销售管理数据流程图

应当指出，绘制数据流程图必须考虑各种特殊情况。这是系统分析中极为重要的一步，因为电子计算机处理问题不像人那样可以随机应变。一个只能处理正常情况的信息系统是经不起实际考验的。实际上，图 6-6 还有一些考虑不周的地方，例如，订货单所订货物不属本公司销售产品范围，怎么办？库存账上有货，而库内实际无货，怎么办？虽属本公司销售产品，当前缺货，应如何作进一步的处理等等。

数据流程图分多少层次视实际情况而定，对于一个复杂的大系统，有时可分至七八层之多。为了提高规范化程度，有必要对图中各个元素加以编号。通常在编号之首冠以字母，用以表示不同的元素，可以用 P 表示处理，D 表示数据流，F 表示数据存储，S 表示外部实体。例如：P03-2.3 表示第三子系统第二层图的第三个处理；D03-02 表示第三个子系统中的第二个数据流等。

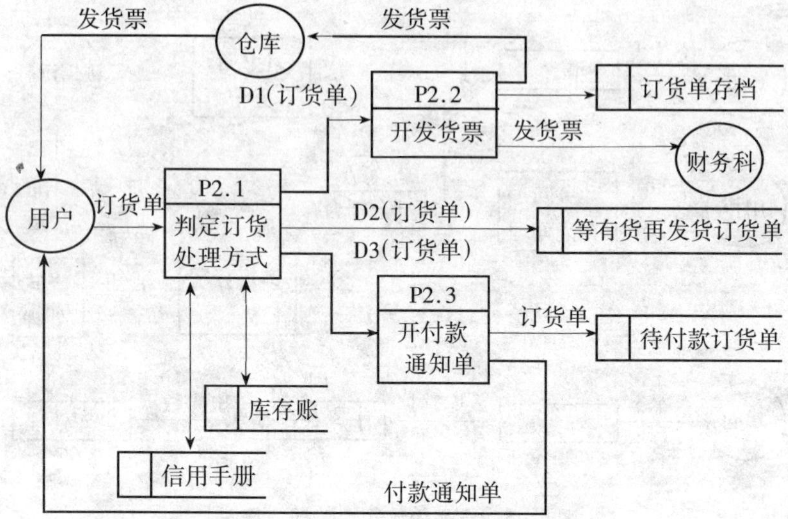

图 6-6 订货处理的第二层数据流程图

四、数据字典

为了对数据流程图中的各个元素作出详细的说明，有必要建立数据字典。数据字典（Data Dictionary，简称 DD）是关于数据的数据，是描述系统中数据流程图中全部组成部分的清单，它能弥补数据流程图对数据的具体内容不能详细说明的不足。数据字典的内容主要是对数据流程图中的数据项、数据结构、数据流、处理逻辑、数据存储和外部实体等六个方面进行具体的定义。数据流程图配以数据字典，就可以从图形和文字两个方面对系统的逻辑模型进行完整的描述。

（一）数据项的定义

数据项又称数据元素，是数据的最小单位。分析数据特性应从静态和动态两个方面去进行。在数据字典中，仅定义数据的静态特性，具体包括：（1）数据项的名称、编号、别名和简述；（2）数据项的类型及长度；（3）数据项的取值范围。

例： 数据项定义

数据项：资

数据项名称：工资

别名：GZ

类型：数值

长度：7（含两位小数）

取值范围：0～9999

（二）数据结构的定义

数据结构描述某些数据项之间的关系。一个数据结构可以由若干个数据项组成，也可以由若干个数据结构组成，还可以由若干个数据项和数据结构组成。

数据字典中对数据结构的定义包括以下内容：(1) 数据结构的名称和编号；(2) 简述；(3) 数据结构的组成。

如果是一个简单的数据结构，只要列出它所包含的数据项。如果是一个嵌套的数据结构（即数据结构中包含数据结构），则需列出它所包含的数据结构名称，因为这些被包含的数据结构在数据字典的其他部分已有定义。

（三）数据流定义

数据流由一个或一组固定的数据项组成。定义数据流时，不仅要说明数据流的名称、组成等，还应指明它的来源、去向和数据流量等。

例： 数据流定义

数据流名称：对账单

数据流组成：银行支票号＋金额＋月份＋日期

数据流来源：开户银行

数据流去向：向银行对账处理

数据流量：每半月5张，每张30笔数据

（四）处理逻辑的定义

处理逻辑，即数据处理或数据加工，是数据字典中的主要部分，包括：处理逻辑名称及编号、简要描述、输入和输出、加工逻辑。

例：　处理逻辑定义

处理逻辑名称：客户登记表

简要描述：登记表

输入和输出：输入客户属性，输出各种客户属性分类

加工逻辑：对各种客户登记信息进行登记、分类，形成历史档案和营业的有关报表。

（五）数据存储的定义

数据存储在数据字典中只描述数据的逻辑存储结构，而不涉及它的物理组织。

例：　数据存储定义

数据存储名称：现金日记账

流入、流出：流入收、付款凭证，流出日报表

数据存储组成：月份+日期+摘要+借方+贷方+余额

（六）外部实体的定义

外部实体定义包括：外部实体编号、名称、简述及有关数据流的输入和输出。

编写数据字典是系统开发的一项重要的基础工作。一旦建立，并按编号排序之后，就是一本可供查阅的关于数据的字典，从系统分析一直到系统设计和实施都要使用它。在数据字典的建立、修正和补充过程中，始终要注意保证数据的一致性和完整性。

数据字典可以用人工建立卡片的办法来管理，也可存储在计算机中用一个数据字典软件来管理。

五、描述处理逻辑的工具

数据流程图中比较简单的计算性的处理逻辑可以在数据字典中作出定义，但还有不少逻辑上比较复杂的处理，有必要运用一些描

述处理逻辑的工具来加以说明。下面介绍能简洁地描述判断功能的两种工具：

（一）判断树

图 6－7 是一张用于根据用户欠款时间长短和现有库存量情况处理用户订货方案的判断树。判断树比较直观，容易理解，当条件多时，不容易清楚地表达出整个判别过程。

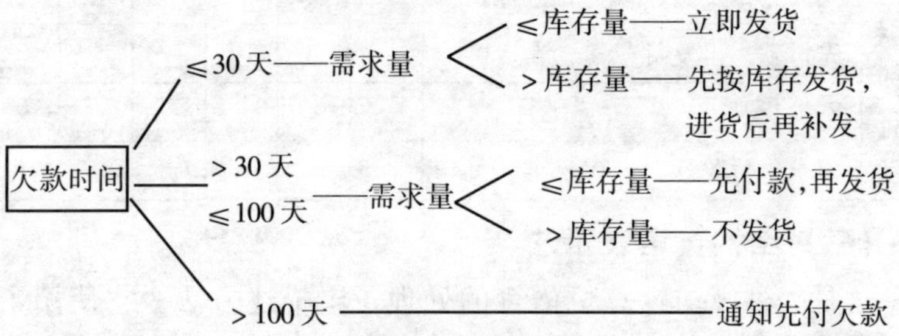

图 6－7　判断树

（二）判断表（又称决策表）

判断表是采用表格方式来描述处理逻辑的一种工具，这里仍以处理用户订货的例子来说明。由表 6－1 可知，如用文字表达这种多元的逻辑关系，不仅十分繁琐，而且难以看清，采用了判断表可以清晰地表达条件、决策规则和应采取的行动之间的逻辑关系，容易为管理人员和系统分析人员所接受。

表 6-2 处理订货单的判断表

	决策规则号	1	2	3	4	5	6
条件	欠款时间≤30 天	Y	Y	N	N	N	N
	欠款时间＞100 天	N	N	Y	Y	N	N
	需求量≤库存量	Y	N	Y	N	Y	N
应采取的行动	立即发货	×					
	先按库存发货，进货后再补发		×				
	先付款，再发货					×	
	不发货						×
	要求先付欠款			×	×		

（三）结构英语表示法

这是一种模仿计算机语言的处理逻辑描述方法。它使用了有“IF”、“THEN”、“ELSE”等词组成的规范化语言。下面是处理订货单逻辑过程的结构英语表示方法。为了使用方便，这里将条件和应采取的行动用中文表示：

```
IF  欠款时间≤30 天
IF  需要量≤库存量
    THEN 立即发货
ELSE
     先按库存量发货，进货后再补发
ELES
     IF  欠款时间≤100 天   THEN
     IF  需求量≤库存量
         THEN  先付款再发货
         ELSE
              不发货
         ELSE
              要求先付欠款
```

六、系统化分析

在原系统详细调查的基础上进行系统化分析是提出新系统逻辑模型的重要步骤。这一步骤通过对原有系统的调查和分析，找出原系统业务流程和数据流程的不足，提出优化和改进的方法，给出新系统所要采用的信息处理方案。

（一）分析系统目标

根据详细调查对可行性分析报告中提出的系统目标作再次考察，对项目的可行性和必要性进行重新考虑，并根据对系统建设的环境和条件的调查修正系统目标，使系统目标适应组织管理需求和战略目标。由于系统目标对系统建设具有举足轻重的意义，必须经过仔细论证才能修改。

（二）分析业务流程

分析原有系统中存在的问题是为了在新系统建设中予以克服或改进。系统中存在的问题可能是管理思想和方法的落后，业务流程不合理，也可能是因为计算机信息系统的建设为优化原业务流程提供了新的可能性，这时，就需要在对现有业务流程进行分析的基础上进行业务流程重组，产生新的更为合理的业务流程。

业务流程分析过程包括以下内容：

1．原有流程的分析。分析原有的业务流程的各处理过程是否具有存在的价值，其中哪些过程可以删除或合并，原有业务流程中哪些过程不尽合理，可以改进或优化。

2．业务流程的优化。原有业务流程中哪些过程存在冗余信息处理，可以按计算机信息处理的要求进行优化，流程的优化可以带来什么好处。

3．确定新的业务流程。画出新系统的业务流程图。

4．新系统的人机界面。新的业务流程中人与机器的分工，即哪些工作可由计算机自动完成，哪些必须有人的参与。

（三）分析数据流程

数据流程是系统中的信息处理的方法和过程的统一。由于老的系统中的数据处理是建立在手工处理或陈旧的信息处理手段基础上，我们有理由相信，新的信息技术条件将为数据处理提供更为有效的处理方法。因而，与业务流程的改进和优化相对应，数据流程的分析和优化一直是系统分析的重要内容。数据流程分析的内容包括：

1．原有数据流程的分析。分析原有的数据流程的各处理过程是否具有存在的价值，其中哪些过程可以删除或合并，原有数据处理流程中哪些过程不尽合理，可以改进或优化。

2．数据流程的优化。原有数据流程中哪些过程存在冗余信息处理，可以按计算机信息处理的要求进行优化，流程的优化可以带来什么好处。

3．确定新的数据流程。画出新的数据流程图。

4．新系统的人机界面。新的数据流程图中人与机器的分工，即哪些工作可由计算机自动完成，哪些必须有人参与。

（四）功能分析和划分子系统

为了实现系统目标，系统必须具备一定的功能。功能就是做某项工作的能力。目标可看作是系统，第二层的功能可看作是子系统，再下面就是各项更具体的功能。

把系统划分为子系统可以大大简化设计工作，因为划分以后，只要子系统之间的接口关系明确，每一子系统的设计、调试，基本上可以互不干扰地各自相对独立地进行。将来，如要修改或扩充系统，可以在有关子系统范围内进行而不至于牵动全局。

应当指出，到目前为止，关于划分子系统还没有形成一套世人公认的方法。在实际工作中，划分方案往往受到个人经验、企业原有业务处理关系以及是否便于分阶段实施等多种因素的影响。

对于大系统来说，划分子系统的工作应在系统规划阶段进行，常用的是 U/C 矩阵。

划分子系统的下一步工作是确定各子系统的目标和下属功能。为此，有必要分析原系统的数据流程图，由此来确定应当增加、取消、合并或改进的功能。

（五）数据属性分析

数据用属性的名和属性的值来描述事物某方面的特征。一个事物的特征可能表现在各个方面，需要用多个属性的名和其相应的值来描述。例如，对某职工来说，其属性名/属性值有：姓名/黄之清，性别/男，年龄/54，基本工资/800等。

数据分析包括静态特性分析和动态特性分析两部分：

1．数据的静态特性分析。指分析数据的类型（字符型、数据型、日期型等）、数据的长度（位数、小数位数）、取值范围（最大值、最小值）和发生的业务量（如每天发生几笔）。

2．数据的动态特性分析。数据的属性按动态特性可分为以下三类：

①固定值属性。具有固定值属性的数据，其值基本上固定不变，叫做固定值属性数据，也叫固定半固定数据。例如，成本系统中的定额材料消耗量，工资系统中的职工姓名和应得工资等。

②固定个体变动属性。这类数据项，对总体来说具有相对固定的个体集，但其值是变动的属性。例如，工资系统中电费扣款一项，扣款人员变动不大，但每人所扣电费则每月都在变化。

③随机变动属性。这种数据项，其个体是随机出现的，值也是变动的。例如工资系统中的病事假扣款。

区分数据属性的动态特性的目的是正确地确定数据和文件的关系，也就是确定把哪些数据安排在哪种数据文件中。

通常把具有固定值属性的数据存放在主文件中，把具有固定个体变动属性的数据放在周转文件中，把随机变动属性的数据放在处理文件中。

（六）数据存储分析

数据存储分析是数据库设计在系统分析阶段要做的工作，其内容首先是分析用户需求，也就是调查清楚用户希望从 MIS 中得到哪些有用信息，然后通过综合抽象，用适当的工具（如 E—R 图）进行描述。因为这是从用户角度看到的数据库，所以称之为数据库的概念模型。

（七）数据查询要求分析

通过调查和分析，将用户需要查询的问题列出清单或绘出查询方式示意图。用户可能查询的问题如："今天来了多少客人"，"今天会议有哪些"，"某某客人来自哪个国家"等等。

（八）数据输入和输出分析

分析各种数据输入的目的和适用范围、数据量的大小以及存在的问题。例如，输入的数据是否都得到了有效的利用，哪些数据的输入是多余的或者是不符合实际需要的，现在的数据输入方式是否能满足要求，输入速度是否能完成数据量的要求，是否需要改变输入方式和增加输入设备，还要分析数据的精确程度和数据间的相互关系等。

除明确数据查询要求外，还应对各种输出报表（包括手工填写的）的目的和使用范围进行分析，弄清哪些报表是多余的，或者是不符合实际要求的，系统的处理速度和打印速度是否能满足输出的要求等。

（九）绘制新系统的数据流程图

新系统的数据流程图是在以上分析过程中逐步完善的。这是一项需要经过多次反复的、去伪存真的细致工作。为了明确新系统的人机接口，还应在绘成的数据流程图上标明哪些部分由计算机完成，哪些部分由人工完成。

数据流程图虽然能对系统作出全貌性的描述，但并未对图中的数据流、处理和存储等元素作进一步的说明，为此，需完善数据字典，并用工具描述比较复杂的处理逻辑。

（十）确定新系统的数据处理方式

数据处理的方式可分为两类：成批处理方式和联机实时处理方

式。

成批处理方式按一定时间间隔（小时、日、月）把数据积累成批后一次输入计算机进行处理。例如：订货系统将一天内收到的订货单在计算机处理之前集中起来，并作一定的汇总工作，然后加以处理。成批处理的特点是费用较低而又可有效地使用计算机，通常适用于以下四种情况：

(1) 固定周期的数据处理；

(2) 需要大量的来自不同方面的数据的综合处理；

(3) 需要在一段时间内累积数据后才能进行的数据处理；

(4) 没有通讯设备而无法采用联机实时处理的情况。

联机实时处理方式的特点是面向处理，数据直接从数据源输入中央处理机进行处理，由计算机即时作出回答，将处理结果直接传给用户。这种处理方式的特点是及时，但费用较高。通常适用于以下三种情况：

(1) 需要反应迅速的数据处理；

(2) 负荷易产生波动的数据处理；

(3) 数据收集费用较高的数据处理。

七、研究和确定管理模型

管理模型是系统在每个具体管理环节上所采用的管理方法。在老的手工系统中，由于受信息获取、传递和处理手段的限制，只能采用一些简单的管理模型，而在计算机技术支持下，许多复杂的计算在瞬间即可完成，这样，许多现代管理方法的应用就具有了现实可能性。在管理信息系统的系统分析中，就要根据业务和数据流程的分析结果对每个处理过程进行认真分析，研究每个管理过程的信息处理特点，找出相适应的管理模型，这是使管理信息系统充分发挥作用的前提。

管理科学的发展在管理活动的各个层次、各个环节都形成了较为成熟的管理方法和定量化的管理模型，为管理信息系统的应用创造了条件，但在一个具体系统中应当采用的模型则必须由前一阶段的分析结果和有关管理科学的状况所决定，因而并无固定模式。但管理作为一门科学，仍是有规律可循的。以下将介绍一些常用的管理模型，供确定管理模型时参考。

（一）统计分析与预测模型

统计分析与预测模型一般用来反映销售、市场、质量、财务状况等的变化情况及未来发展的趋势，内容包括：市场占有率分析、消费变化趋势分析、利润变化、质量状况与指标分布、综合经济效益指标分析等。

常用的预测模型有：多元回归预测模型、时间序列预测模型和普通类比外推模型等。

（二）财务成本管理模型

1．成本核算模型

成本核算模型包括直接生产过程的消耗和间接费用的分配，常用的方法有：

（1）品种法、分步法、逐步结转法、平行结转法、定额差异法等，用于直接生产过程消耗的计算。

（2）完全成本法和变动成本法，用于间接费用的分配。

2．成本预测模型

成本预测模型，如数量经济模型、投入产出模型、回归分析模型、指数平滑模型等。

3．成本分析模型

成本分析模型主要有：实际成本与定额成本比较模型、本期成本与历史同期可比产品成本比较模型、产品成本与计划指标比较模型、产品成本差额管理模型和量本利分析模型等。

（三）库存管理模型

常用的程序化库存管理模型有库存物质分类法、库存管理模型等，此外还有最佳经济批量模型等。

由于管理模型是一个广义的概念，涉及到管理的方方面面，同时不同单位由于环境条件各不相同，对管理模型也会有不同的要求，在系统分析阶段必须与用户协商，共同决定采用哪些模型。

八、提出新系统的逻辑方案

逻辑方案是新系统开发中要采用的管理模型和信息处理方法。系统分析阶段的详细调查、系统化分析都是为建立新系统的逻辑方案作准备。逻辑方案是系统分析阶段的最终成果，也是今后进行系统设计和实施的依据。逻辑方案的内容包括：

1. 新系统的业务流程。这是业务流程分析和业务流程优化重组后的结果，包括以下内容：原系统的业务流程不足及其优化过程、新系统的业务流程、新系统业务流程中的人机界面划分。

2. 新系统的数据流程。这是数据流程分析的结果，包括下列内容：原数据流程的不合理之处及优化过程、新系统的数据流程、新的数据流程中的人机界面划分。

3. 新系统的逻辑结构。即新系统中的子系统划分。

4. 新系统中数据资源的分布。即确定数据资源如何分布在服务器或主机上。

5. 新系统中的管理模型。确定在某一具体管理业务中采用的管理模型和处理方法。

第二节　系统设计

一、系统设计的任务

系统设计的任务是：在系统分析提出的逻辑模型的基础上科学合理地进行物理模型的设计。逻辑模型主要确定系统做什么，而物理模型则主要解决怎样做的问题，前者是系统分析的主要任务，后者是系统设计的主要任务。

系统设计的主要工作有：

1. 总体设计。包括信息系统流程图设计、功能结构图设计和功能模块图设计等。

2. 代码设计和设计规范的制定。

3. 系统物理配置方案设计。包括设备配置、通信网络的选择和设计以及数据库管理系统的选择等。

4. 数据存储设计。包括数据库设计、数据库的安全保密设计等。

5. 计算机处理过程设计。包括输出设计、输入设计、处理流程图设计及编写程序设计说明书等。

在系统设计中，应遵循以下原则：

1. 系统性。系统是作为统一整体而存在的，因此，在系统设计中，要从整个系统的角度进行考虑，系统的代码要统一，设计规范要标准，传递语言要尽可能一致，对系统的数据采集要做到数出一处、全局共享，使一次输入得到多次利用。

2. 灵活性。为保持系统的长久生命力，要求系统具有很强的环境适应性，为此，系统应具有较好的开放性和结构的可变性。在系统设计中，应尽量采用模块化结构，提高各模块的独立性，尽可能减少模块间的数据藕合，使各子系统间的数据依赖减至最低限度。这样，既便于模块的修改，又便于增加新的内容，提高系统适应环境变化的能力。

3. 可靠性。可靠性是指系统抵御外界干扰的能力及受外界干扰时的恢复能力。一个成功的管理信息系统必须具有较高的可靠性，如安全保密性、检错及纠错能力、抗病毒能力等。

4. 经济性。经济性指在满足系统需求的前提下，尽可能减小系统的开销。一方面，在硬件投资上不能盲目追求技术上的先进，而应以满足应用需要为前提；另一方面，系统设计中应尽量避免不必要的复杂化，各模块应尽量简洁，以便缩短处理流程、减少处理费用。

二、代码设计

代码是代表事物名称、属性、状态等的符号，为了便于计算机处理，一般用数字、字母或它们的组合来表示。

（一）代码的功能

1. 为数据项、记录或文件提供一个概要而不含糊的认定，便于数据的存储和检索。代码缩短了事物的名称，无论是记录、记忆还是存储，都可以节省时间和空间。

2. 使用代码可以提高处理的效率和精度。按代码对事物进行排序、累计或按某种规定算法进行统计分析，可以十分迅速。

3. 代码提高了数据的全局一致性。这样，对同一事物，即使在不同场合有不同叫法，都可以通过编码统一起来，提高了系统的整体性，减少了因数据不一致而造成的错误。

4. 代码是人和计算机的共同语言，是两者交换信息的工具。

（二）代码的设计

合理的编码结构是信息处理系统是否具有生命力的一个重要因素，在代码设计时，应注意以下一些问题：

1. 标准化。现代化企业的编码系统，已由简单的结构发展成为十分复杂的系统。国家也颁布了一系列标准编码，企业内部也规定了一些代码。因而，一定要按照国家标准化的原则设计代码，在逻辑上满足用户的需要，在结构上应当与处理的方法相一致。

2. 惟一性。一个代码应惟一标志它所代表的事物或属性。

3. 代码设计时，要预留足够的位置，以适应不断变化的需要。否则，在短时间内，随便改变编码结构对设计工作来说是一种严重的浪费。一般来说，代码愈短，分类、准备、存储和传送的开销愈低；代码愈长，对数据检索、统计分析和满足多样化的处理要求愈好。但编码太长，留空太多，多年用不上，也是一种浪费。

4. 要注意避免引起误解，不要使用易于混淆的字符。如 O、

Z、I、S、V与0、2、1、5、U易混；不要把空格当代码；要使用24小时制表示时间等。

5. 代码应等长。在代码体系中，采用等长代码容易判断输入是否正确。对于不能等长的代码，则要求同一级代码应是等长的。例如：在会计电算化系统中规定，一级科目为三位，二级以后科目每级为两位，一级科目中，101——“现金”，102——“银行存款”，102001——“工商行存款”，102002——“建行存款”，等等，所有科目的长度不相同，但是每级科目的长度相同。

（三）代码的种类

1. 顺序码

顺序码又称系列码，它是一种用连续数字代表编码对象的码，例如：

001北京、002上海、003天津……

顺序码的优点是短而简单，记录的定位方法简单、易于管理。但这种码没有逻辑基础，它本身不能说明任何信息特征。此外，新加的代码只能列在最后，删除则造成空码。通常，顺序码作为其他码分类中细分类的一种补充手段。

2. 离散码

离散码与顺序码正好相反，代码之间没有一定的联系，码的编排没有规律。离散码的优点是插入、删除方便。例如，原始购货发票编码就属于离散码。

3. 区间码

区间码把数据项分成若干组，每一区间代表一个组，码中数字的值和位置代表一定意义。区间码有等长和非等长两种，邮政编码是等长码，会计科目编码是非等长码。

区间码的优点是信息处理比较可靠，排序、分类、检索等操作易于进行。但这种码的长度与它分类属性的数量有关，有时可能造成很长的码。在许多情况下，码有多余的数。同时，这种码的维修也比较困难。

4．缩写码

缩写码直接使用英文缩写作为代码。在酒店管理系统中，经常使用一些缩写，表示客人的身份、房间状态等。如用 VC 表示干净的空房（可卖房），VD 表示脏的空房（走房）。

（四）代码结构中的校验位

代码作为计算机的重要输入内容之一，其正确性直接影响到整个处理工作的质量。特别是人们重复抄写代码和将它通过人手输入计算机时，发生错误的可能性更大。为了保证正确输入，有意识地在编码设计结构中原有代码的基础上另外加上一个校验位，使它事实上变成代码的一个组成部分。校验位通过事先规定的数学方法计算出来。代码一旦输入，计算机会用同样的数学运算方法按输入的代码数字计算出校验位，并将它与输入的校验位进行比较，以证实输入是否有错。

校验位可以发现以下各种错误：

抄写错误，例如 1 写成 7；

易位错误，例如 1234 写成 1324；

双易错误，例如 26913 写成 21963；

随机错误，包括以上两种或三种综合性错误或其他错误。

确定校验位值的方法很多：

1．算术级数法

原代码　　　1 2 3 4 5

各乘以权　　6 5 4 3 2

乘积之和　　6 + 10 + 12 + 12 + 10 = 50

以 11 为模去除乘积之和，把得出的余数作为校验码：

50/11 ＝ 4…6

因此代码为 123456。

2．几何级数法

原代码　　　1 2 3 4 5

各乘以权　　32 16 8 4 2

乘积之和　　32 + 32 + 24 + 16 + 10 = 114

以 11 为模去除乘积之和，把得出的余数作为校验码：

$$114/11 = 10\cdots4$$

因此代码为 123454。

三、功能结构图设计

功能结构图就是按功能从属关系画成的图表，图中每个框称为一个功能模块。这样，经过层层分解，可以把一个复杂的系统分解为多个功能较单一的功能模块。这种把一个信息系统设计成若干模块的方法称作模块化。模块化是一种重要的设计思想，这种思想把一个复杂的系统分解为一些规模较小、功能较简单的、更易建立和修改的部分，一方面，各个模块具有相对独立性，可以分别加以设计实现；另一方面，模块之间的相互关系（如信息交换、调用关系）则通过一定的方法予以说明。各模块在这些关系的约束下共同构成一个统一的整体，完成系统的功能。

很明显，功能结构图中各层功能与新的信息系统中数据流程图中的处理（功能）是对应的。图 6－8 是酒店预订子系统的功能结构图。由图可知，预订子系统被分解为散客预订、团队预订、预订查询以及预订报表四个功能，其中每个子功能还可以继续分解为增加、修改、删除等分功能。

四、信息流程图设计

功能结构图主要从功能的角度描述了系统的结构，但并未表达各功能之间的数据传递关系。事实上，系统中许多业务或功能是通过数据文件联系起来的。例如，某一功能模块向某一数据文件中存入数据，而另一个功能模块则从该数据文件中取出数据。再比如，虽然在数据流程图的某两个功能模块之间原来并没有通过数据文件发生联系，但为了处理方便，在具体实现中有可能在两个处理功能之间设立一个临时的中间文件以便把它们联系起来。上述这些关系在设计中是通过绘制信息系统流程图来从整体上表达的。

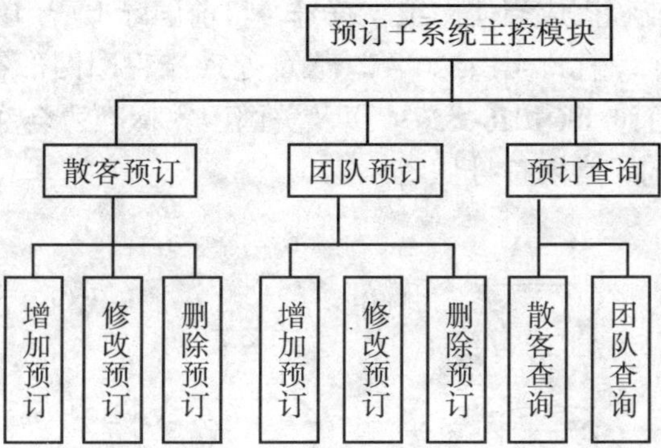

图 6－8 预订子系统功能结构图

信息系统流程图是以新系统的数据流程图为基础绘制的。可以按下述思路来绘制信息系统流程图：首先为数据流程图中的处理功能画出数据关系图。图 6－9 是数据关系图的一般形式，它反映了数据之间的关系，即输入数据、中间数据和输出信息之间的关系。

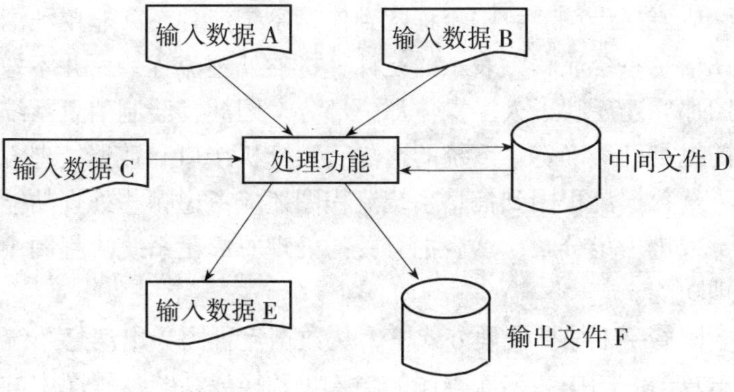

图 6－9 数据管理的一般形式

最后，把各个处理功能的数据关系图综合起来，形成整个系统的数据关系图，即信息系统流程图。

绘制信息系统流程图应当使用统一符号。目前国际上所用的符号日趋统一，我国国家标准 GB1526－79 信息处理流程图图形符号和国际标准化组织标准 ISO1028、2636 以及美国国家标准协会 ANSI 的图形符号大致相同，常用符号见图 6－10。

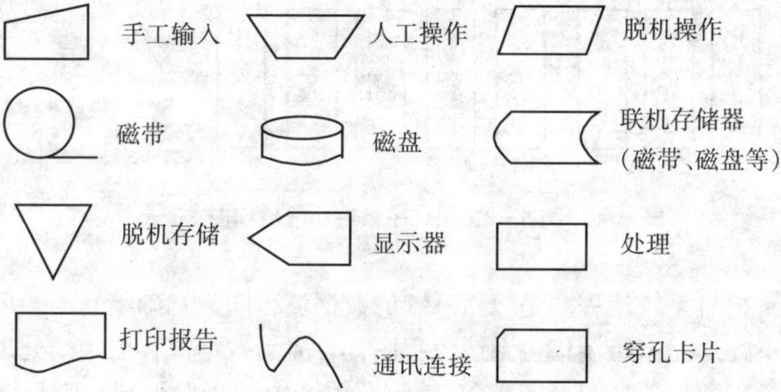

图 6－10 常用的系统流程图符号

应当指出，从数据流程图到信息系统流程图并非单纯的符号改换，信息系统流程图表示的是计算机的处理流程，而并不像数据流程图那样还反映了人工操作那一部分。因此，绘制信息系统流程图的前提是已经确定了系统的边界、人—机接口和数据处理方式。

从数据流程图到信息系统流程图还应考虑哪些处理功能可以合并，或进一步分解，然后把有关的处理看成是系统流程图中的一个处理功能。

图 6－11 是批处理方式下，从数据流程图导出信息系统流程图的示意图。图中数据流程图的输入 1 转换成系统流程图中的手工输入 1（处理 1），数据流程图中的输出 1 和输出 2 则分别转化为系统

流程图中的打印报告 1 和打印报告 2。在系统流程图中还增加了一个临时用的中间文件，用来进行与其他处理之间的信息联系，这是一种基于计算机具体处理实际问题的现实考虑。此外，数据流程图中的加工处理与系统流程图中的处理步骤并不一定要一一对应，设计者可以根据实际情况加以合并或分解。此例中数据流程图里的处理 1 和处理 2 在系统流程图中合并为一个处理步骤 1。由此可以看出，上述转换方案不是惟一的，有时需要进行方案论证。

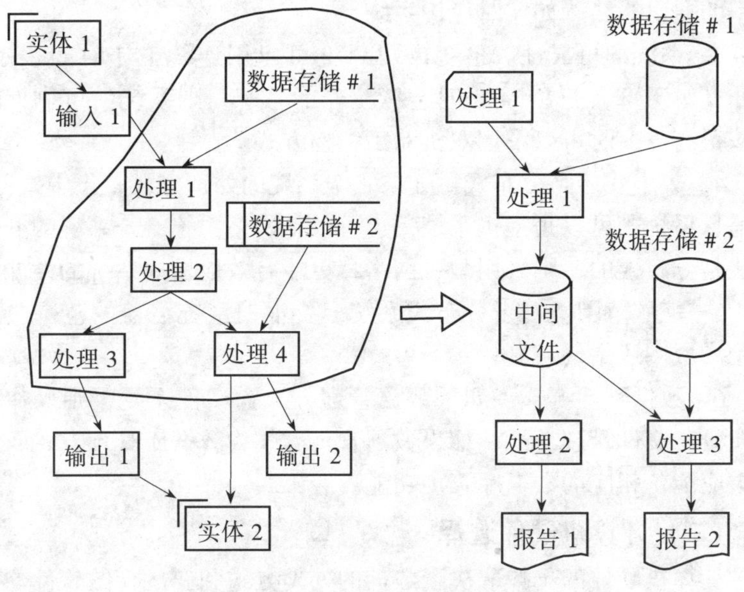

图 6－11 新系统逻辑模型转换为系统流程图

五、系统物理配置方案设计

一个现代化管理信息系统的主要支撑环境是一个完整的计算机系统，它是由软件和硬件两大部分组成，合理地选择和配置这一系统环境，可以使我们以最小的代价获取最大的效益。

(一) 设计依据

1. 系统的吞吐量。每秒执行的作业数称为系统的吞吐量。系统的吞吐量越大，则系统的处理能力就越强。系统的吞吐量与系统硬、软件的选择有着直接的关系，如果要求系统具有较大的吞吐量，就应当选择具有较强性能的计算机和网络系统。

2. 系统的响应时间。从用户向系统发出一个作业请求开始，经系统处理后，给出应答结果的时间。如果要求系统具有较短的响应时间，就应当选择 CPU 运算速度较快的计算机及具有较高传递速率的通讯线路，如实时应用系统。

3. 系统的可靠性。系统的可靠性可以用连续工作时间表示。例如，对于每天需要 24 小时连续工作的系统，则系统的可靠性就应该很高，这时可以采用双机双工结构方式。

4. 集中式还是分布式。如果一个系统的处理方式是集中式的，则信息系统既可以是主机系统，也可以是网络系统，若系统的处理方式是分布式的，则采用微机网络将更能有效地发挥系统的性能。

5. 地域范围。对于分布式系统，要根据系统覆盖的范围决定采用广域网还是局域网。

6. 数据管理方式。如果数据管理方式为文件系统，则操作系统应具备文件管理功能；如果数据管理方式为数据库管理方式，系统中应配备相应的数据库管理功能。

(二) 计算机硬件选择

计算机硬件的选择取决于数据的处理方式和要运行的软件。管理对计算机的基本要求是速度快、容量大、通道能力强、操作灵活方便，但计算机的性能越高，其价格也就越昂贵，因此，在计算机硬件的选择上应全面考虑。一般来说，如果系统的数据处理是集中式的，系统应用的主要目的是利用计算机的强大计算功能，则可以采用主机——终端系统，以大型机或中小型机作为主机，可以使系统具有较好的性能。若对企业管理等应用，其应用本身就是分布式的，使用大型主机主要是为了利用其多用户能力，则不如微机网络更为灵活、经济。

确定了数据的处理方式以后，在计算机机型的选择上则主要考虑应用软件对计算机处理能力的需求，包括：（1）计算机主存；(2) CPU 时钟；（3）输入、输出和通信的通道数目；（4）显示方式；（5）外接转储设备及其类型。

由于不同计算机的设计目标不同，因而可能在某一方面具有显著的优点而在其他应用场合却令人无法接受，在系统设计时，应根据应用的需要认真选择。

由于现在微机在性能上已经有了很大提高，甚至超过了早期大型机的水平，而价格又相对较低，一般企事业单位选择微机作为硬件支撑环境较为适宜。

（三）计算机网络选择

1. 网络的拓扑结构。网络拓扑结构一般有总线型、星型、环型、混合型等。在网络选择上应根据应用系统的地域分布、信息流量进行综合考虑。一般来说，应尽量使信息流量最大的应用放在同一网段上。

2. 网络的逻辑设计。通常首先按软件将系统从逻辑上分为各个分系统或子系统，然后按需要配备设备，如主服务器、主交换机、分系统交换机、子系统集线器（HUB）、通讯服务器、路由器和调制解调器等，并考虑各设备之间的连接结构。

3. 网络操作系统。目前，流行的网络操作系统有 UNIX、Netware、Windows NT 等。UNIX 历史最早，是惟一能够适用于所有应用平台的网络操作系统；Netware 网络操作系统适用于文件服务器/工作站模式，具有较高市场占有率；Windows NT 由于其 Windows 软件平台的集成能力，随着 Windows 操作系统的发展和客户机——服务器模式向浏览器——服务器模式延伸，无疑是有前途的网络操作系统。

（四）数据库管理系统的选择

管理信息系统都是以数据库系统为基础，一个好的数据库管理系统对管理信息系统的应用有着举足轻重的重要影响。在数据库管理系统的选择上，主要考虑：（1）数据库的性能；（2）数据库管理系统的系统平台；（3）数据库管理系统的安全保密性能；（4）数据的类型。

目前，市场上数据库管理系统较多，流行的有 Oracle、Sybase、SQL Server Informix、FoxPro 等，Oracle、Sybase 均有大型数据库管理系统，运行于客户——服务器等模式，是开发大型 MIS 的首选，FoxPro 在小型 MIS 中最为流行。Microsoft 推出的 Visual FoxPro 在大型管理信息系统开发中也获得了大量应用，而 Informix 则适用于中型 MIS 的开发。

（五）应用软件的选择

根据应用需求开发管理信息系统是系统开发的一般情况，这样开发的系统最容易满足用户的特殊管理要求。但随着计算机产业的发展，也出现了许多商品化应用软件，这些软件技术成熟、设计规范、管理思想先进，直接应用这些商品化软件既可以节省投资，又能够规范管理过程、加快系统应用的进度，就不一定要重新开发，而可以选用这些成熟的商品化软件。系统设计人员就面临着应用软件的选择问题。

选择应用软件应考虑：

1．软件是否能够满足用户的需求。根据系统分析的结果，在软件的功能上应注意以下几个问题：

（1）系统必须处理哪些事件和数据？软件能否满足数据表示的需要，如记录长度、文件最大长度等。

（2）系统必须能够产生哪些报告、报表、文档或其他输出？

（3）系统要储存的数据量及事件数？

（4）系统必须满足哪些查询需求？

（5）系统有哪些不足之处，如何解决？

2．软件是否具有足够的灵活性。由于管理需求的不确定性，系统应用环境不可避免地要经常发生变化，因此，应用软件要有足够的灵活性，以适应应用对软件的输入、输出的要求。

3. 软件是否能够获得长期、稳定的技术支持。对于商品化软件，稳定的技术支持是必需的。这一方面是为了保证软件能够满足需求的变化，另一方面是便于今后随着系统平台的升级而不断升级。

六、输出设计

输出设计是系统产生的结果或提供的信息。对于大多数用户来说，输出是系统开发的目的和评价系统开发成功与否的标准。尽管有些用户可能直接使用系统或从系统输入数据，但都要应用系统输出的信息，输出设计的目的正是为了正确及时地反映和组成用于生产和服务部门的有用信息，因此，系统设计过程与实施过程相反，不是从输入设计到输出设计，而是从输出设计到输入设计。

（一）输出设计的内容

输出设计的内容包括：

1. 有关输出信息使用方面的内容，包括信息的使用者、使用目的、报告量、使用周期、有效期、保管方法和复写分数等；

2. 输出信息的内容，包括输出项目、位数、数据形式（文字、数字）；

3. 输出格式，如表格、图形或文件；

4. 输出设备，如打印机、显示器、卡片输出机等；

5. 输出介质，如输出到磁盘还是磁带上，输出用纸是专用纸还是普通白纸等。

（二）输出设计方法

在系统设计阶段，设计人员应给出系统输出的说明，这个说明既是将来编程人员在软件开发中进行实际输出设计的依据，也是用户评价系统实用性的依据。因此，设计人员要能选择合适的输出方法，并以清楚的方式表达出来。

输出主要有以下几种：

1. 表格信息。表格信息以表格的形式提供，一般用来表示详细的信息。

2. 图形信息。管理信息系统用到的图形信息主要有直方图、圆饼图、曲线图、地图等。图形信息在表示事物的趋势、多方面的比较等方面有较大的优势，可以充分利用大量历史数据综合信息，表示方式直观，常为决策用户所喜爱。

3. 图标。图标也用来表示数据间的比例关系和比较情况。由于图标易于辨认，无需过多解释，在信息系统中的应用也日益广泛。

输出设计要在一定规范指导下进行，以便产生易于理解的输出。根据应用的需要，可以采用预印表格、打印多层表格等，周转文件也常在输出设计中采用。

（三）输出报告

输出报告定义了系统的输出。输出报告中既标出了各常量、变量的详细信息，也给出了各种统计量及其计算公式、控制方法。

设计输出报告时要注意以下几点：

1. 方便使用者。

2. 要考虑系统的硬件性能。

3. 尽量利用原系统的输出格式，如确需修改应与有关部门协商，征得用户同意。

4. 输出表格要考虑系统发展的需要。例如：是否有必要在输出表格中留出备用项目，以满足将来新增项目的需要。

5. 输出的格式和大小要根据硬件能力，认真设计，并试制输出样品，经用户同意后才能正式使用。

设计输出报告之前应收集好各项的有关内容，填写到输出设计书上，这是设计的准备工作。

为了提高系统的规范化程度和编程效率，在输出设计上应尽量保持输出内容和格式的统一性，也就是说，同一内容的输出，对于显示器、打印机、文本文件和数据库文件应具有一致的形式。显示器输出用于查询或预览，打印机输出提供报表服务，文本文件格式用于为办公自动化系统提供剪辑素材，而数据库文件可满足数据交换的需要。

在打印输出时，报告纸有专用纸和通用白纸两种。专用纸事先已印有表头和文字说明格式，使用时可直接套打，通用白纸则需打印表头、格式及说明信息。

七、输入设计

输入设计对系统的质量有着决定性的重要影响。输出设计的正确性直接决定处理结果的正确性，如果输入数据有误，即使计算和处理十分正确，也无法获得可靠的输出信息。同时，输入设计是信息系统与用户之间交互的纽带，决定着人机交互的效率。

（一）输入设计的原则

输入设计包括数据规范和数据准备的过程。在输入设计中，提高效率和减少错误是两个最根本的原则。以下是指导输入设计的几个目标：

1. 控制输入量。由于数据输入与计算机处理比较起来相对缓慢，在数据录入时，系统大多数时间都处于等待状态，系统效率将显著降低；同时，数据录入工作一般需要人的参与，大量的数据录入往往浪费很多人力资源，增加系统的运营成本。因此，在输入设计中，应尽可能控制输入数据总量，在输入时，只需输入基本的信息，而其他可通过计算、统计、检索得到的信息则由系统自动产生。

2. 减少输入延迟。输入数据的速度往往成为提高信息系统运行效率的瓶颈，为减少延迟，可采用周转文件、批量输入等方式。

3. 减少输入错误。输入设计中应采用多种输入校验方法和有效性验证技术，减少输入错误。

4. 避免额外步骤。在输入设计时，应尽量避免不必要的输入步骤，当步骤不能省略时，应仔细验证现有步骤是否完备、高效。

5. 输入过程应尽量简化。输入设计在为用户提供纠错和输入校验的同时，就保证输入过程简单易用，不能因为查错、纠错而使输入复杂化，增加用户负担。

（二）数据输入设备的选择

输入设计首先要确定输入设备的类型和输入介质，目前常用的输入设备有以下几种：

1．读卡机。在计算机应用的早期，读卡机是最常用的输入设备。这种方法把源文件转换成编码形式，由穿孔机在穿孔卡片上打孔，再经验证、纠错，而后进入计算机。这种方法成本较低，但速度慢，且使用不方便，已被键盘—磁盘输入装置取代。

2．键盘、磁盘输入装置。由数据录入人员通过工作站录入，经拼写检查、可靠性验证后存入磁记录介质（如磁带、磁盘等）。这种方法成本低、速度快，易于携带，适用于大量数据输入。

3．光电阅读器。采用光笔读入光学标记条形码或用扫描仪录入纸上文字。光符号读入器适用于自选商场、借书处等少量数据录入的场合。而纸上文字的扫描录入尚处于试用阶段，读错率和拒读率较高，价格较贵、速度慢，但无疑具有较好的发展前景。

4．终端输入。终端一般是一台联网微机，操作人员直接通过键盘键入数据，终端可以在线方式与主机联系，并及时返回处理结果。

（三）输入检验

输入设计的目标是要尽可能减少数据输入中的错误，在输入设计中，要对全部输入数据设想其可能发生的错误，对其进行校验。

1．输入错误的种类

（1）数据本身错误。指由于原始数据填写错误或穿孔出错等原因引起的输入数据错误。

（2）数据多余或不足。这是在数据收集过程中产生的差错。如数据（单据、卡片等）的散失、遗漏或重复等原因引起的数据错误。

（3）数据的延误。数据延误也是数据收集过程中所产生的差错，不过它的内容和数据量都是正确的，只是由于时间上的延误而产生差错。这种差错多由开票、传送等环节的延误而引起，严重时会导致输出信息毫无利用价值。因此，数据的收集与运行必须具有一定的时间性，并要事先确定产生数据延迟时的处理对策。

2．数据出错的校验方法

数据的校验方法有：由人工直接检查、由计算机用程序校验以及人与计算机两者分别处理后再相互查对校验等多种方法。常用的方法是以下几种，可单独使用，也可组合使用。

(1) 重复校验。这种方法将同一数据先后输入两次，然后由计算机程序自动予以对比校验，如两次输入内容不一致，计算机显示或打印出错信息。

(2) 视觉校验。输入的同时，由计算机打印或显示输入数据，然后与原始单据进行比较，找出差错。视觉校验不可能查出所有的差错，其查错率为75%～85%。

(3) 校验位校验。

(4) 控制总数校验。采用控制总数校验时，工作人员先用手工求出数据的总值，然后在数据的输入过程中由计算机程序累计总值，将两者对比校验。

(5) 数据类型校验。校验是数字型还是字母型。

(6) 格式校验。即校验数据记录中各数据项的位数和位置是否符合预先规定的格式。例如，姓名栏规定为18位，而姓名的最大位数是17位，则该栏的最后一位一定是空白。该位若不是空白，就认为该数据项错位。

(7) 逻辑校验。即根据业务上各种数据的逻辑性，检查有无矛盾。例如，月份最大不会超过12，否则出错。

(8) 界限校验。即检查某项输入数据的内容是否位于规定范围之内。譬如，商品的单价，若规定在50元至1000元范围内，则检查是否有比50元小及比1000元大的数目即可。凡在此范围之外的数据均属出错。

(9) 顺序校验。即检查记录的顺序。例如，要求输入数据无缺号时，通过顺序校验，可以发现被遗漏的记录。又如，要求记录的序号不得重复时，即可查出有无重复的记录。

（10）记录计数校验。这种方法通过计算记录个数来检查记录有否遗漏和重复。不仅对输入数据，而且对处理数据、输出数据及出错数据的个数等均可进行计数校验。

（11）平衡校验。平衡校验的目的在于检查相反项目间是否平衡。例如，会计工作中检查借方会计科目合计与贷方会计科目合计是否一致。又如，银行业务中检查普通存款定期存款等各种数据的合计，是否与日报表各种存款的分类合计相等等。

（12）对照校验。对照校验就是将输入的数据与基本文件的数据相核对，检查两者是否一致。例如，为了检查销售数据中的用户代码是否正确，可以将输入的用户代码与用户代码总表相核对。当两者的代码不一致时，就说明出错。当然，凡是出现新的用户，都应该先补入用户代码总表。

3．出错的改正方法

出错的改正方法应根据出错的类型和原因而异。

（1）原始数据错。发现原始数据有错时，应将原始单据送交填写单据的原单位修改，不应由键盘输入操作员或原始数据检查员等想当然地予以修改。

（2）机器自动检错。当由机器自动检错时，出错的恢复方法有以下几种：

①待输入数据全部校验并改正后，再进行下一步处理。

②舍弃出错数据，只处理正确的数据。这种方法适用于作动向调查分析的情况，这时不需要太精确的输出数据，例如，求百分比等。

③只处理正确的数据，出错数据待修正后再进行同法处理。

④剔出出错数据，继续进行处理，出错数据留待下一运行周期一并处理。此种方法适用于运行周期短而剔出错误不致引起输出信息正确性显著下降的情况。

4．出错表的设计

为了保证输入数据正确无误，数据输入过程中需要通过程序对输入的数据进行严格的校验。发现有错时，程序应当自动地打印出出错信息一览表（即出错表）。出错表可由两种程序打出：一种是以数据校验为目的的程序，另一种是边处理、边作数据校验的程序。

（四）原始单据的格式设计

输入设计的重要内容之一是设计好原始单据的格式。研制新系统时，即使原系统的单据很齐全，一般也要重新设计和审查原始单据。

设计原始单据的原则是：

1．便于填写

原始单据的设计要保证填写得迅速、正确、全面、简易和节约，具体地说应做到：填写量小，版面排列简明、易懂。

2．便于归档

单据大小要标准化、预留装订位置，标明传票的流动路径。

3．单据的格式应能保证输入精度

（五）输入屏幕设计

从屏幕上通过人机对话输入是目前广泛使用的输入方式。因为是人机对话，既有用户输入，又有计算机的输出。通常，人机对话采用菜单式、填表法和应答式三种方式。

八、数据库设计

在系统分析阶段进行新系统逻辑模型设计时，已从逻辑角度对数据存储进行了初步设计。到系统设计阶段，就要根据已选用的计算机硬件和软件及使用要求进一步完成数据存储的详细设计。

管理信息系统总是基于文件系统或数据库系统的，文件是存放系统中要处理的和维护的数据的基本方式，在数据存储设计中，要确定数据的组织方式。对整个系统的全局数据管理需采用数据库。无论采用哪种方法，文件都是数据管理的最基本的方式。

文件设计就是根据文件的使用要求、处理方式、存储量、数据的活动性以及硬件设备的条件等，合理地确定文件类别，选择文件介质，决定文件的组织方式和存取方法。

（一）文件的分类

文件可以按不同特征进行分类。

1．按文件的存储介质分类。按文件的存储介质不同可把文件分为卡片文件、纸带文件、磁盘文件和打印文件等。

2．按文件的信息流向分类。按文件的信息流向可把文件分为输入文件（如卡片文件）、输出文件（如打印文件）和输入输出文件（如磁盘文件）。

3．按文件的组织方式分类。按文件的组织方式可把文件分为顺序文件、索引文件和直接存取文件。

4．按文件的用途分类。按文件的用途分类可把文件分为以下几种：

（1）主文件。主文件是系统中最重要的共享文件，主要存放具有固定值属性的数据。为发挥主文件数据的作用，它必须准确、完整并及时更新。

（2）处理文件。处理文件又称事务文件，是用来存放事务数据的临时文件，包含了对主文件进行更新的全部数据。

（3）工作文件。工作文件是处理过程中暂时存放数据的文件。如排序过程中建立的排序文件，打印时建立的报表文件等。

（4）周转文件。周转文件用来存放具有固定个体变动属性的数据。

（5）其他文件。在信息系统中，还有一些其他类型的文件及上述文件的其他用法。例如，后备文件是主文件、处理文件、周转文件的副本，用以在文件遭到破坏时进行恢复；档案文件是长期数据进行离线保存的文件，以作为历史资料，防止非法访问。

（二）文件设计

设计文件之前，首先要确定数据处理的方式、文件的存储介质、计算机操作系统提供的文件组织方式、存取方式和对存取时间、处理时间的要求等。

文件设计通常从设计共享文件开始，这是因为共享文件与其他文件的关系密切，先设计共享文件，其他文件中与它相同的数据项目就可以用它作为基准，尽量求得一致。

文件由记录组成，所以设计文件主要是设计文件记录的格式。记录设计中还应注明记录由哪个程序形成，又输出到哪个程序。文件设计还应考虑文件的管理问题，要确定文件的管理制度，有效地进行管理。

（三）数据库设计

数据库设计是在选定的数据库管理系统的基础上建立数据库的过程。数据库设计除用户要求分析外，还包括概念结构设计、逻辑结构设计和物理结构设计的三个阶段。数据库设计的几个步骤与系统开发的各个阶段相对应，且融为一体。

1．数据库的概念结构设计。概念结构设计应在系统分析阶段进行。任务是根据用户需求设计数据库的概念数据模型（简称概念模型）。概念模型是从用户角度看到的数据库，它可以用 E—R 模型表示，也可以用关系模型表示。

2．数据库的逻辑结构设计。逻辑结构设计是将概念结构设计阶段完成的概念模型转换成能被选定的数据库管理系统（DBMS）支持的数据模型。

数据模型可以由实体联系模型转换而来。将 E—R 模型转换为关系数据模型的规则为：

（1）每一实体集对应于一个关系模式。实体名作为关系名，实体的属性作为对应关系的属性。

（2）实体间的联系一般对应一个关系，联系名作为对应的关系名，不带有属性的联系可以去掉。

(3) 实体和联系中关键字对应的属性在关系模式中仍作为关键字。

通常不同型号计算机系统配备的 DBMS 的性能不尽相同。为此数据库设计还需深入了解具体 DBMS 的性能和要求，以便将一般数据模型转换成所选用的 DBMS 能支持的数据模型。

逻辑结构设计阶段提出的关系数据模型应符合第三范式(3NF) 的要求。

如果选用的 DBMS 是支持层次，网络模型的 DBMS 则还需完成从关系模型向层次或网络模型转换的工作。

到此为止，数据库的逻辑结构设计并未完成。下一步是用 DBMS 提供的数据描述语言 DDL 对数据模型予以精确定义，即所谓模式定义。例如 FoxPro 和 FoxBASE 中的 CREATE 命令，其作用类似于 DDL，可用来定义逻辑数据结构。

3. 数据库的物理结构设计。物理结构设计是为数据模型在设备上选定合适的存储结构和存取方法，以获得数据库的最佳存取效率。物理结构设计的主要内容包括：

第一，数据库文件的组织形式。如选用顺序文件组织形式、索引文件组织形式等。

第二，存储介质的分配。例如将易变的、存取频繁的数据存放在高速存储器上；稳定的、存取频度小的数据存放在低速存储器上。

第三，存取路径的选择等。

第三节　系统实施

系统实施的主要内容包括物理系统的实施、程序设计与调试、项目管理、人员培训、数据准备与录入、数据转换和评价等。系统实施阶段既是成功地实现新系统，又是取得用户对系统信任的关键阶段。MIS 的规模越大，实施阶段的任务就越复杂。为此，在系统正式开始实施之前，就要制定出周密的计划，即确定出系统实施的方法、步骤、所需的时间和费用。并且要监督计划的执行，做到既有计划又有检查，以保证系统实施工作的顺利进行。

一、物理系统的实施

MIS 物理系统的实施是计算机系统和通信网络系统设备的订购、机房的准备和设备的安装调试等一系列活动的总和。

（一）计算机系统的实施

随着电子信息产业的发展，计算机技术的发展可谓日新月异，不同厂家、型号的计算机产品为信息系统的应用提供了广阔的舞台，但也给系统的实施带来了一定的复杂性，我们必须从这些计算机产品中选择最适合应用需要的品牌。购置计算机系统的基本原则是能够满足 MIS 的设计要求。此外，还应当考虑以下问题：计算机系统是否具有合理的性能价格比；系统是不是具有良好的可扩充性；能否得到来自供应商的售后服务和技术支持等。

计算机作为精密电子设备，它对周围环境相当敏感，尤其在安全性较高的应用场合，对机房的温度、湿度等都有特殊的要求。通常，机房要安装双层玻璃门窗，并且要求无尘。硬件通过电缆线连接至电源，电缆走线要安放在防止静电感应的耐压有脚的活动地板下面。另外，为了防止由于突然停电造成的事故发生，应安装备用电源设备，如功率足够的不间断电源。

当计算机设备到货后，应该马上按订货合同进行开箱验收。计算机系统的安装与调试任务主要应由供货方负责完成。系统运行用的常规诊断校验系统也应由供货方提供，并负责操作人员的培训。

（二）网络系统的实施

MIS 通常是一个由通信线路把各种设备连接起来组成的网络系统。MIS 网络有局域网和广域网两种。局域网（LAN）通常指一定范围内的网络，可以实现楼宇内部和邻近的几座大楼之间的内部联系。广域网（WAN）设备之间的通信，通常利用公共电信网络，实现远程设备之间的通信。

网络系统的实施主要是通信设备的安装、电缆线的铺设及网络性能的调试等工作。常用的通信线路有双绞线、同轴电缆、光纤电缆以及微波和卫星通信等。

二、程序设计

（一）程序设计的目标

随着计算机应用水平的提高，软件愈来愈复杂，同时硬件价格不断下降，软件费用在整个应用系统中所占的比重急剧上升，从而使人们对程序设计的要求发生了变化。在过去的小程序设计中，主要强调程序的可维护性、可靠性和可理解性，然后才是效率。

1．可维护性

由于信息系统需求的不确定性，系统需求可能会随着环境的变化而不断变化，因此，就必须对系统功能进行完善和调整，为此，就要对程序进行补充或修改。此外，由于计算机软硬件的更新换代也需要对程序进行相应的升级。

MIS 寿命一般是 3 年至 10 年时间，因此程序的维护工作量相当大。一个不易维护的程序，用不了多久就会因为不能满足应用需要而被淘汰，因此，可维护性是对程序设计的一项重要要求。

2．可靠性

程序应具有良好的容错能力，不仅正常情况下能正确工作，而且在意外情况下应便于处理，不至产生意外的操作，从而造成严重损失。

3．可理解性

程序不仅要求逻辑正确，计算机能够执行，而且应当层次清楚，便于阅读。这是因为程序的维护工作量很大，程序维护人员经常要维护他人编写的程序，一个不易理解的程序将会给程序维护工作带来困难。

4．效率

程序的效率指程序能否有效地利用计算机资源。近年来，由于硬件价格大幅度下降，而其性能却不断完善和提高，程序效率已不像以前那样举足轻重了。相反，程序设计人员的工作效率则日益重要。提高程序设计人员的工作效率，不仅能降低软件开发成本，而且可明显降低程序的出错率，进而减轻维护人员的工作负担。此外，程序效率与可维护性、可理解性通常是矛盾的，在实际执行过程中，人们往往宁可牺牲一定的时间和空间，也要尽量提高系统的可理解性和可维护性，片面地追求程序的运行效率反而不利于程序设计质量的全面提高。为了提高程序设计效率，应充分利用各种软件开发工具，如MIS生成器等。

（二）结构化程序设计方法

编写程序应符合软件工程化思想。应用软件的编程工作量极大，而且要经常维护、修改。如果编写程序不遵守正确的规律，就会给系统的开发、维护带来不可逾越的障碍。软件工程的思想利用工程化的方法进行软件开发，通过建立软件工程环境来提高软件开发效率。

1．自顶向下的模块化设计（TOP—DOWN）

自顶向下的方法在系统分析和设计阶段都要使用。每个系统都是由功能模块构成的层次结构。底层的模块一般规模较小，功能较简单，完成系统某一方面的处理功能。在设计中使用自顶向下方法的目的在于一开始能从总体上理解和把握整个系统，而后对于组成系统的功能模块逐步求精，从而使整个程序保持良好的结构，提高软件开发的效率。

在模块化程序设计中应主要注意：

（1）模块的独立性。在系统中模块之间应尽可能地相互独立，减少模块间的藕合，即信息交互，以便于将模块作为一个独立子系统开发。

(2) 模块大小划分要适当。模块中包含的子模块数要合适，既便于模块的单独开发，又便于系统重构。

(3) 模块功能要简单。底层模块一般应完成一项独立的处理任务。

(4) 共享的功能模块应集中。对于可供各模块共享的处理功能，应集中在一个上层模块中，供各模块应用。

2. 结构化程序设计方法（Structured Programming）

自顶向下的模块化方法描述了大程序设计的原则，在具体编程中，则应采用结构化程序设计方法。这种方法指导人们用良好的思想方法去设计程序，其特点是采用以下三种基本逻辑结构来编写程序：顺序结构、循环结构和选择结构。

(1) 顺序结构。顺序结构是一种线性有序的结构，由一系列依次执行的语句模块组成。

(2) 循环结构。循环结构是由一个或几个模块构成，程序运行时重复执行，直到满足某一条件为止。如 FoxPro 中的 Do While－Enddo 语句，一般格式为：

```
DO WHILE <条件>
 <命令组 1>
 [Loop]
 <命令组 2>
 [EXIT]
 <命令组 3>
ENDDO
```

(3) 选择结构。选择结构是根据条件成立与否选择程序执行路径的结构，一般有以下三种形式：

结构一

```
    IF <条件>
        <命令组 1>
    ELSE
<命令组 2>
```

```
ENDIF
结构二
        IF < 条件 >
            < 命令组 >
        ENDIF
结构三
        DO CASE
CASE < 条件 1 >
        < 命令组 1 >
      CASE < 条件 2 >
 < 命令组 2 >

CASE < 条件 n >
        < 命令组 n >
      ENDCASE
```

三、软件开发工具

过去，应用程序由专业计算机人员逐行编写，不仅周期长、效率低、质量差，而且重复劳动多，不易修改。计算机在信息系统中应用的日益扩大，促使人们对软件设计自动化进行了大量研究，并开发出各种软件生成工具。利用软件生成工具进行系统开发可以大大地减少甚至避免手工编写程序，并且避免了手工方式的编程错误，从而极大地提高了系统开发效率。下面首先对几种常用的工具软件作一介绍：

（一）电子表格软件

如 Lotus1－2－3 电子表格软件包有一个规模较大的电子工作表。用户可以通过键盘在屏幕上填写表中数据，存入数据库，然后按图形方式显示或打印出来。由于这种软件可以灵活地与 FoxBASE、BASIC 等数据文件转换成工作表文件，所以使用比较方便。此外，Lotus1－2－3还设定了许多统计和财会中常用的函数和模型，因而便于MIS和DSS的开发。

（二）数据库管理

现在的数据库管理系统已不只是局限于数据管理，而且具备相当强的软件生成功能。例如，ORACLE数据库管理系统中，利用SQL PLUS可以通过选择一些菜单和相应的功能键方便地进行对库操作；SQL PLUS的触发器机制为保证数据的完整性、一致性和合法性提供必要的检验手段；SQL REPORT和SQL GRAPH为报表、图形生成提供方便。以上这些ORACLE软件工具配合使用起来，可以形成一个综合的应用软件开发环境。

又例如，软件公司和FOX公司开发的FoxPRO和Windows具有功能很强的菜单生成器、屏幕编辑器、报表编写器、应用生成器和跟踪调试工具，可以快速地生成各种菜单程序、输入输出屏幕、报表和应用程序。

（三）套装软件（set of software）

所谓套装软件是将流行的若干软件集成起来形成一套软件。例如，套装软件Office就是将文字处理软件（Word）、电子表格软件（Excel）和绘图软件（Power Point）融合在一起，可同时运用字处理、电子表格和绘图功能。其中，Excel还具备一定规模的生成模型的函数。

（四）可视化（Visual BASIC）编程工具

Visual BASIC是一种可编程的应用软件，其特点是具有生成功能，用户可方便地设计界面，而且它提供给用户一种可以跨越多个软件平台的通用语言。软件开发人员只要掌握一种核心的语言，就可方便地与其他软件连接，而且看到的是相同的用户界面。

（五）计算机辅助软件工程（CASE）

软件开发工具的发展非常迅速，现在已由原来单纯辅助编程的工具进一步发展成为支持系统分析和系统设计（如生成数据流程图、生成功能结构图和各种文档资料等）乃至整个系统生命周期的大型软件环境，称为计算机辅助软件工程（COMPUTER AIDED SOFTWARE ENGINEERING，简称 CASE）。

CASE 中集成了多种工具，这些工具既可以单独使用，也可以组合使用，其特点是为系统开发提供了全过程的开发环境。

四、程序和系统的测试

程序和系统调试的目的是发现程序和系统中可能存在的错误并及时予以纠正。

（一）程序调试

程序的正确性验证一般有理论法和实验法两种。理论法是属于程序正确性证明问题，它是利用数学方法证明程序。程序证明是一个令人鼓舞的方法，但尚处于研究之中，近期内还不能达到实用阶段。目前，程序正确性验证中普遍采用的仍是实验法。程序只有经过实验法调试，才能认为程序基本正确，而要证明程序完全正确，则要经过一段时间试用才能确定。

1. 代码测试

调试过程中通常要编写测试数据。测试数据除采用正常数据外，还应包括一些异常数据和错误数据，用来考验程序逻辑上的正确性。测试数据是经过精心挑选的，使程序和模块中的每一条语句都能得到执行，即能够测试程序中的任一逻辑通路。常用的测试数据有以下几种：

（1）用正常数据调试。

（2）用异常数据调试。例如用空数据文件参加测试，检查程序能否运行。

（3）用错误数据调试。试验程序对错误的处理能力，包括显示出错误信息以及允许修改错误的可能性。具体检查内容有：

输入键入错误时（包括错的键号和不应有的键号）能否及时检出和发出出错信息，并允许修改；

输入数据错误时（包括错误数据、不合理数据和负数）能否及时查出或发出出错信息，并允许修改；

操作错误时（包括磁盘错误、操作步骤或方法错误）能否及时检出并发出警告信息，并允许改正。

2. 程序功能测试

经代码测试正确的程序只是基本上验证了程序逻辑上的正确性，但并不能验证程序是否满足程序说明中定义的功能，也不能验证测试数据本身是否完备。程序功能测试则面向程序应用环境，把程序看作一个“黑盒子”，认为程序只要满足应用功能上的需求，就是可行的。

（二）分调（功能调试）

系统的应用软件通常由多个功能模块组成，每个模块由一个或几个程序构成。在单个程序调试完成以后，尚需进行分调，即将一个功能内所有程序按次序串联起来进行调试。这种调试的目的是要保证模块内各程序间具有正确的控制关系，同时可以测试模块的运行效率。

（三）总调（能行性联调）

总调的内容包括两部分：

1. 主控程序和调度程序调试

这部分程序的语句不多，但逻辑控制复杂。调试时，将所有控制程序与各功能模块的接口“短路”，即用直接送出预先安排计算结果的联系程序替代原功能模块。调试目的不是处理结果的正确性，而是验证控制接口和参数传递的正确性，以及发现并解决资源调度中的问题。

2. 程序的总调

功能模块和控制程序调试完成后，即可进行整个系统程序的总调。也就是将主控制和调度程序与各功能模块联结起来进行总体调试，对系统各种可能的使用形态及其组合在软件中的流通情况进行能行性测试。

这一阶段查出的往往是模块间相互关系方面的错误和缺陷。

（四）特殊测试

除了上述常规测试之外，还有一些必要的性能测试。这些测试往往不是针对程序在正常情况下运行的正确与否，而是根据系统需求选择进行的，主要有峰值负载测试、容量测试、响应时间测试、恢复能力测试等。

进行系统程序调试时，没有必要按完全真实情况下的数据量进行。通常采用“系统模型”法以使用最少的输入数据量完成较全面的软件测试。通过对数据的精心选择，大大减少了输入数据量，不仅可以使处理工作量大为减少，而且也更容易发现错误和确定错误的范围。调试中要严格核对计算机处理和人工处理的两种结果，通常是先校对最终结果，发现错误再回到相应中间结果部分校对，直到基本确定错误范围。

系统测试完成后，在交付用户使用之前，还需要进行实况测试。实况测试以过去手工处理方式下得出正确结果的数据作为输入，将系统处理结果与手工处理结果进行比较。这一阶段，除严格校对结果外，主要考察系统运转的合理性与效率，包括可靠性（作业处理的成功率是否高）。

系统调试完成后，应编写操作说明书，完成程序框图和打印源程序清单。

五、系统切换、运行及维护

（一）系统切换

系统切换指由旧的手工处理系统向新的计算机信息系统过渡。

信息系统的切换一般有三种方法：

1. 直接切换法

直接切换就是在某一确定的时刻，老系统停止运行，新系统投入运行，新系统一般要经过较详细的测试和模拟运行。考虑到系统测试中试验样本的不彻底性，一般只有在老的系统已完全无法满足需要或新系统不太复杂的情况下采用这种方法。

2．并行切换法

这种方法在新系统投入运行时，老系统并不停止运行，而是与新系统同时运行一段时间，对照两者的输出，利用老系统对新系统进行检验。一般可分两步进行，第一步以原系统作业为正式作业，原系统作校核用，经过一段时间运行，在验证新系统处理准确可靠后，原系统停止运行。并行处理的时间视业务内容而定，短则2至3个月，长则半年至一年，转换工作不应急于求成。

3．试点过渡法

试点过渡法先选用新系统的某一部分代替老系统作为试点，逐步地代替整个老系统。

系统切换过程中，应注意以下问题，这些问题解决得好，将给系统的顺利切换创造条件。

(1) 新系统的投运需要大量的基础数据，这些数据的整理与录入工作量特别庞大，应及早准备、尽快完成。

(2) 系统的切换不仅是机器的转换、程序的转换，更难的是人工的转换，应提前做好人员的培训工作。

(3) 系统运行时会出现一些局部性的问题，这是正常现象。系统工作人员对此应有足够的准备，并做好记录。系统只出现局部性问题，说明系统是成功的；反之，如果出现致命的问题，则说明系统设计质量不好，整个系统甚至要重新设计。

(二) 系统运行管理及维护

MIS系统正式投入运行后，为了让MIS长期高效地工作，必须加强对MIS运行的日常管理。

MIS运行的日常管理决不仅仅是机房环境和设施的管理，更主要的是对系统每天运行状况、数据输入和输出情况以及系统的安全性与完备性及时如实地记录和处置。这些工作主要由系统管理员完成。

1．系统运行的日常维护。包括数据收集、数据整理、数据录入及处理结果的整理与分发。此外，还包括简单的硬件管理和设施管理。

2．系统运行情况的记录。整个系统运行情况的记录能够反映出系统在大多数情况下的状态和工作效率，对于系统的评价与改进具有重要的参考价值。因此，对 MIS 的运行情况一定要及时、准确、完整地记录下来。除了记录正常情况（如处理效率、文件存取率、更新率）外，还要记录意外情况发生时的时间、原因与处理结果。

记录 MIS 运行情况是一件细致而繁琐的工作，从系统开始投入运行就要抓好。

系统刚建成时所编制的程序和数据很少能一字不改地沿用下去。系统人员应根据 MIS 运行的外部环境的变更和业务量的改变及时对系统进行维护。维护内容包括：

1．程序的维护。程序维护指根据需求变化或硬件环境的变化对程序进行部分或全部的修改。修改时应充分利用原程序，修改后要填写程序修改登记表，并在程序变更通知书上写明新老程序的不同之处。

2．数据文件的维护。数据文件的维护（主文件的定期更新不算在内）有许多是不定期的，必须在现场要求的时间内维护好。维护时一般使用开发商提供的文件维护程序，也可自行编制专用的文件维护程序。

3．代码的维护。代码的维护（如订正、添加、删除至重新设计）应由代码管理小组（由业务人员和计算机技术人员组成）进行。变更代码应经过详细讨论，确定之后应用书面写清、贯彻。代码维护的困难往往不在代码本身的变更，而在于新代码的贯彻。为此，除了成立专门的代码管理小组外，各业务部门要指定专人进行代码管理，通过他们贯彻使用新代码。这样做的目的是要明确管理职责，有助于防止和订正错误。

第七章 酒店管理信息系统的管理

第一节 系统的组织管理机构

计算机化的管理信息系统是企业经营管理体系的重要组成部分，而且，正逐渐发挥着更大的作用。只有建立正式的信息系统管理机构，指明明确的工作职能，并配备相应的资源，才能保证信息系统的正常运转和发挥作用。

一、旅游企业信息系统管理机构的设立

目前，国内旅游企业信息系统管理机构的设置主要有两种方式，这两种方式的设置是根据已经计算机化的管理信息系统在企业内发挥的作用安排的，各有利弊。

第一种方式，在财务部内下设具有相对独立职能的电脑房，主管企业计算机管理信息系统的运行和维护工作。企业采用这种机构设置方式的主要出发点是：计算机管理信息系统解决的主要问题是协助企业营业部门正确、及时地处理营业款项的计算和收付，信息系统的其它功能仅仅是收付款系统的辅助功能。以酒店企业为例：企业应用计算机化管理信息系统首先是从财务部门和总台业务开始的，财务部门应用计算机系统是为了提高会计业务的核算准确性、速度和减轻会计人员的工作量，总台业务的计算机化是为了正确、

及时地记录和计算出客人在住店期间的消费情况，便于及时地向客人催交费用款项和在客人离店时提供快速结账服务。采用这种设置方式的优点是：信息系统管理机构相对简单，运行成本较低，易于协调信息系统和企业财务部门的关系，这种关系对于保证企业营业收入的实现是十分重要的。其缺点是：忽视了信息系统在企业内应用的潜力，不利于从企业长期发展的战略角度管理信息系统，可能会限制信息系统应该发挥的作用，同时，不利于协调信息系统管理机构同其它业务部门的关系。旅游酒店和餐饮企业大多采用这种组织方式。

第二种方式，是设置同其它部门平行的、业务相对独立的信息中心，主管全企业的信息系统规划、运行维护和与其它部门的合作。企业采用这种机构设置方式的出发点是：计算机化的管理信息系统涉及到企业经营管理的各个方面和各个过程，同时，又同各业务部门的工作密切相关，必须采用统一规划、统一管理的方式。采用这种机构设置方式的优点是：信息系统管理机构同其它部门处于平级的地位，并不附属于哪一个业务部门，信息系统管理的职能更加明确，便于协调各部门的工作和从整体、长远的角度规划和管理企业的信息网络系统，在 Internet 技术飞速发展的今天，便于企业信息资源的共享和保护。其缺点是：必须配备足够的人力资源，运行成本较高。旅行社企业大多采用这种方式。

在信息技术发达的西方国家，企业的计算机化水平很高，使得信息真正地成为企业的一种重要的资源。因此，各企业十分重视对计算机管理信息系统的投入和管理，企业对信息系统管理机构往往赋予非常重要的职责和较高的权限，有些企业还设置与副总经理平级的信息技术主管。这对企业的信息系统计算机化起到了非常重要的推动作用，有利于提高企业的竞争力，是值得我们借鉴的。

二、信息系统管理机构的职能

现代信息化社会的一项重要标志就是，信息正逐渐成为企业内同人力、物力、财力资源同等重要的一种资源。在激烈竞争的旅游市场中，各旅游企业只有及时地获取企业内外的客源市场信息、客人消费信息等，并及时地利用这些信息制定正确的决策，才有可能得到生存和发展。如何对企业的信息资源实施有效的管理，保证信息资源得到充分的利用，成为企业信息系统管理机构的基本职能，在这一基础上的具体职能应该有：

1. 从战略和长远发展的角度全面地规划企业的计算机管理信息系统。随着计算机技术应用的深入和普及，企业的计算机化程度会越来越高，在企业内的各级、各类人员接受计算机应用系统的过程中，其对工作的观念会逐渐发生相应的变化，这将对传统的工作内容和组织机构提出新的挑战，企业的经营管理体系必须要适应这种变化。信息系统管理机构是企业计算机技术的代表者，必须要对这一趋势有正确的认识，将企业业务过程的长期发展观念同计算机化的信息处理技术结合起来，正确地规划出企业经营管理体系的未来，并通过有效的方式引导企业向这一方向发展。

2. 制定出与企业基本业务过程和技术水平相适应的信息系统管理制度。计算机化的信息处理技术与传统的手工作业方式大不相同，它既依赖于人的判断能力和对系统的数据输入情况，又能够提高人的信息处理能力，帮助人们正确地制定决策，因此，必须制定约束性的制度条款，约束企业员工操作计算机系统的自由度，指导员工正确地系统操作。这些制度又要和企业的基本业务过程和员工的平均技术水平相适应。酒店向客人提供的产品是住宿、饮食和娱乐服务，这与工厂生产实物产品的过程是完全不同的，不可能将工厂的生产管理软件拿到酒店来，也就是不可能将工厂的管理制度用之于酒店管理。计算机毕竟是一种仅带有十分有限智能的机器设备，只有正确地操作计算机、向计算机系统中输入正确的数据，才能保证计算机系统提供正确的数据。操作计算机设备的人必须具有一定的技术水平。

3. 负责对企业内各级、各类员工的培训。

4. 负责维护系统的设备、软件和数据。

三、信息系统管理机构与企业内其它机构的关系

旅游企业的信息系统是服务于企业经营管理决策的各个方面的，企业内几乎所有职能部门的工作都与信息系统有关。这些部门的日常经营管理决策都依赖于对各部门内产生的数据信息和其它部门提供的信息的掌握情况，企业高层管理决策的贯彻和执行结构的反馈，也有赖于其内部信息交流渠道内信息的上传和下达，只有及时、准确地利用这些信息，才能制定出正确的决策，各部门经营管理活动所表现出来的信息，也是其它部门和高层管理决策的依据。因此，对企业内的所有部门来说，它既是信息系统的信息提供者，也是信息的使用者，是信息系统的输入者，也提供各种信息输出的功能。

企业内部信息系统管理机构的主要职能是规划企业信息系统的发展方向和保证信息系统正常、有效地发挥作用，它和企业内其它机构有着千丝万缕的联系。信息系统管理机构的工作有赖于其它部门的支持，其工作的结果也会影响到其它部门工作的开展。一方面，信息系统之所以能够发挥作用，主要在于它能够提供经营管理所需的各种经过处理的业务信息，而这些信息又来自于各业务部门正确、及时的输入，信息系统中的许多计算机设备也分布在各业务部门中，需要各业务部门操作人员的正确操作和细心保养。如果各业务部门对信息系统管理工作不配合，就会影响该部门所涉及到的信息资源和设备的完好性，进而影响到整个企业信息系统功效的发挥。另一方面，信息系统管理机构的工作要保证已进入系统的各种业务数据得到妥善的保存和正确的处理，同时，一旦其它部门的设备和网络发生故障，应该及时派人检修。如果由于系统管理人员的工作疏忽或工作效率不高，使得系统中的数据发生丢失、被破坏、处理过程错误，或计算机设备等的故障得不到及时的维护和恢复，就会使有关部门得不到想要得到的信息，影响该部门工作的正常开展。

企业内信息系统管理机构服务于其它业务部门的管理决策，更重要的是，它应该成为其它部门的合作机构。甚至有些企业通过将信息管理机构向其它部门提供的信息视为一种经济交易，根据提供信息的数量和质量来决定其价格，以显示企业对计算机化管理信息系统管理机构的重视。

第二节　系统运行管理

新的信息系统建立后，经过调试与必要的修改即可在一个恰当的时候作新老系统的切换，进入新系统的运行阶段。信息系统在运行阶段将发挥作用，产生效益。但系统建成后，预定的目标并不是肯定能实现的，开发与运行是影响系统质量与效果的两个同等重要的方面。即开发出的系统再好，如果运行不好，就无法体现新系统的优越性。

以计算机为工具的信息系统与传统的信息系统相比，在数据流程、处理方法、操作方法及表现形式等方面有很大的差别，新老系统转换的同时也要求管理人员从传统管理系统进入新系统，而人对任何新事物都有一个适应过程。如何使不同层次的使用人员能尽快地适应新系统，充分发挥系统能提供的功能，是运行管理要解决的问题。刚建立的信息系统必然有不少在实际运行中才能发现的缺陷，随着企业内部与外部环境的变化，系统也会暴露出不足之处或不适应之处，这也是在系统运行过程中始终存在的要予以解决的问题。为了使基于计算机网络的信息系统分布于各部门各岗位的计算机设备与软件有一个良好的状态，必须有一个统一的管理。系统中的基本数据及日积月累的数据与信息是企业重要的资源，为保证能充分地利用这些资源，数据与信息的储存、维护、安全与保密也是运行中要做的重要工作。

信息系统运行阶段管理工作的目的要求与开发阶段有根本的区别，开发阶段要求经济地、按质按时开发好系统，而运行管理的目的是使信息系统在一个预期的时间内能正常地发挥其应有的作用，产生其应有的效益。

信息系统运行管理的任务围绕这一目的展开，一般包括三个方面的工作：(1) 日常运行的管理；(2) 系统文档规范管理；(3) 系统的安全与保密。

这些工作须由一个专门的信息管理机构负责，在一套完整的操作规范与管理规范的约束下，靠全体管理与使用信息系统的人员共同来完成。随着企业信息化建设的深入，企业内部组建信息管理机构愈来愈显得重要。信息管理机构的主要职责是信息的管理与信息系统的管理。一般应命名为信息管理部、信息管理中心等，而不应以计算机工具来命名。根据其所涉及的部门范围及信息的重要性，在企业中的地位应高于其他部门。

信息系统管理机构除了负责系统的运行管理外，还要承担信息系统的长远发展建设、通过信息的开发与利用推动企业各方面的变革等工作。

一、信息系统的日常运行管理

信息系统的日常运行管理是为了保证系统能长期有效地正常运转而进行的活动，具体有系统运行情况的记录、系统运行的日常维护及系统的适应性维护等工作。

(一) 系统运行情况的记录

从每天工作站点计算机的打开、应用系统的进入、功能项的选择与执行，到下班前的数据备份、存档、关机等，按严格要求来说都要就系统软硬件及数据等的运行情况作记录。运行情况有正常、不正常与无法运行等，后两种情况应将所见的现象、发生的时间及可能的原因作尽量详细的记录。运行情况的记录对系统问题的分析与解决有重要的参考价值。由于该项工作较繁琐，在实际上往往会流于形式，因此一般应在系统中设置自动记录功能。就目前的技术而言，这一点也是完全能做到的。但作为一种责任与制度，一些重要的运行情况及所遇到的问题，例如多人共用或涉及敏感信息的计算机及功能项的使用等仍应作书面记录。

系统运行情况的记录应事先制定尽可能详尽的规章制度，具体工作主要由使用人员完成。系统运行情况无论是自动记录还是由人工记录，都应作为基本的系统文档作长期管理，以备系统维护时参考。

（二）系统运行的日常维护

系统维护根据其目的可分为日常维护与适应性维护。日常维护是定时定内容地重复进行有关数据与硬件的维护，以及突发事件的处理等。

在数据或信息处理方面，须日常加以维护的有备份、存档、整理及初始化等。大部分的日常维护应该由专门的软件来处理，但处理功能的选择与控制一般还是由使用人员或专门人员来完成。为安全考虑，每天操作完毕后，都要对更动过的或新增加的数据备份。一般讲，工作站点上的或独享的数据由使用人员备份，服务器上的或多项功能共享的数据由专业人员备份。除正本数据外，至少要求有两个以上的备份，并以单双方式轮流制作，以防刚被损坏的正本数据冲掉上次的备份。数据正本与备份应分别存于不同的磁盘上或其他存储介质上。数据存档或归档是当工作数据累积到一定数量或经过一定时间间隔后转入档案数据库的处理，作为档案存储的数据成为历史数据。为防万一，档案数据也应有两份以上。数据的整理是关于数据文件或数据表的索引、记录顺序的调整等，数据整理可使数据的查询与引用更为快捷与方便，对数据完整性与正确性也很有好处。在系统正常运行后数据的初始化主要是以月度或年度为时间单位的数据文件或数据表的切换与结转数等的预置。

在硬件方面，日常维护主要有各种设备的保养与安全管理、简易故障的诊断与排除、易耗品的更换与安装等。硬件的维护应由专人负责。

信息系统运行中的突发事件一般是由于操作不当、计算机病毒、突然停电等引起的。当发生突发事件时，轻则影响系统功能的运行，重则破坏数据，甚至导致整个系统的瘫痪。突发事件应由企业信息管理机构的专业人员处理，有时要原系统开发人员或软硬件供应商来解决。对发生的现象、造成的损失、引起的原因及解决的方法等必须作详细的记录。

（三）系统的适应性维护

企业的环境处于不断变化之中，企业为适应环境，为求生存与发展，也必然要作相应的变革，作为支持企业实现战略目标的企业信息系统自然地也要做不断的改进与提高。另一方面，一个信息系统不可避免地会存在一些缺陷与错误，它们会在运行过程中逐渐暴露出来，为使系统能始终正常运行，所暴露出的问题必须及时地予以解决。为适应环境的变化及克服本身存在的不足对系统作调整、修改与扩充即为系统的适应性维护。

实践已证明系统维护与系统运行始终并存，系统维护所付出的代价往往要超过系统开发的代价，系统维护的好坏将显著地影响系统运行的质量、系统的适应性及系统的生命周期。我国许多企业的信息系统开发好后，不能很好地投入运行或难以维持运行，在很大程度上就是重开发轻维护所造成的。

系统的适应性维护是一项长期的有计划的工作，并以系统运行情况记录与日常维护记录为基础，其内容有：

1．系统发展规划的研究、制定与调整；

2．系统缺陷的记录、分析与解决方案的设计；

3．系统结构的调整、更新与扩充；

4．系统功能的增设、修改；

5．系统数据结构的调整与扩充；

6．各工作站点应用系统的功能重组；

7．系统硬件的维修、更新与添置；

8．系统维护的记录及维护手册的修订等。

信息系统的维护不仅为系统的正常运行所必需，也是使系统始终能适应系统环境、支持并推动企业战略目标实现的重要保证。系统适应性维护应由企业信息管理机构领导负责，指定专人落实。为强调该项工作的重要性，在工作条件的配备上及工作业绩的评定上与系统的开发等同看待。

二、系统的文档管理

文档是记录人们思维活动及其结果的书面形式的文字材料，信息系统的文档即是描述系统从无到有整个发展与演变过程及各个状态的文字材料。信息系统实际上由系统实体及与此对应的文档两大部分组成，系统的开发要以文档的描述为依据，系统实体的运行与维护更需要文档的支持。

系统文档不是事先一次性形成的，它是在系统开发、运行与维护过程中不断地按阶段依次推进编写、修改、完善与积累而形成的。可以说，如果没有系统文档或没有规范的系统文档，信息系统的开发、运行与维护会处于一种混沌状态，这将严重影响系统的质量，甚至导致系统开发或运行的失败。当系统开发人员发生变动时，问题尤为突出。因此，有些专家认为：系统文档是信息系统的生命线，没有文档就没有信息系统。

文档的重要性决定了文档管理的重要性，文档管理是有序地、规范地开发与运行信息系统所必须做好的重要工作。目前我国信息系统的文档内容与要求基本上已有了较统一的规定。根据不同的性质，可将文档分为技术文档、管理文档及记录文档等若干类。

系统文档是相对稳定的，随着系统的运行及情况的变化，它们会有局部的修改与补充，当变化较大时，系统文档将以新的版本提出。

系统文档的管理工作主要有：

1．文档标准与规范的制定；

2．文档编写的指导与督促；

3．文档的收存、保管与借用手续的办理等。

文档的标准与规范要按国家规定并结合具体系统的特点在系统开发前或至少在所产生的阶段前制定，用于指导与督促系统开发人员及系统使用人员及时编写有关的文档资料。为保持文档的一致性与可追踪性，所有文档都要收全，集中统一保管。

文档的管理虽不是一件日常性的工作，但因为对系统的质量至关重要而必须由专人负责，并形成制度化。

第三节 系统的安全管理

随着信息技术的发展，信息系统的应用范围不断扩大，不论在运行操作、管理控制，还是在经营管理计划、战略决策等社会经济活动的各个方面都发挥着越来越大的作用。信息系统处理和存储的，既有日常业务处理信息、技术经济信息，也有涉及企业或政府高层计划、决策的信息，其中可能有相当部分是属于极为重要并有保密要求的。社会信息化的趋势，导致了社会的各个方面对信息系统的依赖性越来越强。一旦信息系统出现任何破坏或故障，都将对用户以至整个社会生产产生重大的影响。特别是近年来世界范围内的计算机犯罪、计算机病毒泛滥等问题，使信息系统安全上的脆弱性表现得越来越明显。所以信息系统安全问题显得越发重要。

一、信息系统安全的概念

信息系统安全是指运行在计算机系统中的信息系统正常运行在有保护的、能够防范危险的环境中，即组成信息系统的硬件、软件和数据资源受到妥善的保护，不因自然和人为因素而遭到破坏、更改或者泄露系统中信息资源机密。信息系统的安全是一个系统的概念，它包括了信息系统设备的安全、软件的安全、数据的安全和运行的安全四个部分。

系统设备的安全是指保护计算机系统硬件、存储介质、通信设备和网络线路的安全，使它们不受自然和人为因素的影响破坏。它包括计算机机房的安全设计、计算机存储介质的安全保护、计算机网络通信系统的安全防护等多方面内容。信息系统的软件安全就是保护应用软件的程序代码及其相关数据、文档、权限在运行过程中不被任意窜改、失效和非法复制。信息系统的数据安全是保护信息系统内所存储的数据和资料不被非法使用和修改。信息系统的运营安全与管理是一个动态的、综合的概念，它着重保护信息系统的连续正确的运行。

二、影响信息系统安全的因素

一个完整的计算机信息系统由计算机的数据资源、应用软件、通信网络设备和运行环境组成，这四个方面的构成和配置因素影响着信息系统的安全性。

（一）影响计算机和通信网络设备安全的因素

物理设备是信息系统赖以运行的基本条件，在使用过程中常有可能受到以下因素的影响：

1．设备的偶然故障和系统故障

计算机和通信网络物理设备都存在不同的寿命周期，都存在老化的问题，极有可能随时间的推移发生偶然的事故；系统在设计过程中也有可能忽视某方面的因素或环境条件的变化，造成使用过程中不可避免的故障。

2．设备的失窃及人为损坏

硬件设备的失窃和人为损坏，不仅造成财产的损失，更严重的是造成信息系统运行基础与环境的崩溃。

3．操作失误

计算机和通信设备一般都是弱电设备，不正确的操作可能会使设备不能正常工作，如电源接错、非正常关机等。

4．被窃听

计算机硬件是靠高速的电子脉冲来驱动的，它不停地向周围发出载有所处理与传输信息的电磁波，用高技术设备接收这些电磁波，然后再进行复原处理就是计算机窃听术的一部分。

5．设备运行条件的影响

计算机系统的正常运行对其所在的环境有一定的要求，需要进行防尘、防火、防水、防静电及防电磁干扰等的处理，并且要求运行在稳定的、不间断的供电条件下。

6．保存条件

信息系统的软件和数据信息大部分存储在磁介质设备上，还有部分信息记录在其它介质上，如果对这些介质提供相应的保存条件，如温度、湿度等，就会造成信息记录的丢失。

（二）影响信息系统软件安全的因素

应用软件是计算机信息系统数据处理功能的具体体现，影响信息系统中软件安全的因素可以归纳为以下几个方面：

1．系统软件和应用软件自身的缺陷

大型软件的开发，是一个复杂的工程，需要有众多的人员共同参与，可能会由于彼此间的协作矛盾、设计不周、开发人员的偶然错误、软件设计与测试当中留下的断点、软件自身的容错能力不足等多方面原因,造成了最后交付的软件存在一些缺陷和隐患。而这些缺陷和隐患极有可能成为今后影响信息系统安全运行的重要因素。

2．计算机病毒

计算机病毒是对应用软件的最大威胁，而且由于病毒的隐藏性，对病毒的防范造成极大的困难，一旦受到病毒的破坏，会使整个信息系统瘫痪，使用户蒙受巨大损失。

3．操作失误

信息系统的运行状况在很大程度上取决于操作者能否正确使用，错误的操作不但有可能造成数据的混乱，而且有可能对软件造成威胁。

4．非法访问

应用软件的功能并不是对使用单位的所有业务人员都开放的，因此，在系统设计时，一般都有限制使用权限的考虑，业务人员或外部人员的非法越权访问不但会造成信息的失密和经济损失，还有可能对软件系统的正常运行造成威胁。

5. 被盗版

软件具有易于复制性，非法复制除了会造成软件的失密外，还会给犯罪人员提供分析、入侵和破坏系统的机会。

（三）影响信息系统内数据安全的因素

数据资源是所有信息系统处理的对象，也是构成信息系统的重要组成部分，在使用过程中最常受到操作失误和后备资料保存不当的影响。

（四）影响信息系统安全运行的环境因素

影响信息系统安全的因素，除了一些技术、环境及外来入侵等因素外，系统内部的行政管理、人员素质、职业守则及责任心等，对系统的安全也有重大的影响。

1. 安全意识不够

计算机信息管理系统在国内应用的普及深度不够，许多企业的管理者仅仅将信息系统看作是企业所有经营管理系统的一个附加系统，并未引起充分的重视，对信息系统的安全意识更是不够，这对全企业人员的信息安全观念有非常不利的影响。

2. 信息系统安全运行的管理制度不健全

目前企业内关于信息系统的管理制度大多集中在保障计算机硬件设备的物理安全，但不能满足信息系统整体安全的需要，其管理条文的科学性、完整性、有效性有待于进一步研究。

3. 计算机安全立法

计算机安全、计算机犯罪、计算机病毒的立法无疑也是影响信息系统安全的因素，需要用法律的手段来加强对信息系统的安全保护，这方面的工作还有待开展。

4. 工作人员素质

每个工作人员都有责任维护信息系统。但目前的状况是并非每个人都理解和重视系统安全的意义，一名不负责任或者无知的工作人员，他的一个失误就会给系统带来灾难性的损失。

5．信息系统的管理机构设置

信息系统是企业经营管理体系的重要组成部分，必须为该系统设置具有相当权限和责任的机构，并配置足够的人员和资金来源，保证该机构正常地发挥作用。

三、信息系统运行的安全管理

信息系统的安全运行管理是一个复杂的系统工程，企业必须以系统化的思想设计信息系统的安全管理体系，以保障信息系统安全可靠地运行。

（一）设备运行的安全条件

设备安放的场所（主要指计算机房）应选择一个安全的场地，要求：

1．对出入口实施控制，力求减少无关人员进入的机会。

2．避开火灾危险程度高的区域。

3．避开受尘埃、有害气体和腐蚀气体污染严重的区域。

4．避开低洼、潮湿、落雷区域。

5．避开强震动源、强噪声源区域。

6．避开对系统能产生影响的强电场、强磁场所在区域。

对设备安放场所内部的设计要考虑：

1．所用材料必须是不易燃烧的，并应能吸音、防潮、抗静电等。其它设备和辅助材料的选择，如磁盘柜、磁带柜、终端桌、工作台等也应当是非易燃材料制品。

2．要有足够的空间，便于设备的安装、调试和维修。

3．防磁、防电磁波。机房内的磁场干扰强度必须在允许的范围内，以避免磁记录设备如磁盘、磁带等受到干扰，避免计算机设备的运行受到强电磁波的影响。

4．电源。设有与大功率强电设备相隔离的专用供电线路，提供稳定、可靠的电源，同时，为确保计算机尤其是服务器的不间断运行，可根据需要选用维持不同工作时间的不间断电源（UPS）。

5．其它。所在建筑物还要具备一定的防震和防止雷电干扰的条件，应采取屏蔽电缆，且屏蔽层采取多点接地方式。在鼠害地区，还应具有防鼠措施。

（二）安全的保存条件

磁介质存储了大量的敏感信息和各种机密，保证这些磁介质信息的安全也是一个工作重点。对于磁介质信息的安全，主要着眼于安全保存，可以从以下几个方面入手：

1．提高磁介质的安全管理水平，委派专人管理，并制定严格的管理规章。

2．对磁介质所记录信息进行分类，根据分类采取分档管理。对关键的、敏感的磁介质需要登记造册、编制目录、集中管理，严格限制信息的复制、使用、发放手续，当需要销毁时必须登记；同时对磁介质所记录的信息要有防止拷贝和加密的措施；最后磁介质应当存放在能耐火的容器中存储。

3．每当工作完后，应当将文件复制到软盘等上备份，送入专门的保管室，并应当将磁介质所记录信息分成“机房内维持运行所需的最小数量磁介质信息”和“机房外备磁介质信息”两种版本分别存放,并在一定时期内循环拷贝,以保证磁介质中所存信息的可靠性。

（三）设计、选择和安装安全可靠的软件

企业中应用于信息系统的软件包括系统软件和应用软件，要求这些软件不仅能正常运行，而且还要具有一定的抵抗错误的能力，具体的要求如下：

1．选择、安装和运行安全可靠的操作系统和数据库管理系统。操作系统和数据库是面向企业应用的软件的基本构件，其安全性是信息系统安全中最基本的要求。

2．选择安全可靠的应用程序。这是解决具体信息处理能力的软件，应考虑的安全策略和措施包括：设立安全保护子程序；对所有的程序都进行安全检查测试，并定期执行程序抽样检查；对应用程序进行加密处理，也是保护它免受病毒破坏、免遭窃贼获取真实

程序文本的一个好办法。

3．尽量选择使用现有的安全可靠的软件。根据任务的需要，选用已经研制成功而且在实践中证明是可靠的安全的一般商业性应用软件，尽量避免计算机病毒的出现。

4．加强软件安全管理。要经常性地对软件进行测试，并随时检查软件是否已感染上了病毒。尤其要经常性地对将要用到的软磁盘进行病毒检查，防止病毒进入应用系统。

5．重视软件安全保护技术的研究，如软件加密技术和软件固化技术等，从根本上提高系统安全防护能力，抵御外来侵袭。

6．提高软件开发过程和应用过程的标准化、工程化、系列化的水平，加强软件的版权保护。

（四）保证信息系统中的数据安全

信息系统的数据安全是全社会关注的敏感问题，在西方发达国家，每年都会因为计算机数据的非法修改、诈骗、破坏等造成多达数十亿美元的经济损失。尽管我国的计算机应用还不很普及，但大量的信息系统用于国家、军队、银行、企事业的重要部门，许多的机密信息、情报资源、经营状况存储在计算机系统中，如果被盗、被泄露、被破坏，其损失也是十分巨大的。因此，必须从多个方面、采用多种技术做好信息系统中数据的安全保护工作。

1．加强存取控制，防止非法访问。包括：授权访问；明确规定用户数据的范围及可以实施的操作；实施存取权限控制。采用最小特权原则、最小泄露原则和最大共享策略的综合性策略。

2．数据加密。采用序列密码、分组密码、公开密钥密码、磁盘文件数据信息加密和网络加密方法,尽量减小数据泄密的可能性。

3．及时备份系统中的各种数据，重要的数据文件，应当有完整的备份，在遭受自然灾害或意外事故将数据文件破坏后，使数据不致于完全丢失，并能使系统尽快恢复运行。

（五）制定有效的信息系统安全管理制度

制定有效的信息系统安全管理制度，并设立独立的信息系统管理机构，配置能够满足需要的各种资源，将制度中的各种职责落实到具体的个人身上。为保证管理制度的实施，企业的高层管理人员应以身作则，在思想上加以重视，并随时检查制度的执行情况。主要的职责包括：

1. 制定安全管理的目标；

2. 协助高层管理者制定安全管理制度及细则；

3. 制定系统安全应急计划，减少意外事件对信息系统的损害；

4. 做好系统安全规划和协调，使信息系统有较高的安全度；

5. 制定系统的信息保护策略,规划系统的保护目标和技术手段；

6. 进行系统的安全风险和威胁分析，制定采取的对抗措施，并考虑是否参加安全保险；

7. 经常组织安全教育培训和宣传，提高工作人员的安全意识和技术水平，定期对系统进行安全检查。

信息系统的安全管理问题涉及面广，需要慎重考虑。各企业应遵照国家有关法规，以行政制度为手段，由相应组织的人员协调有关的信息系统安全活动，防止内部人员或外部人员利用非法的手段窃取、破坏、修改和泄露信息系统中处理、存储及传输的信息,减少因管理不当而给信息系统安全所造成的威胁,保证系统的正常运行。

（六）计算机病毒与预防

近年来，世界范围内的计算机系统一直受到计算机病毒的困扰，到现在尚无一种非常有效的、彻底的防治手段。计算机病毒实际上是一种专门破坏其它程序和数据的一小段程序。其破坏性主要表现在：

- 删除系统和用户的程序文件或数据文件；
- 改变磁盘分配记录，导致写入错误；
- 减少内、外存空间，使正常的文件运行和存储不能实现；
- 破坏磁盘引导区、文件分配表、目录区；
- 降低系统的运行速度；
- 破坏系统的硬件。

计算机病毒可通过磁盘拷贝、通信网络和计算机网络扩散。信息的共享是计算机系统得以广泛应用的原因之一，正是由于信息的传递和共享，使得计算机病毒有了广为流传的基础和可能。不同计算机病毒，其传染的方式也不尽相同，有通过磁盘引导去传染的，有通过可执行程序文件传染的，还有的是通过网络文件传染的。不同的病毒其传染方式不同，但其发作并对计算机系统造成破坏的过程却基本相似，首先病毒的传染目标是系统中的可执行片段，然后在某些特定的条件下如特定的时间被激活并获得对处理机的控制权，最后，对系统中的设备或磁盘文件进行破坏。

计算机病毒一般分为：

1．操作系统型病毒：将病毒自身插入或取代操作系统的某个模块的运行，从而"合法"地进入系统中进行破坏；

2．文件型病毒：病毒把自己自制到可执行文件的首部或尾部，改变程序的执行顺序；

3．源码病毒：在程序被编译前，病毒插入到程序中，与程序源代码合并在一起编译成一个可执行的文件。

病毒多种多样，而且新的病毒不断出现，虽然目前的技术条件下根本没有办法杜绝病毒的产生和侵犯，但仍可以采用一定的措施预防和清除计算机病毒。不同的病毒，防治的具体方法也不同，需要采取不同的检测、消除和免疫手段。

● 给硬盘加锁，把硬盘分区、引导区的内容装成一个数据文件存入软盘中，而把无用的数据写入引导区，这就给硬盘加了锁；当使用硬盘时，再把引导区的内容从数据文件中读出写回引导区，这就给硬盘开了锁。启动后即执行加锁程序，下机前再执行开锁程序，这样，引导区中即使有病毒，也可被原来的内容覆盖。

● 对可执行文件加密后存入系统，当运行时再由解密系统处理，然后运行。如果运行失败，则说明可执行文件自加密后已被修改。

● 密码校验法：通过测试密码校验在前后时间内是否相同来检测文件的信息完整性，如果两次的检测结果不同，则此文件已被修改。

● 必须设立一个正确的中断向量表备份，可以通过对中断向量表的对照发现是否有异常的中断向量变化。

● 安装防病毒卡、防病毒软件。

● 通过对能够进入系统的磁盘、通信网络和计算机网络的检测，尽量设法控制病毒的传染途径。

第四节　信息系统的评价

信息系统建成并运行一段时间后，就要对其作技术性能及经济效益等方面的评价。评价的目的是检查系统是否达到预期的目标，技术性能是否达到设计要求，系统的各种资源是否得到充分利用，经济效益是否理想，指出系统的长处与不足，为以后的改进与扩展提出意见。

信息系统的有利与不利之处体现在定性与定量两个方面，因此评价工作难度较大。目前一般都采用多指标评价体系的方法，这种方法先提出信息系统的若干评价指标，然后对各指标评出表示系统优劣程度的值，最后用加权等方法将各指标组合成一个综合指标。

一、信息系统的评价内容

对信息系统的评价主要是从技术与经济两方面进行。技术上的评价内容主要是系统性能，具体内容为：

1．信息系统的总体水平：例如系统的总体结构、地域与网络的规模、所采用技术的先进性等。

2．系统功能的范围与层次：例如功能的多少与难易程度或对应管理层次的高低等。

3．信息资源开发与利用的范围与深度：例如企业内部与外部信息的比例、外部信息的利用率等。

4．系统的质量：例如系统的可使用性、正确性、可扩展性、可维护性、通用性等。

5．系统的安全与保密性。

6．系统文档的完备性。

在经济上的评价内容主要是系统的效果和效益，包括直接的与间接的两方面。直接的评价内容有：

1．系统的投资额。

2．系统运行费用。

3．系统运行所带来的新增效益。

4．投资回收期。

间接的评价内容有：

1．对企业形象的改观、员工素质的提高所起的作用。

2．对企业的体制与组织机构的改革、管理流程的优化所起的作用。

3．对企业各部门间、人员间协作精神的加强所起的作用。

信息系统在运行与维护过程中不断地发生变化，因此评价工作不是一项一次性的工作，系统评价应定期地进行或每当系统有较大改进后进行。信息系统的第一次评价一般安排在开发完成并投运一段时间、进入相对稳定状态后，通常第一次评价的结论将作为系统验收的最主要的依据。

信息系统的评价工作由系统开发人员、系统管理与维护人员、系统用户、用户单位领导及系统外专家等共同参与，评价方式可以是鉴定或评审等，评价的结论以书面的评价报告或评价意见等提出。评价结论也是系统的重要文档，应予以收存归档，统一保管。

要特别指出的是，目前我国信息系统的评价有重计算机轻信息的倾向，计算机、通信网络等固然重要，但它们毕竟是工具，是信息系统的一个构件，信息系统的好坏评价依据主要是信息开发与利用的深度，是对企业的生存与发展所起的作用。

二、信息系统的评价指标

信息系统的评价是一项难度较大的工作，它属于多目标评价问题，目前大部分的系统评价还处于非结构化的阶段，只能就部分评价内容列出可度量的指标，不少内容还只能用定性方法作出叙述性的评价。以下我们分系统性能指标、与直接经济效益有关指标以及与间接经济效益有关指标等三个方面提出信息系统的评价指标。

（一）系统性能指标

1. 人机交互的灵活性与方便性；
2. 系统响应时间与信息处理速度满足管理业务需求的程度；
3. 输出信息的正确性与精确度；
4. 单位时间内的故障次数与故障时间在工作时间中的比例；
5. 系统结构与功能的调整、改进及扩展，与其他系统交互或集成的难易程度；
6. 系统故障诊断、排除、恢复的难易程度；
7. 系统安全保密措施的完整性、规范性与有效性；
8. 系统文档资料的规范、完备与正确程度。

（二）与直接经济效益有关的指标

1. 系统投资额：包括系统硬件、系统软件的购置、安装，应用系统的开发或购置所投入的资金。另外，企业内部投入的人力、材料也应计入。较精确的计算还应考虑资金投入的时间及占用时间等因素。对验收评价后所作的阶段评价还要包括系统维护所投入的资金。

2. 系统运行费用：包括消耗性材料费、系统投资折旧费及硬件日常维护费等，消耗性材料有存储介质、纸张与打印油墨等。由于信息系统的技术成分高，更新换代快，一般折旧年限取 5 ~ 8 年。另外，系统所耗用的电费、系统管理人员费用等也应计入系统运行费用。

3. 系统运行新增加的效益：主要反映在成本降低、库存积压减少、流动资金周转加快与占用额减少、销售利润增加及人力的减少等方面。新增效益可采用总括性的在同等产出或服务水平下有无信息系统所致的年生产经营费用节约额来表示，也可分别计算上述各方面的效益，然后求和表示。由于引起企业效益增减的因素相互关联，错综复杂，新增效益很难作精确的计算。

4．投资回收期：投资回收期为通过新增效益，逐步收回投入的资金所需的时间，它也是反映信息系统经济效益好坏的重要指标。经简化后不考虑贴现率的投资回收期可用下式计算：

$$T = t\frac{I}{B - C}$$

其中：T 为投资回收期，年；

t 为资金投入至开始产生效益所需的时间，年；

I 为投资额，万元；

B 为系统运行后每年新增的效益，万元/年；

C 为系统运行费用，万元/年。

（三）与间接经济效益有关的指标

间接经济效益是通过改进组织结构及运作方式，提高人员素质等途径，促使成本下降、利润增加而逐渐地间接地获得的效益。由于成因关系复杂，计算困难，我们只能作定性的分析，所以间接经济效益也称为定性效益。尽管间接效益难以估计，但其对企业的生存与发展所起的作用往往要大于直接经济效益。

一般信息系统的成功应用所产生的间接经济效益可体现在以下几个方面：

1．对组织为适应环境所作的结构、管理制度与管理模式等的变革会起巨大的推动作用，这种作用一般无法用其他方法实现。

2．能显著地改善企业形象，对外可提高客户对企业的信任程度，对内可提高全体员工的自信心与自豪感。

3．可使管理人员获得许多新知识、新技术与新方法，进而提高他们的技能素质，拓宽思路，进入学习与掌握新知识的良性循环。

4．系统信息的共享与交互使部门之间、管理人员之间的联系更密切，这可增强他们的协作精神，提高企业的凝聚力。

5．对企业的规章制度、工作规范、定额与标准、计量与代码等的基础管理产生很大的促进作用，为其他管理工作提供有利的条件。

第八章 酒店管理信息系统的发展

酒店管理信息系统经过二十多年的发展，目前已达到相当高的水平；特别是近年来酒店计算机应用要求越来越高，迫使酒店管理信息系统出现了一些新的设计方法和工具，不但解决酒店管理信息系统“能用”的问题，而且要解决酒店管理信息系统“用好”的问题，因而出现了酒店决策支持系统，使酒店信息管理向高层次发展。在研制管理信息系统时，也采用了人工智能技术，采用了面向过程的计算机第四代语言，使酒店管理信息系统向广度和深度发展，进一步促进了计算机在酒店信息管理方面的普及应用。下面对这些新发展、新方法的一些基本概念进行简要的介绍。

第一节 酒店决策支持系统

一、决策与决策支持系统

管理信息系统是服务于管理决策的。它能够大大地提高企事业单位日常的信息处理效率和处理量，对结构化的管理决策提供有利的支持，在 20 世纪 60 年代到 70 年代初得到了快速的发展。随着社会经济的发展和科学技术的进步，人们发现管理信息系统并没有发挥预期那样巨大的效益，因为管理者所面临的往往是复杂的决策问题，很难用规范化的步骤描述清楚，必须将计算机信息处理技术同管理决策有机地结合在一起，才能充分发挥人的决策和计算机的信息处理的效能，提高管理决策的能力和效率。以解决非结构化和半结构化决策问题为目标的决策支持系统成为人们研究的重要问题。

本节根据决策的基本概念和科学决策过程，在比较充分地介绍决策支持系统特征的基础上，论述酒店决策支持系统的结构和研制过程。

（一）决策的概念

20世纪以来，随着西方生产规模的日益扩大，管理的必要性越来越被人们所认识。20世纪初建立的古典管理理论，着眼于通过作业管理和组织管理来提高工作效率，这在当时大大推动了管理的改革，不足之处是对人的能动作用考虑不够。行为科学则对这种管理理论进行了补充。它将西方的社会科学和心理学引入到企业管理的研究领域，提出用调节人际关系、改善劳动条件等办法来提高生产效率。除了古典和行为学派外，还有社会系统学派、决策理论学派、系统管理学派、经验主义学派、权变理论学派和管理科学学派等。其中以决策理论最有生气，其代表人物是美国卡内基—梅隆大学的Simon（西蒙）。他由于在决策理论方面的研究成果而获得1978年度的诺贝尔经济学奖。西蒙认为，决策贯穿管理的全过程，管理就是决策。因此，我们有必要学习决策的概念和机制。

西蒙在著名的决策过程模型论著中指出：决策就是找出要求制定决策的条件；寻找、拟订和分析可能的行动方案；选择特定的行动方案。这三步过程包括收集信息（情报）、拟定可供选择的方案和选择特定的行动方案。

1．情报活动阶段

情报活动阶段的内容是调查环境，并定义要决策的事件和条件，获取决策所需要的有关信息。

客观存在的问题，只有当人们能够清楚地表达出来的时候，才构成决策问题。所以一般来讲，决策问题是人们已经认识了的主客观之间的矛盾。科学的发展证明，客观存在的矛盾，要变成能够清楚描绘出来的问题，并抓住它的实质，不但要经过大量的调查研究、分析、归纳，有时还必须通过创造性的思维，突破传统的观念，开发出新的观念。

为了抓住问题的实质，首先要对存在的决策问题进行系统分析，确定系统的决策目标。可以说，决策目标就是对决策问题的本质的概括和抽象。

在决策目标的制定过程中，自始自终都需要进行数据、信息的收集和调查研究工作。例如，对宏观经济决策，首先要对国家的自然条件、资源、经济条件等有确切和详细的了解，要掌握各种有关的统计数字和市场动态，及时掌握国内外经济、科学技术的现状及其发展趋势等。

由于决策所需要的条件和环境往往存在着一些目前不能确定的因素，因此还要根据已收集到的数据和信息进行预测。预测是人们对客观事物发展规律的一种认识方法。科学的预测是决策的前提，它为决策方案的产生和选择提供可靠的依据。

2．设计活动阶段

在一般情况下，实现目标的方案不应是一个，而是两个或更多的可供选择的方案。为了探索可供选择的方案，有时需要研究与实现目标有关的限制性因素。所谓限制性因素，指的是对完成所追求目标有妨碍的因素，例如资金短缺、能源缺乏等。在其他因素不变的情况下，如果改变这些限制性因素就能实现期望的目标。识别这些因素，并把注意力放到如何克服这些限制因素上去，就可能探索出更多的比较方案。

在制定方案的过程中，寻求和辨认限制性因素是没有终结的。对某一时间、某一方案来说，某一因素可能对决策起决定作用，但过了一段时间以后，对类似的决策来说，限制性因素就改变了，起决定作用的可能是另外的因素。

对于复杂的决策问题，有时需要依靠有关业务部门或参谋——决策机构，汇集各方面的专家，一起制订方案。

3. 选择活动阶段

从各种可能的备选方案中，针对决策目标，选出最合理的方案，是决策成功或失败的关键阶段。通常这个阶段包括方案论证和决策形成两个步骤。方案论证是对备选方案进行定量和定性的分析、比较和择优研究，为决策者最后选择进行初选，并把经过优化选择的可行方案提供给决策者。决策形成是决策者对经过论证的方案进行最后的抉择。作为决策的主管人员虽不需要掌握具体论证方法，但必须知道决策的整个程序和各种方法的可靠程度，应当具备良好的思维分析能力、敏锐的洞察力及判断和决断的素质。

（二）决策的科学化

传统的决策依靠决策者个人的经验，凭直觉判断，因而决策被认为是一种艺术和技巧。近 40 年来，由于生产规模的扩大和自动化技术的应用，使得管理的性质和环境都发生了巨大的变化。管理性质的改变表现在组织机构更加庞大，管理功能更加复杂；环境的改变表现在产业部门之间的联系愈来愈紧密，社会经济状态对于所采取的决策的影响因素愈来愈复杂。因而管理决策问题不仅数量多，而且复杂程度高、难度大。心理学家的研究表明，在制定决策时，若要求决策者本人同时考虑 10 个以上的变动因素或相互矛盾的因素，或者要求考虑 20 到 80 个以上的单项因素，就已经感到十分困难，而在实际的生产活动中，经常需要根据几百个甚至几千个因素和相互关系进行决策，显然，在这种情况下，以领导者的艺术、洞察力、理智和经验为基础的传统决策方法就远远不能满足日益复杂的管理决策的需要了。与此同时，决策科学化就被提上了日程。

决策的科学化，一方面是现实管理提出的要求，另一方面是计算机和近代数学的发展，为它提供了实现的可能性。

目前，决策科学化正在向以下一些方向发展：

1. 用信息系统支持和辅助决策

20 世纪 80 年代初，计算机企业管理应用的重点逐渐由事务性处理转向企业的管理、控制、计划和分析等高层次决策制定方面，国内外相继出现了多种高功能的通用和专用决策支持系统。随着决策支持系统与人工智能的结合，出现了智能化决策支持系统（IDSS），IDSS与计算机网络相结合，出现了群体决策支持系统（GDSS）。现在决策支持系统已逐步推广应用于大、中、小企业中的预算与分析、预测与计划、生产与销售、研究与开发等职能部门，并开始用于军事决策、工程决策、区域规划等方面。

2. 定性决策向定量与定性相结合的决策发展

定性决策向定量与定性相结合的决策发展是当代决策活动发展的必然趋势。现代科学中的系统工程学、仿真技术、计算机理论、科学学、预测学，特别是运筹学、布尔代数、模糊数学、泛函分析等引进决策活动，为决策的定量化奠定了基础。但是，应当指出，决策的本质是人的主观认识能力，因此它就不能不受人的主观认识能力的限制。近代决策活动的实践表明，尽管定量的数学方法与信息技术相结合，能够进行比人脑更精密更高速的逻辑推理、分析、归纳、综合与论证，但是，它绝不能代替人的创造性思维。这就是出现由人的创造性形象思维与近代利用计算机进行定量分析相结合，从而产生头脑风暴法、前置方案法、电影脚本法、德尔斐法、系统分析法等等决策活动方式的原因。

3. 单目标决策向多目标综合决策发展

决策活动的目标本身也构成一个难以确定的庞大系统。现代决策活动的目标不是单一的，这不仅指以经济利益为核心的目标是多目标，而且还包括更广阔的社会的和非经济领域的目标。

4. 战略决策向更远的未来决策发展

决策是对未来实践的方向、原则、目标和方法等所作的决定，所以决策从本质上说乃是对应于未来的。为了避免远期可能出现的破坏造成的亏损抵消甚至超过近期的利益，要求战略决策在时域上向更遥远的未来延伸。

（三）决策的类型

从不同的角度出发可以对决策作出不同的分类。

按决策本身的性质，可分为战略决策、战术决策和业务决策。战略决策是指为保证企业长远目标的实现，涉及到企业的经营方向和生产经营能力改变的、重大的、全局性的决策。战术决策，又称为管理决策，是指为保证战略目标的实现，合理地安排人力、物力、财力和信息资源，改善企业经营状况的决策。业务决策是指为提高日常工作效率和效益的一般性决策。

按决策重复出现的程度，分为程序性决策和非程序性决策。程序性决策是指经常出现的、有情报资料可用的决策问题。非程序性决策是指那些不经常出现的、无现成情报资料和相似决策目标或决策环境可借鉴的决策问题。

按决策过程的可描述性分为结构化决策和非结构化决策。结构化决策是指决策目标明确、决策过程有规律可循并可用一定的方法加以描述的决策。非结构化决策是指决策过程过于复杂以至于毫无规律可循，一般难以用常规定量方法加以描述的决策问题。

按决策所处条件的不同可分为确定性决策、风险性决策和不确定性决策。确定性决策是指决策所产生的自然状态是确定的、结果是可以预见的决策。风险性决策是指由于不可控因素使决策方案可能出现好几种自然状态，但这些自然状态出现的概率是可以预测的、具有一定风险的决策。不确定性决策是指由于不可控因素使决策方案可能出现好几种自然状态，而这些自然状态出现的概率是不可预测的决策。

（四）决策的步骤

决策是一个不断提出问题、分析问题、解决问题和评价结果的完整过程，在这一过程中，决策者必须依靠科学的、系统的决策方法和以往的经验，才能合理地作出决策。一般来讲，合理的决策过程分为以下几个步骤：

1. 发现问题

在现实的工作和生活中，总是存在着现状与期望状态之间的差异，这些差异就是需要解决的问题。现实的问题很多，不可能在短时间内全部得到解决，而且随环境的变化还会出现新的问题。决策者首先要善于根据企业的资源在这些差异中找出那些对当前的经营管理状况有重要影响的问题，集中力量加以解决。决策者确定所需解决问题的过程，实际上也是一个调查现状、收集相关信息的过程。

2. 确定目标

决策目标的确定是从所需解决的问题出发的，应兼顾主观愿望和客观条件，有时还有必要区别必须达到的目标和期望达到的目标。决策者还必须为所确定的目标建立相应的评价标准，作为以后方案选择和评价结果的衡量尺度。

3. 拟定可行方案

可行方案是指能够解决选定的问题，保证决策目标的实现，具备实施条件的方案。寻找可行方案的过程是一个复杂的过程并伴有一定的不确定性，其自身还具有某种经济性，只有进一步探索可行方案所带来的利益超过所需支付的费用时，才应当继续探索下去。探索可行方案的过程又是一个反复执行的过程，通过不断地发展、完善，追求更满意、更合理的方案。

由于时间、经济、环境等方面因素的影响，不可能找出全部的解决方案，但整体详尽性仍然是决策者应遵循的原则，在拟定方案的过程中，应尽可能地不遗漏可行方案又不能包含不可行方案，同时，不同的方案之间具有相对的独立性。

4. 选择方案

选择方案是根据当前状况和对未来发展趋势的预测，对可行方案进行比较、评价，并最终选定行动方案的过程。在选择方案的过程中，首先要制定一套经济合理性和技术可行性相结合的评价指标体系，作为评价备选方案的标准；其次要建立不同的定性与定量分析相结合的决策分析模型，便于对方案进行科学的评价。

5. 实施方案

行动方案一经选定，就要制定具体措施，将目标分解，层层落实到基层和个人，明确责任。同时要结合有关制度，随时检查、监督、发现问题并纠正偏差，及时把信息反馈到决策指挥系统，以保证目标的实现。

6. 评价决策效果

决策制定过程的最后一步就是评价决策效果，看它是否已解决了问题。在评价决策效果时，还应对决策的执行过程及执行过程中发现的问题、解决问题的过程进行评价和总结，为以后正确地制定决策积累经验。

（五）决策支持系统

近半个世纪以来，组织的管理思想、方法与工具都随着组织环境的变迁发生了巨大的变化，管理思想、方法与工具的改进使组织的管理效率与效用有了显著提高。组织管理的发展过程既是不断引入新技术、新方法的过程，也是不断发现问题提出更高要求的过程。

20 世纪 60 年代末 70 年代初出现的 MIS 使企业的信息获得了系统的开发与利用，将企业的管理水平提到了一个新的层次，然而当时的 MIS 还不能利用信息来满足组织中一些半结构化和非结构化问题的决策支持要求。在此背景下，人们寻求着能较有效地解决这些问题的新方法。而 70 年代起推出的用以支持决策的各种系统正呼应着这种需求。

决策支持系统（Decision Support System，以下简称 DSS）的有关概念最早是由美国麻省理工学院学者 Michael S. Scott Morton 于 20 世纪 70 年代初在《管理决策系统》一文中首先提出的。在最初的十几年时间里，随着人们对非结构化决策技术研究的深入和人工智能技术的发展，相继出现了一些较成功的系统，DSS 逐渐引起人们的普遍关注；80 年代后期以来，DSS 技术在管理领域得到了进一步发展，并综合了计算机网络技术、通信技术和数据库技术，可以为多个决策者和决策分析人员提供基于网络的人机交互系统，相继产生了群决策支持系统（Group Decision Support System，简称 GDSS）

和虚拟群决策支持系统（Visual Group Decision Support System，简称VGDSS）。

DSS发展至今已有二十多年了，有关它的定义始终存在着不同的观点，一种观点认为对一个迅速发展尚未完全成熟的领域过早地追求一个完善的定义并非明智之举，因此只要把握住这个领域的基本特征和基本结构就可以了，这样做的好处是能给该领域的扩充和改变方向提供足够的灵活性；另一种观点认为事物都处于不断发展变化之中，定义，尤其是描述性的定义也同样是可以不断修改完善的，为使从事DSS研究与开发人员的工作有一个大致的方向和范围，为使要了解DSS的人能简捷清晰地明确DSS到底是什么，应给出DSS的定义。

根据DSS应具备的功能及特征，有关的专家学者先后为DSS给出了多种定义，这些定义可综合为：DSS是一种以计算机为工具，应用决策科学及有关学科的理论和方法，以人机交互方式辅助决策者解决半结构化和非结构化决策问题的信息系统。

二、决策支持系统的基本功能特征

（一）DSS以启发式的思想支持决策的制定过程

DSS（或HDSS）是用以支持决策制定的，它能够帮助管理人员寻找新的经营目标和解决问题的思路，以保证企业持续兴盛和繁荣。首先，管理人员常常需要决策的是不曾预料到的问题，DSS可以极为方便地构造和协调这些问题，但常规化的系统缺少适当的余地、范围和弹性，以及关联性。其次，许多经典的数学模型尽管从要领上讲是十分有用的，但是时常并不能很好地适应于客观具体情况，在许多情况下，决策的制定涉及许多例外和定性问题，而这些正好可用DSS来恰当处理。第三，尽管计算机的数据处理能力极强，但要在有限的时间内给出决策者针对某些问题的完整解决方案，通常要花费较长的时间，而对DSS来讲，可以在任何阶段开始或终止。第四，决策者的决策制定是不断改进的，随着企业各级管理人员及其辅助人员对问题了解的日趋深入，就需要更深入的分析方法和更多的信息，而 DSS 正可以帮助管理人员完成一个学习过程。正是由于这一点，DSS 可以用作为决策者探索和简化解决复杂问题的方法上的自然拓展。

（二）支持半结构化和非结构化决策制定

DSS（或 HDSS）支持决策的重点在于半结构化、非结构化的问题，当然，DSS 也可以帮助管理人员进行结构化决策。假若决策者可以确定决策过程的所有要素，可以对问题的答案做出定量描述，就说明相应的决策具有良好的结构性。解决结构性问题的方法可能是相对简单的，有直截明了的规则和程序，但是往往需要非常复杂的计算机化的数学模型，结构性决策问题并不注重某种标准，而注重于取得围绕特定决策问题的所有重要参数。相反，假若在决策过程中决策者并不能具体地识别有意义的参数，就说这种决策是非结构性的，在非结构性决策中，人的直觉判断通常是重要的。在结构性决策和非结构性决策两个极端之间的，是半结构性决策。这类决策问题既包括可构造的因素，又包括不可构造的因素。

在 DSS 环境下，需要使用计算机系统和适当的数学及统计学模型，才能得到良好的决策。但是对非结构性决策计算机化的数学和统计模型往往并不适用。在大多数情况下，为了得到相应的决策，除了使用适当的计算机系统和可能的数学模型以外，更需要的是有关管理经验、知识、技能、感觉、判断和过去知识性积累。在结构性决策和非结构性决策的交接处，半结构性的决策更强调计算机系统、数学及统计模型，以及人的判断力三者间的平衡协调。例如，投资决策过程就属于半结构性决策。为了求解这类问题，需要借助于一些数据，对企业的资产进行系统考察，并借助于数学及统计学模型，对具体投资项目进行系统分析，通过方案的替换比较进行优选。所有分析的结果都可以某种方式显示给决策者。当然，就特定的证券进行投资，还需要给决策人员提供判断的标准。这样，计算机的输出与证券经理的判断结合起来，就足以选择适当的证券种类。

从原理上看，决策支持系统的概念认为，需要将人的判断与计算机的信息能力统一起来，以作出有效的决策。决策支持系统实际上是提供了一种方法和工具，使得人们能够在构造方案、帮助决策者解决问题等诸多方面超出传统的计算机使用方法。

（三）应用适当的数学和统计学模型

功能的决策支持系统需要应用适当的数学和统计学模型。这些模型可能是简单或复杂的，也可能是标准的或习惯采用的。DSS 提供人机交互接口，帮助操作者利用计算机智能信息处理能力构造出各种分析、决策模型。由于管理人员直接参与模型构造，所得模型就能较恰当地反映企业面临的客观问题。作为弹性建模结构的一部分，管理人员可以就关键问题及要素在模型中注入自己的若干设想。为了在多变的条件下给出问题的结果，往往需要使用多重模型管理方法，可给出同一问题的多个答案，相应地，管理人员就可以根据各种各样的标准包括风险、不确定性和绩效标准来对问题的答案作出判断。

在 DSS 环境下管理人员会面临许多问题：因为现实世界的复杂性，人们难以借助于一系列的等式来完全地、恰如其分地描绘客观世界；目标往往难于定义或过于分散，以致难以准确地捕获；尚且还有类似的其他复杂因素存在。因此，有必要使用标准的数学和统计模型，或开发一些适当的能接近现实世界的、习惯使用的模型，以使问题的定量研究尽可能地容易和方便。例如，线性关系可以用来代替更为复杂的非线性关系，这样做可以较为近似地反映客观现实，又便于问题的解决。另外，也可以用某个单一的常量代替若干个估计值等。现实中，为了提高定量分析的工作效率，往往不得不牺牲某些精度上的要求。模型的典型化是 DSS 环境下的一个重要问题。在 DSS 环境下，能够成功地运行数学及统计学模型数量巨大而且多变。这些模型可以分为战略性的（适用于高层管理）、战术性的（适用于中层管理）、作业性的（适用于低层管理）。常用的典型化模型可能包括：人力分配模型、设备更新模型、组合方式模型、竞争对策模型、决策论模型、排序模型、动态规划模型、模拟模型、启发式方法模型、统计技术模型、库存模型、运输模型等。

除了数学和统计学模型，DSS还给使用者提供了另一种建立模型的实现途径和方法，即模型语言。所谓模型语言，实际上是用公式来表示变量间相互关系的逻辑方法。相应地，也等于提供了回答“如果……则……”之类问题的恰当方法。使用模型语言描述的模型可以解决一些较为灵活多变的决策问题。

（四）通过交互作用获取信息

管理人员应当有一定的预期能力，这样，当某种变化将要发生时，他们能够感觉到，并且能够尽快采取适当的行动。管理人员对问题的思考要富有战略性，要考虑到客观情况的变化和不确定性，以及企业的优势所在，进而通过计划来影响未来，而不应消极被动地作出反应。尤其是在市场经济条件下，激烈的市场竞争和其他企业的现实情况都有许多不定因素，更不能容忍管理人员采取等待和观望的态度。依靠对话或交互式处理模式给管理人员提供信息，以支持管理人员作出适当的决策，对于成功的DSS来讲是最为基本的。

（五）服务于各个管理层次上的决策

有效的DSS应该能够为企业组织各个层次的管理人员，以及在新环境下工作的企业人员提供决策支持。也就是说，成功的DSS应该能够支持企业组织各个管理及作业层次，完成被分配的或既定的任务。譬如，支持制定更有效的长、中、短期计划；支持更有效地组织公司资源；更好地促进雇员间的通讯过程和诱导；更有效地控制公司资源的使用过程等。同样，成功而有效的DSS也应该帮助各类作业人员以更为优化的方法来完成分配给他们的任务。当然，为了帮助各级各类人员进行有效的决策，DSS的输出必须与人的判断结合起来。

DSS支持公司高层决策，主要是提供战略信息，用于制定公司长远的发展计划，以及分析某些总体性的问题，发现某些特殊问题的基本机理。当然，DSS提供战略信息，主要是说明“为什么”，而不是“是什么”或“在哪里”之类的问题，这些信息往往是题材广泛的和概括性的。DSS支持中下层管理决策，主要是提供战术与作业信息，帮助企业的中级管理层在现有的资源配置情况下完成功能层次的战术筹划，作出有关的管理控制决策，并协助企业中下层管理人员和作业人员完成本职工作。低层管理人员，诸如部门经理和操作督导人员，可以利用DSS提供的信息和方案来测度和评价实际的工作绩效，为更高效率而经济地完成被赋予的任务和期待的目标，对自己或下属的工作作出适当的调整。

除了为各个层次的经理人员以及在实际工作环境下的作业人员提供决策支持外，DSS还负有使各个管理及作业层次协调一致的重要使命，其现实必要性在于，各类管理控制和决策往往需要不同层次、部门或同一层次、部门的管理人员的行动协调一致，以实现企业整体上的效益最佳或满意。

（六）具有协调一致的子系统

在DSS环境下运转的各个子系统，都是协调一致的。这样，它们才能够作为一个整体而发挥其功能。信息是根据各个子系统发挥功能的需要来处理的，而不是根据各个部门的顺序。从一处获得的信息，常常可为多个子系统所共享，这就避免不了不必要的重复。从原理上讲，应该而且可以根据企业总的需求来设计相应的子系统。例如，某个管理人员要在多个方案间做出选择，或要分配某些特殊的资源以满足企业的整体目标，或要指导某个复杂组织的某个方面，那么，他就必须使自己的工作（子系统）与其他有关部门的功能性管理活动（子系统）合理的吻合起来，相应地，该管理人员就需要准确、一致、及时的信息去支持决策的制定。假若不使用各个子系统协调一致的方法，就可能做出徒劳的行动并花销无益的费用，因为各个子系统各行其是，必然要处理大量的相同的数据，而不去利用其他子系统已经完成处理的数据，就不可避免地造成不必要的浪费。采用使各个子系统协调一致的方法，就有可能将所有相关的数据和功能汇集成为一个内容广泛的系统，以使得有关管理人员可以提取和使用与他们有关的信息，进而支持任何决策制定过程。

（七）具有内容广泛的数据库

DSS所需要的数据库，既应具有横向特征，又应具有纵向性质。要构造这样的数据库，系统分析人员必须明确数据库的基本要素，以满足各个层次管理工作的需要。系统分析人员也必须明确若干问题，诸如低层管理工作的日常决策的现时数据，怎样才能由高层管理人员长期有效地使用；又如，企业主要的功能子系统应怎样利用相同的数据库、高层管理机关又怎样在必要时使用同一数据库来作企业的长期发展规划等。某些数据在充分而完满地回答企业经营和发展的中短期问题时，往往还必须与企业外部环境结合考虑，尤其当这些数据对企业高层管理有实际意义时，更是如此。DSS专家们大都认为，DSS的数据库不仅要协调一致，以服务于各个功能部门，也必须服务于企业的各个管理层次，以满足各个层次的部门对相应信息的需求。

根据前述，DSS数据库提供的信息，必须包含当前和过去决策及作业的历史信息，按一定的时间段提供作业状态和预算执行分析结果，同时，还必须能够提供支持未来决策的有关信息。更为具体地讲，DSS数据库应该能够提供关于未来的先验性质的管理信息，这样的信息有助于管理人员作出关于未来将出现什么结果的事先判断，因此，有必要建立广泛的数学和统计学模型，以从现有的数据库里抽象出有意义的信息。

DSS需要获取一定的环境或称外部信息，以便与内含于企业数据库里的内部信息相协调，这包括某个企业所置身的竞争性环境信息，诸如行业环境信息、服务定价信息、竞争性广告活动、参与竞争的各个企业的优劣势等各个方面的信息。虽然，上述信息的获取或使用受到管理业务的性质、获取数据的难度，以及其在支持决策方面的应用价值和所花费用之比的限制。

DSS需要一定的数据库管理系统。在以某种逻辑方式构造某个企业或企业部门的数据库之前，首先有必要辨识、明确管理工作的具体信息的实际要求。也就是说，要知道究竟有哪些数据库要素需要报告给各级各类管理人员。其次，对数据库要素的辨识必须详尽、具体，诸如所需的数据是在计算机网络系统的什么地方？怎样才能得到？其规模有多大？其具体结构内容是什么？最后，还应该尽可能清楚地知道各类数据库要素间的关系，以便以最小的程序设计规划，服务于不同的信息需求。现在，人们已开发的大型数据库管理系统已基本上可以满足、适合于各类用户的实际要求。各种数据库管理系统都可以有选择地提取信息，并且能够以最少的时间和努力生成各类含义充分的报告。一般而言，对于某个给定的数据库，建立一个适当的数据库管理的系统，就等于建立了一部字典，这部字典包括了所有必要的信息。所谓“必要”，是指对于定义数据库的所有文件、对于定义数据库的每个功能区都是绝对必要的。当编写这样一类字典时，对于每个区域、范围（功能区），都要分配一个可供参考的用户查阅的名称，这样，这一系统就有了一定的适用性。用户就能够通过发布一组提取命令，从数据库里有选择性地提取适当的数据项目，并且能够以期望的报告形式显示或打印相应的数据项目。

（八）易于操作

有效且成功的 DSS 的最显著的特征是它的易使用性。DSS 不仅应该借助于人机对话来支持使用者作出决策，而且应该是使用者分析问题和决策能力的自然拓展。所谓“自然拓展”，就是说使用者可以用 DSS 技术来解决在 MIS 环境下通常不能解决的问题。许多 DSS 的使用者已经发现，当自己企图寻找新的方法将外部信息与内部信息结合起来，解决难度较大的决策问题时，DSS 时常是颇有价值和易于使用的方法。

成功的 DSS 能够以使用者要求的方式运行，从而可以大大地促进每个使用者忘掉决策制定过程。每个使用者都会感到，这样的系统能够促进其自身天赋或才能得到相当程度的自然拓展。总的来看，DSS 不仅具有实用价值和决策支持能力，而且更为方便和易于使用。

三、决策支持系统与管理信息系统的异同

计算机应用于管理领域，主要经历了电子数据处理（EDP）、管理信息系统（MIS）和决策支持系统（DSS）阶段，后一阶段总是在前一阶段的基础上，对信息处理提出更高的要求发展起来的，采用了更复杂综合的技术手段。就目前的计算机应用情况来看，在一个完善的信息系统中，EDP、MIS 和 DSS 各有其不同的特征、目标和功能，发挥着不同的作用。DSS 是在 MIS 的基础上发展起来的，是 MIS 的高级应用形态，它继承了 MIS 的某些功能和目标，但又同 MIS 有所区别。下面我们就在一些基本特征方面，将 DSS 与 MIS 作一比较。

1. 从基本目标来看，DSS 与 MIS 都是对企业经营管理的各种信息进行综合处理，以提高信息资源的利用率，为管理者的决策提供支持。

2. 从解决决策问题的性质来看，MIS 从企业组织的现实状况出发，侧重于提高结构化决策问题的效率；而 DSS 则侧重于对企业内难度更大而意义深远的半结构化和非结构化决策问题提供支持。

3. 从设计思想上看，MIS 追求的是实现一个相对稳定的协调的工作环境，确保日常的经营管理工作顺利地进行；DSS 追求的是通过模型驱动，按使用者的要求灵活地构造决策模型，辅助决策者解决较为复杂的决策问题。

4. 从系统应具备的基本功能上看，MIS 强调对企业的各种信息实施综合的管理和综合的利用；DSS 则强调利用模型和方法，以启发式的手段对管理者的决策全过程提供支持。DSS 尤其强调人的主观判断与计算机系统的输出的高度综合，以引导和帮助决策人员作出恰当决策，但它并不能取代人的逻辑思维和辩证思维。

5. 从系统实现的技术手段上看，MIS 主要通过采用先进的数据库技术和计算机网络技术，保证系统内数据的一致性、综合性和系统性；DSS 强调采用智能技术，综合地引导决策者利用系统内的

模型、方法和知识。

6. 从使用者的操作方式看，MIS往往被设计成特定的工作模式，不希望操作者过多地干预；DSS强调人机界面的友好性和灵活性，不遵从固定的操作模式，以人机交互方式引导操作者利用系统的各种资源解决决策问题。

四、决策支持系统的结构

（一）决策支持系统的概念结构

一个决策支持系统在概念上由三个基本部分构成：语言系统、知识系统和问题处理系统。

1. 语言系统

决策支持系统提供给使用者的语言处理能力的总和称为语言系统。语言系统是使用者与DSS其他部分的通信机制，是用户与DSS对话的工具，它一方面向用户提供表达问题的载体，另一方面也限定了用户所允许的表达方式。DSS的语言系统一般应具备表达、识别和理解的功能。

2. 知识系统

没有包含相关决策领域知识的系统，是没有支持决策的使用价值的。DSS的许多功能来自于具有相关领域的知识，这些知识通常包括决策者没有时间或者不愿意收集的大量的事实，这些事实的某些子集对于一个特定问题的合理决策又是至关重要的。这里所说的知识，可能是他人的经验教训，决策问题的外部环境，决策过程中所用到的公式、模型或规则，以及各种分析工具、推理规则和评价标准等等。DSS中的知识必须要按一种有组织的方式保存在系统中，并且要在其上构造相应的操作规则，以使系统能够有效地运用这些知识支持具体的决策问题。

3. 问题处理系统

决策支持系统的主要功能是接受符合语言系统规则的符号串，

并将其翻译成相应的决策知识控制规则操作知识系统，产生信息支持决策过程。这个联系语言系统和知识系统的、具备翻译和“理解”使用者操作要求的机制就是问题处理系统。问题处理系统是DSS的核心机制，是DSS的职能所在，是DSS决策支持能力和使用者具体决策问题的实际接口，也就是构造决策支持系统的关键点和困难点。

理想的决策支持系统应尽量使计算机能够模仿人的智能，也就是效仿人的感知问题和判断问题的过程。首先应使计算机拥有一个内容丰富的知识库，并能使用其中的知识解决问题，还能通过与使用者的交互作用学习知识，自主地扩大系统知识库的规模。其次，使计算机有了解知识和识别问题的能力，了解决策者的要求，自动找出解决决策问题所需的数据和模型。第三，使计算机有生成决策模型或产生数据分析算法的能力。

（二）决策支持系统的实现结构

一般来讲，决策的制定过程受三种主要因素的影响：决策者、决策目标和决策环境。决策目标和决策环境是客观存在的因素，由决策者通过相应的渠道获取的信息感知决策环境，进而确定决策目标。因此，决策者获取信息的方式及所获取的信息、决策者过去积累的决策经验对决策制定的水平有着至关重要的影响。综上所述，DSS系统一般应由四个模块组成：

1. 信息源及数据管理模块

它由各种不同的数据源（内部数据源和外部数据源）构成的综合数据库，及其运行在其上数据库管理系统、模型接口系统和面向操作者的数据管理模块构成，提供多种数据提取方式。

2. 计算机硬件/软件模块

为满足用户要求，计算机硬件应具有大量的数据存储能力、快速的响应能力、网络能力、灵活多样的输入/输出能力和较强的环境适应能力；软件则应具有多种形式（数字、文本、图形和图像、语音等）的数据处理能力、远程通讯能力、模拟模型管理能力等。

3．决策科学模块

包括各种科学决策过程方法、决策模拟模型、常规的决策知识、自学习知识和自组织模型模块。

4．良好的人机界面

通过良好的人机界面，使决策者能够将自己的经验、判断和其他不易进入计算机的知识和系统运行及系统结果结合起来。

DSS由上面四个基本模块组成，但它并不是四部分的简单叠加，也不是仅对一些实用的软件包增加一些决策支持的成分。从DSS的使用情况来看，DSS用户面对着不同的决策问题和兴趣，对计算机的了解和使用经验也极为不同，这就要求DSS在性能上能灵活地支持多种使用情况，诸如个人决策、相互关联的连续决策和相互关联的群体决策等，并能对决策过程的各个阶段进行支持。从DSS的模型库管理系统、数据库管理系统和用户接口系统来看，每一个系统都是一个复杂庞大的系统，要成为一种有效且具有实用价值的DSS，就要对三者统筹考虑，根据环境、任务和用户要求进行相应的系统开发，达到对决策的有力支持。并且DSS本身就是一个不断完善与发展的系统，DSS应具有对新技术和新要求的适应性。从系统实现的角度看，一个完整的DSS一般包括五个部分：用户接口管理、模型库系统、数据库系统、方法库系统和系统管理。这五个模块之间的关系如图8-1所示。

1．用户接口管理系统

DSS用户具有不同的经验、问题、技巧和要求，为使系统能被不同用户接受并易于操作，就应充分考虑人的使用特性，使DSS成为对用户“友好”的系统。不同用户具有不同的“友好”标准，一般常用的会话方式有：

（1）问题/回答方式。这种方式是通过系统向用户提出一个个问题，由用户回答，由此不断达到接近DSS要解决的问题。人机交互方式一般采用结构化自然语言同产生式规则相结合的方式，由上一个问题的回答确定下一个问题。问题/回答方式便于对要解决的问题不太熟悉或使用频率不高的用户；但它的使用效率最低，不适合熟悉问题的使用频繁的用户。

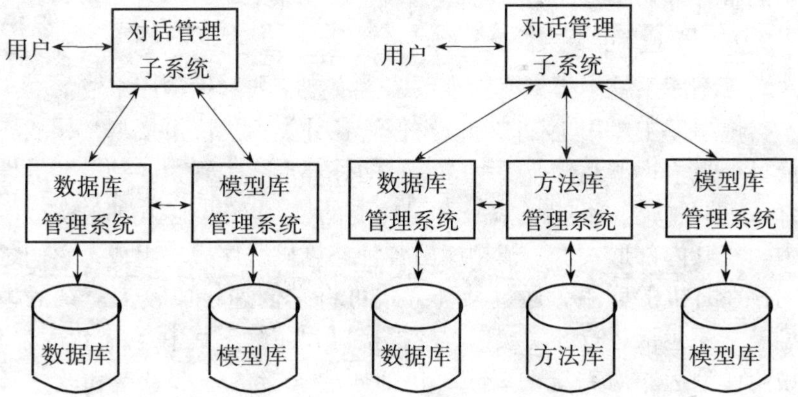

a. 两库系统　　b. 三库系统

图 8-1 DSS 的三角式系统结构

（2）命令语言方式。该方式采用一组组动名词，其形式类似于一般的程序设计语言，如 BASIC 语言。简单的命令语言很容易学习和使用，但对使用频率不高或对问题不太熟悉的用户就需要进行专门学习。使用条件较为复杂或要解决的问题较为复杂时，就要求有使用上的技巧和编程技术，因此，这种方式对经过训练且使用频繁的用户较适宜，其使用效率最高。

（3）菜单语言方式。菜单语言方式通过一次次显示多种选择，由用户根据要解决的问题选择其中一项，从而达到求解决策问题的目的。它对问题较为熟悉但使用频率不高，或使用频率高但对问题不太熟悉的用户较为适用，其效率介于上述两种方式之间。

DSS 设计者要根据用户要求和使用情况合理设计 DSS 接口，因为 DSS 的灵活性、实用性和其他功能都是通过系统和用户的接口实现的。对专用 DSS，提供其中一两种会话即可，但对大型或通用 DSS，应提供各种接口方式，以满足不同用户的要求。在实际应用中，常将几种会话方式混合使用。除会话方式外，DSS 还应该有对会话的管理，如从一种会话方式到另一种会话方式的转换、会话语言的管理等。

2. 模型库系统

模型库系统由模型库管理系统、模型字典和模型库组成。

模型库主要用于存贮和分类保管各种类型的决策模型，如战略模型、战术模型和作业模型等。它的外部形式表现为各种模型的集合，不同种类、不同规格、不同功能的模型有机地排列在模型库中。从其内部形式看，模型库由各种计算机程序模块组成，它们之间存在有机的联系，通过某种方式可将它们连接成较为复杂的模型。它还包括运行环境接口、数据接口和注解，其中运行环境接口说明模型运作对系统的要求，包括所要连接的外部设备和软件环境，例如，建立模型的命令语言或软件包、支持模型运行的专用软件系统等；数据接口规范指明模型与外界数据交换的规格和形式；模型注解用于描述模型的主要功能、决策变量和外生变量的使用以及主要输出信息的解释等。

模型字典，主要用于用户查询和了解模型的使用要求，为模型管理者提供有关模型的历史、使用等情况，为模型的完善收集用户意见，同时为模型库管理提供支持。模型字典内容一般包括模型的存储、运行方面的某些说明，其内容一般包括：模型名称、模型的功能和用途、模型的编码、模型的来源和建立时间、变量数量和维数、模型使用的算法程序、所用数据情况、用户条件说明、模型框图和文字说明等等。

模型库管理系统，可分为建模管理、存取管理、模型运算等几个主要部分。建模管理系统为建模者提供一套完整的建模语言，用户在特定编辑状态下可利用该语言书写一个个模型，并建立标准接口。模型的存取管理类似于一般数据库的管理功能，它完成模型的装入、维护、删除、更新、检索等功能。在系统支持下，用户可以根据模型名称、建模方法和模型功能等多种分类途径存取所需要模型。模型的运行管理包括：①运行环境的创造，主要检验模型运行所需的子模型和数据是否具备，如果不具备，则提醒用户创造条件，使之满足模型运行要求，模型字典中存在这些模型的名称及简要说明等，当选择到这一类模型后，通过应用程序接口，该模型自动进入相应的管理软件包，而运行及创造运行环境的工作则由软件包自行解决；②将各子模型相互连接，组成解决问题所要求的复杂模型；③与数据库相连接，将模型和运行数据库或用户文件连接起来，取出初始数据，存入运行结果；当运行数据库或用户文件都没有模型运行的数据时，则通过接口启动数据存取系统和数据库管理系统。模型运算，当上述一系列工作完成后，就可以运行并输出模型运算的结果；如果运行不成功，则输出有关的错误信息。

DSS 的重要特征之一是将模型看作同数据一样，都是企业的一种资源，因此对它们进行专门管理，同时要保证它们的一致性、完整性和尽量减少冗余度。另外，由决策理论可知，数学优化模型并不一定是优化目标函数，而是提供一种计算方法，使决策者能迅速对他的假设予以验证，看看在多个变量及不确定因素下其目标函数是增加还是减少，然后在结果中综合其他不宜进入模型的因素，如过去的类似情况、决策者的经验、外部环境因素等，得到最后的答案。因此，在 DSS 的设计中，模型不一定复杂，但要使用简单、有良好的交互作用，并提供必要的控制参数，使决策者易于理解和使用，并对模型进行必要的控制。

3. 数据库系统

数据库系统，由数据库、数据字典、数据库管理系统和数据准备管理系统组成。数据库主要存储有关的企业内部和外部数据；数据字典则对数据库中的各种数据元素、属性等进行描述和说明；数据库管理系统则提供对数据的操作。过去的几十年中，计算机应用领域中的最重要的发展之一就是数据管理的理论和方法得到了迅速的完善，这里对此不再进行进一步的论述。

DSS 的数据库系统中，还有一个非常重要的功能模块，这就是数据准备管理系统。这一系统主要为各种决策模型的使用进行数据准备，同时对模型运行的中间结果和最终结果进行管理。它主要有两方面的作用，一是对数据库系统和模型库系统起隔离和连接作用。数据库是企业极为重要的资源，具有相对的稳定性。为保证数据库的安全和准确，就要求对它进行尽可能少的变动。因此，为保证模型操作过程中不对数据库引入错误，就要使用数据准备管理系统将两部分分离开来，使模型不直接对数据库进行操作，而是由这个模块将模型要求的数据从数据库中取出，并放到决策数据库。模型运行过程中和结束之后，将模型运行结果进行必要的分析和检验后，再放到数据库中，从而起到连接两者的作用。二是数据准备管理系统具有管理外部数据的能力。DSS 能支持多种管理层次的决策，尤其是面对高层次的管理问题。因此，DSS 的运行过程中大量使用过去的历史数据、用户的经验数据、外部环境和市场动态数据等等，DSS 应提供对这方面数据的管理能力。数据准备管理系统在 DSS 中的作用和应具有的功能首先在于它应具有数据管理的一般功能，如数据的增加、删除、修改和检索等能力；其次还应具有结合各种数据源的能力，数据既能来自内部，又能来自外部以及个人数据和非正式数据；第三，还应具有从广阔的数据源上迅速检索和抽取数据的能力。这些应是对数据准备管理系统的基本要求。

4．方法库系统

方法库系统由方法和方法管理系统组成，其基本功能是对 DSS 中各种模型的求解分析提供必要的算法。方法库中保存着以标准模块方式（标准子程序、内部函数等）存储的各种算法，这些算法提供了对 DSS 求解决策问题过程中使用的数据管理系统和模型库系统的集成功能，并为用户选择算法提供灵活方便的交互功能。方法管理系统通过内部的格式化接口与数据库系统、模型库系统和求解问题的过程进行联系，完成对已构成的模型进行分析求解和处理的功能。

5．系统管理

DSS 的系统管理应包含以下几方面的内容：

(1) 系统帮助环境。DSS 的用户来自各方面，为方便用户使用，DSS 应提供有关系统的使用说明、系统性能、各种命令执行过程的说明，并提供对用户的帮助，使用户不经过专门训练也能掌握系统的一般使用过程。

（2）DSS是一个自适应系统，应能随着各种新技术的引入而不断变化、扩充和完善，同时原有系统在引入新技术后，数据库和模型库不应有较大的变动。因此，系统管理中应提供对命令语言、数据和模型结构等进行专门管理的功能，使操作者很容易地更新命令集。

（3）DSS应提供对用户使用效果的反馈渠道，将用户在使用中存在的问题及时反馈给系统管理人员，如命令使用频率、系统的响应时间、经常出错的地方、各类错误的统计、用户对系统的评价等，以便系统管理人员对系统进行评价，并及时根据用户要求进行修改。

以上描述的是基本的DSS“三库”结构，还有“四库（含知识库）”、“五库（含智能库）”结构，基本内容大致是相同的。目前的学术界和专业的DSS开发人员正在研究DSS的进一步发展的问题，主要集中在两个方向上，一是研究如何利用人工智能和专家系统技术更有效地解决半结构化和非结构化决策问题的支持，并使DSS具有类似于人的推理判断和学习能力；二是研究群决策支持技术，将多人的知识和决策技能有效地集成在一起，充分地利用各种资源，使决策的制定更合理、有效。

第二节 智能决策支持系统

一、智能决策支持系统的基本概念

DSS借助计算机强大的运算能力与人灵活的分析判断能力交互协作，为人们解决半结构化与非结构化的决策问题提供了有力的支持。但由于DSS中计算机一方的重点还在于模型的定量计算，人机对话方式与大多数不熟悉计算机的使用者尚存在一定的距离，限制了 DSS 的应用效果。与此同时，人工智能（Artificial Intelligence，简称 AI）领域研究在人的知识开发与利用上获得了不少成果，这些成果能弥补 DSS 的不足。因此如何将人工智能技术引入传统 DSS 形成智能型 DSS（IDSS）、较大地改进 DSS 的性能就成为一个新的课题。

人工智能应用的两大分支是专家系统（Expert Systems，简称 ES）和人工神经网络（Artificial Neural Network，简称 ANN）。IDSS 是在传统 DSS 的基础上结合人工智能技术而形成的。

专家系统是以计算机为工具，利用专家知识及知识推理等技术来理解与求解问题的知识系统。将 ES 和传统 DSS 结合而形成的 IDSS，在结构上增设了知识库、推理机与问题处理系统，人机对话部分还加入了自然语言处理功能。

人工神经网络是通过采用物理可实现的器件或采用计算机来模拟生物体中神经网络的某些结构与功能，就其性质看，神经网络属于基于案例学习的模型，它模拟人的神经元结构，构造人工神经元，吸取了生物神经网络的部分优点。人工神经网络在结构上由许多很小的处理单元相互连接而成，局部或部分的神经元损坏后不影响全局的活动，其连接权值和连接结构都可以通过对样本数据的学习而得到。

由于 IDSS 能充分利用人类已有的知识，所以在用户决策问题的输入、机器对决策问题的描述、决策过程的推理、问题解的求取与输出等方面都有了显著的改进。

专家系统的弱点是知识获取困难。因为它是人工地把各种专家知识从人类专家的头脑中或其他知识源那里转换到知识库中，费时低效；对于动态和复杂的系统，由于其推理规则是固定的，难以适应变化的情况；专家系统不能从过去处理过的事例中继续地学习，这使知识获得变得更加困难。

与专家系统相比，人工神经网络具有良好的自组织、自学习和自适应能力，因而特别适用于处理复杂问题或开放系统，这正好可以弥补专家系统的不足。同样，人工神经网络也有其弱点：人工神经网络的知识是分布在整个系统内部，对用户而言是个黑箱；而且人工神经网络对于自己的结论不能作出合理的解释。因此，将人工神经网络技术与专家系统集成，取长补短，是 IDSS 发展的一个有利方向。

二、智能决策支持系统的结构

人工智能技术应用于 DSS 的程度与范围不同可以构成不同结构的 IDSS，较完整与典型的 IDSS 结构是在传统三库 DSS 的基础上增设知识库与推理机，在人机对话子系统加入自然语言处理系统，与四库之间插入问题处理系统而构成的四库系统结构。见图 8－2。

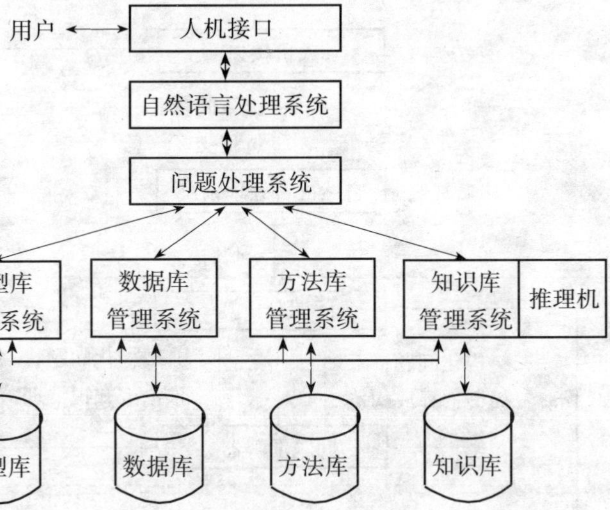

图 8－2　四库 IDSS 的基本结构

（一）智能人机接口

四库系统的智能人机接口接受用自然语言或接近自然语言的方

式表达的决策问题及决策目标，这较大程度地改变了人机界面的性能。决策者可以使用自然语言来提出决策问题，由自然语言处理功能通过语法、语义结构分析等方法转换成系统能理解的形式。运行后，系统则以决策者能清晰理解的或指定的方式输出求解进程与结果。问题处理系统的任务是识别、分析与求解问题，根据决策问题的结构化程度采用相应的求解方法，选择或构造模型或利用推理机制进行求解。

以下我们就问题处理系统、知识库及推理机分别加以叙述。

(二) 问题处理系统

问题处理系统处于 IDSS 的中心位置，是联系人与机器及所存储的求解资源的桥梁，主要是由问题分析器与问题求解器两部分组成。其工作流程如图 8-3 所示。

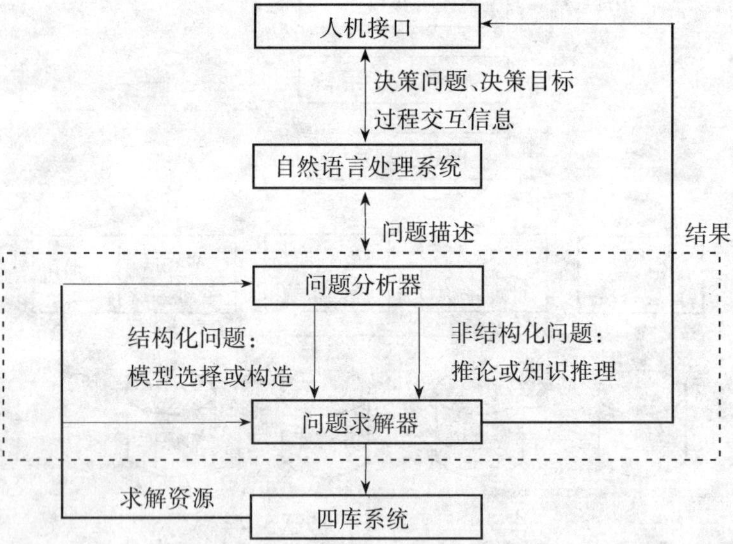

图 8-3 问题处理系统工作流程

自然语言处理系统转换产生的问题描述由问题分析器判断问题

的结构化程度,对结构化问题选择或构造模型,采用传统的模型计算求解;对半结构化或非结构化问题则由规则模型与推理机制来求解。

问题处理系统是 IDSS 中最活跃的部件，它既要识别与分析问题、设计求解方案，还要为问题求解调用四库中的数据、模型、方法及知识等资源，对半结构化或非结构化问题还要触发推理机作推理或新知识的推求。问题处理系统是人工智能技术在 DSS 中的重要应用，在 IDSS 中起着非常重要的作用。

（三）知识库子系统和推理机

在 DSS 中引进知识库子系统是为了使其具有一定程度的智能表现。知识库子系统的组成可分为三部分：知识库管理系统、知识库及推理机。

1. 知识库管理系统。知识库管理系统的功能主要有两个，一是回答对知识库知识增、删、改等知识维护的请求，二是回答决策过程中问题分析与判断所需知识的请求。

2. 知识库。知识库是知识库子系统的核心，知识库中存储的是那些既不能用数据表示，也不能用模型方法描述的专家知识和经验，也即是决策专家的决策知识和经验知识，同时也包括一些特定问题领域的专门知识。

知识库中的知识表示是知识库系统研究的一个重要课题。知识表示是为描述世界所作的一组约定，是知识的符号化过程。对于同一知识，可有不同的知识表示形式，知识的表示形式直接影响推理方式，并在很大程度上决定着一个系统的能力和通用性。

知识库包含事实库和规则库两部分。例如，事实库中存放了“任务 A 是紧急订货”、“任务 B 是出口任务”那样的事实。规则库中存放着“IF 任务 i 是紧急订货，and 任务 i 是出口任务，THEN 任务 i 按优先安排计划”那样的规则。

3. 推理机。推理机是指从已知事实推出新事实（结论）的过程，推理机是一组程序，它针对用户问题去处理知识库（规则和事实）。推理原理如下：

若事实 M 为真，且有一规则“IF M THEN N”存在，则 N 为真。因此，如果事实“任务 A 是紧急订货”为真，且有一规则“IF 任务 i 是紧急订货，THEN 任务 i 按优先安排计划”存在，则任务 A 就应优先安排计划。

第三节 群体决策支持系统

一、群体决策支持系统的基本概念

前两节所叙述的 DSS 能较显著地提高组织高层领导决策的有效性，但它们都是面向个人的，也即决策的支持只局限于单个决策者。然而实际上一个组织的决策大都由领导群体作出，一些事关组织生存与发展的重大决策几乎更是毫无例外地由集体参与制定。

随着跨区域与跨国家经济的发展，各种组织的布局由点到面，逐步走向全球化。群体决策不再仅仅是多人坐在一起分析问题评价方案的活动，它还要求多个决策者能在一个周期内异时异地合作协商寻求解决问题的方案，依靠原有的方法进行群体决策在客观上已难以实现。因此如何才能在新的环境下、在更广泛的空间内与不固定的时刻进行群体决策成了一个迫切需要研究的课题，群体决策支持系统（GDSS）就是在此背景下产生的。

GDSS 是一种在 DSS 基础上利用计算机网络与通信技术，供多个决策者为了一个共同的目标，通过某种规程相互协作地探寻半结构化或非结构化决策问题解决方案的信息系统。与传统的会议决策或传递式群体决策相比，GDSS 有以下一些特点：

1. 不受时间与空间的限制；

2. 能让决策者相互之间便捷地交流信息与共享信息，减少片面性；

3. 决策者可克服消极的心理影响，无保留地发表自己的意见；

4. 能集思广益，激发决策者思路，使问题的方案尽可能趋于完美；

5．可防止小集体主义及个性对决策结果的影响；

6．可提高决策群体成员对决策结果的满意程度和置信度；

7．群体越大效果越显著。

从理论上讲，GDSS 对群体决策是非常有益的手段，但它涉及的面很广。GDSS 要面向不同风格与偏好的个人，要综合决策科学、人工智能、计算机网络、运筹学、数据库技术、心理学及行为科学等多种学科的理论、方法与技术，实用系统研究与开发的难度非常大。目前国内外能投入实际运行的 GDSS 很少见。

二、群体决策支持系统的类型

根据决策问题所在组织的环境、人员空间分布、决策周期长短等因素，GDSS 大致可以有以下四种类型：

（一）决策室

对决策者面对面地集于一室在同一时间进行群体决策的情况，GDSS 可设立一个与传统的会议室相似的电子会议室或决策室，决策者通过互联的计算机站点相互合作完成决策事务。决策室是相对较简单的 GDSS。

（二）局域决策室

建立在计算机局域网基础上的，用于多位决策者在近距离内的不同房间（一般是自己的办公室）里定时或不定时作群体决策的系统即是局域决策网。网上各位决策者通过联网的计算机站点进行通信，相互交流，共享存于网络服务器或中央处理机的公共决策资源，在某种规程的控制下实现群体决策。这种类型的主要优点是可克服定时决策的限制，也即决策者可在决策周期内时间分散地参与决策。

（三）虚拟会议

这种类型利用计算机网络的通信技术，使分散在各地的决策者在某一时间内能以不见面的方式进行集中决策。虚拟会议在实质上与决策室相同，它的优点是能克服空间距离的限制。

（四）远程决策网

远程决策网充分利用广域网等信息技术来支持群体决策，它综合了局域决策网与虚拟会议的优点，可使决策参与者异时异地共同对同一问题作出决策。这种类型还不成熟，开发应用也很少见。

三、群体决策支持系统的组成

GDSS在计算机网络的基础上，由私有DSS、规程库子系统、通信库子系统、共享的数据库、模型库及方法库、公共显示设备等部件组成。一种较有代表性的GDSS的结构见图8-4。与个人DSS相比，GDSS必须建立在一个局域网或广域网上，在构件上增设了规程库、通信库、共享的公共数据库、模型库及方法库等。

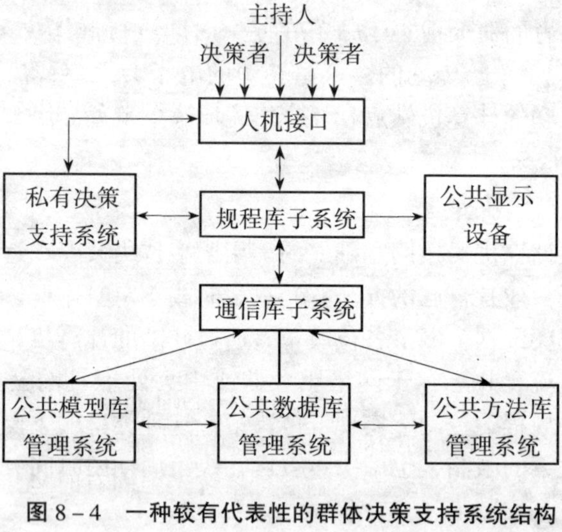

图8-4 一种较有代表性的群体决策支持系统结构

GDSS一般以一定的规程，如正式会议或虚拟会议的方式运行，会议由一个主持人及多个与会者围绕一个称为“主题”的决策问题，按照某种规程展开。

人机接口接收决策群体的各种请求，这些请求有主持人关于会议要求与安排的发布请求，与会者对数据、模型、方法等决策资源的请求等。通信库子系统相当于会议的秘书处，是系统的核心，它存储与管理主题信息、会议进程信息及与会者的往来信息，负责这些信息的收发，沟通与会者之间、与会者与公共数据库、模型库与方法库之间的通信。公共显示屏信息也由通信库子系统传送至各参会者的站点。规程库子系统存储与管理群体决策支持的运作规则及会议事件流程规则等，例如，决策者请求的优先级别规则、决策意见发送优先级别规则及各种协调规则等等。

GDSS 的结构比个人 DSS 要复杂得多，功能也要强得多，GDSS 可以支持群体决策，也可以支持个人决策，DSS 可看作是 GDSS 的一个特例。

第四节　经理信息系统和战略信息系统

经理信息系统是专门为高层管理人员服务的信息系统，战略信息系统是旨在使用信息技术，实现企业战略目标的信息系统。下面分别对这两类系统给予简单的介绍。

一、经理信息系统

经理信息系统（Executive Information Systems，简称 EIS）是 20 世纪 80 年代中期出现的面向企业高层领导，能支持领导管理工作，为他们提高效率和改善有效性的信息系统。国内有时也将 EIS 称为总裁信息系统或高层管理信息系统。

从 20 世纪 50 年代信息系统的产生到现在，在近半个世纪的时间里，信息系统的工具、内涵和作用都有了很大程度的变化，信息系统的应用已涉及到组织的各个层面。管理信息系统的初衷提出应包括支持组织各层级的功能。但由于高层用户及其工作特性的分析以及组织外部信息的开发等方面的欠缺，实际上这些信息系统都未能真正地实现面向组织高层领导的特殊功能。另一方面组织环境变化速度加快，面临问题的不确定性因素增加，高层领导在时间上的压力越来越大，问题分析判断的难度增大。EIS 就是在此背景下提出与产生的。

EIS 是综合了各种信息报告系统和决策支持系统的特色而构成的一种专为企业中的高层领导使用的信息系统，它主要是迎合高层领导对信息的需求而构筑的。

根据企业高层领导的工作特性，EIS 的系统结构大致如图 8－5 所示。从图中可看出，EIS 与其他信息系统相比有重叠，也有区别，这些区别形成了 EIS 的特点。从系统形式、内涵与功能来看，EIS 有以下一些特点：

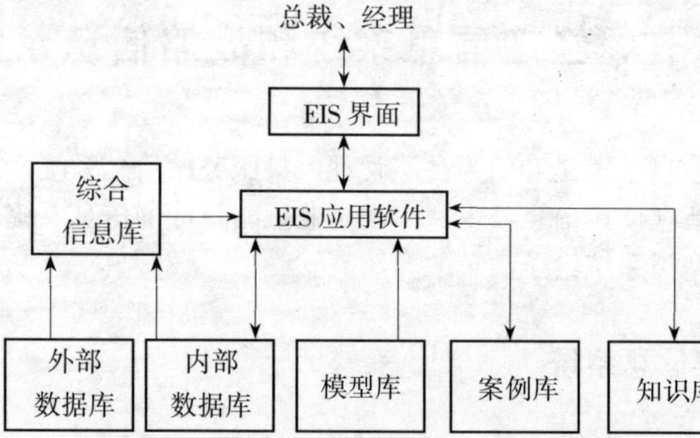

图 8－5 经理信息系统组成结构图

首先，人机界面必须十分友好且富有个性化，图文并茂且层次清晰，用户可在很短的时间内掌握使用方法；提供的信息是关系到组织生存与发展的关键信息，但又可对其“追根问底”，提交逐级细化的信息。为此，系统要增设综合信息库，外部数据库也比内部数据库的地位更重要。

其次，决策功能面对的问题是非结构化的，与 DSS 要解决的问题相比，分析与求解的难度更大，EIS 因此必须基于人工智能技术，其中基于案例的类比推理技术尤为重要。

最后，EIS 还具有丰富的办公支持功能，如电子邮件、传真、无线通信、文字处理、电子会议、通讯录、日程安排、公文处理等。由于总裁或经理等领导的流动性很大，除要配备固定的工作站点外，还必不可少地要配备便携机作为流动站点，实现远距离通信，形成移动办公室。

EIS 的特点决定了开发过程的特殊性，EIS 的分析与设计建立在对总裁和经理等领导职能、工作状况及个性分析的基础之上。信息需求分析的重点在于关键数据的确定，由精到细的层次关联分析。

二、战略信息系统

战略信息系统（Strategic Information Systems，简称 SIS）是一种支持企业赢得或保持竞争优势，实现企业战略目标的信息系统。

SIS 在两个方面为企业战略目标的实现提供支持。一方面是为制定企业竞争战略、进行中长期战略规划提供信息和决策支持；另一方面是为企业竞争战略的实现提供信息和信息技术的支持。对于前者，由于涉及许多非结构化的问题，如战略的形成过程、决策过程等，实现起来比较困难，目前还处于探索期。

至于后者，相对来讲就具体得多，也有不少成功案例。企业经常采用的竞争战略有总成本领先战略、差别化战略和目标积聚战略。以上三种竞争战略都可以用 SIS 来辅助企业实现。

美国花旗银行（CitiBank）的信息系统是实现差别化战略的一个例子。花旗银行早在 1977 年就发明了自动柜员机（ATM）和银行借贷卡，意欲夺取美国的个人存款市场。花旗银行将它的柜员机放在纽约市的各处，使得个人存取款不必再跑到银行，随处都可以实现。这对顾客来说十分方便，因而花旗银行一时成了美国银行界的排头兵。在这个例子里，自动柜员机（ATM）形成的网络信息系统就是一种 SIS。

辅助企业竞争战略实现的系统通常不局限于使用企业内部的局域网，而是将企业内部的网络与公用信息服务设备连接起来，构成逻辑上更大的网络。

第九章 因特网与酒店电子商务

第一节 Internet

Internet 是当今世界上人们谈论最多的话题之一。作为一种实用的技术，从 20 世纪 60 年代至今近 40 年的时间里，Internet 已发展成为世界上规模最大、覆盖面最广、资源最丰富、使用最迅捷的信息网络。Internet 在改变人们工作方式、工作环境的同时，以一种正在兴起的虚拟社会概念改变着人们传统的生活方式。

一、Internet 的由来与发展

Internet 的中文名称为“因特网”，又称“国际互联网”，它是指由众多网络互联而成的、全球最大的、开放式的计算机网络。从网络角度讲，Internet 是一个国际性的计算机网络集合体，它集现代通信技术和计算机于一体，在计算机之间实现了信息的交流和共享；从信息资源角度讲，Internet 是全球范围内最大的信息源，通过 Internet，可以实现全球信息资源的有效、快速和方便的传递。

Internet 起源于 20 世纪 60 年代，当时研究人员开始实验如何利用普通的电话线来连接相距很远的计算机。1969 年，美国国防部资助了一个与广域网有关的项目。美国高级研究计划局（ARPA: Advanced Research Projects Agency）承担了这个项目，开发出了称为

ARPAnet 的网络。ARPAnet 是 Internet 的雏形，最初只有 4 台主机，分布在美国 4 个地区。到了 1977 年发展到 57 个，连接各类计算机 100 多台。

为了使各种不同类型的计算机网络能够彼此通信，美国国防部通信局和 ARPA 于 1980 年研制成功了各种不同类型网络之间交换信息用的通信协议，其中最有名的是网际协议 IP（Internet Protocol）和传输控制协议 TCP（Transmission Control Protocol），目前已发展成为网络之间互联的基本协议 TCP/IP。与此同时，美国贝尔实验室开发了 UNIX 分时操作系统，这种操作系统可以方便地移植到任何类型的计算机上。ARPA 认识到要实现更大范围的网络互联，大家必须都采用相同的协议。因此，决定公布自己的研究成果，并让 TCP/IP 协议随 UNIX 广为传播。20 世纪 80 年代中期，美国国家科学基金会（NSF：National Science Foundation）决定资助 Internet 的发展和 TCP/IP 技术。NSF 先将分布于不同地点的 5 个超级计算机中心用 TCP/IP 的广域网技术互联起来，成为 NSFnet。此后，又有一些大公司参加，把 NSFnet 建成了一个强大的 Internet 骨干网。

世界其他国家和地区（如欧洲、加拿大、日本和中国等）也都在 20 世纪 80 年代以后先后建成了各自的 Internet 骨干网。这些骨干网通过各种途径与美国的 Internet 骨干网相连，形成了当今连接数百万个网络的国际互联网。

现在，Internet 已经成为全球规模最大、用户最多、影响最广的科学教育网和商业信息网。可以说，Internet 像一个覆盖全球的巨大藤蔓，把全世界的人们有机生动地联系在一起。

二、Internet 技术基础

（一）TCP/IP 协议

TCP/IP 协议是普遍使用的网络互联的标准协议，是连入 Internet 的所有计算机在网上进行信息交换所采用的协议。TCP/IP 不是单个协议，而是代表一组协议，如 TCP、IP、IGMP（国际分组管理协议)、ARP(地址解析协议)、ICMP(网际控制报文协议)和UPD(用户数据协议)等,TCP和IP是其中最重要的两个协议。由于大多数操作系统都支持TCP/IP协议,因此可用TCP/IP与广泛的系统和资源共享信息。

TCP/IP协议基于四层参考模型(图9-1),属于TCP/IP协议组的所有协议均位于该参考模型的上面三层。TCP/IP模型的每一层对应于国际标准组织(ISO)提议的七层OSI(开放系统互联)模型的一层或多层。

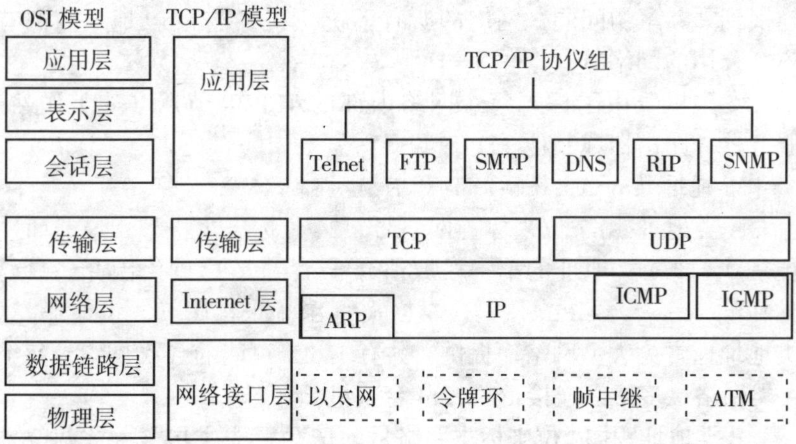

图9-1 TCP/IP模型

图对每一层所执行的服务类型和所使用的协议做了简要说明。

(二) IP地址和域名地址

在Internet上进行信息交换的基本条件就是网络上的所有主机要有惟一的地址,就像日常生活中朋友间互相通信要写明通信地址一样。这里的主机(host)是指每台与Internet连接的计算机或设备。Internet地址分两种形式,即用数字表示的IP地址和用字母表示的域名地址。

1. IP地址

Internet上为每台主机指定的地址称为“IP地址”。IP地址是惟一的，具有固定和规范的格式。每个IP地址长为32位，被分为4段，每段8位（即1个字节），段与段之间用句点分隔。为了便于表达和识别，IP地址是以十进制形式表示的，每段所能表示的十进制数最大不超过225。例如，以下是一个假想的IP地址：

202. 66. 118. 100

每个IP地址分网络号和主机号两部分：

①网络号用于惟一标志大型TCP/IP网际网内部的每个网络，连接到并共享访问同一网络的所有系统在其完整的IP地址内都有一个公用的网络号；

②主机号用于标志每个网络内部的TCP/IP节点（如工作站、服务器、路由器或其他TCP/IP设备等）。

IP地址共分A、B、C、D和E五类：

A类地址 用7位来标志网络号，24位标志主机号，最前面一位是0，即A类地址的第一段取值介于1～126之间。因此，只要见到1. x. y. z～126. x. y. z格式的IP地址都属于A类地址。A类地址通常为大型网络而提供，共有126个可能的A类网络，每个A类网络最多可以连接16777214台主机。

B类地址 用14位来标志网络号，16位标志主机号，前两位是10。B类地址的第一段取值介于128～191之间，第一段和第二段合在一起表示网络号。B类地址适用于中等规模的网络，共有16384个可能的B类网络，每个B类网络最多可以连接65534台主机。

C类地址 用21位来标志网络号，8位标志主机号，前三位是110。C类地址的第一段取值介于192～223之间，第一段、第二段和第三段合在一起表示网络号，最后一段标志主机号。C类地址一般适用于校园网等小型网络，每个C类网络最多可以有254台主机。

D类地址 若第一段前四位是1110，则表示是D类地址。D类地址是多播地址。

E 类地址 若第一段前五位是 11110，则表示是 E 类地址。E 类地址保留作为将来扩展之用。

2．域名地址

在 Internet 上，对于以数字形式表示主机的 IP 地址，人们记忆起来是十分困难的。因此，Internet 还采用域名地址来表示每台主机。通过为每台主机建立 IP 地址与域名地址之间的映射关系，用户可以在网上避开难以记忆的 IP 地址，而用域名地址来惟一标志网上的主机。域名地址与 IP 地址的关系类似于一个人的姓名与身份证号码之间的关系。

域名地址由域名系统（DNS）管理。由于通信线路上传输的信息只能用 IP 地址，不能用域名地址，因此，域名地址要翻译成 IP 地址，翻译过程由 DNS 服务器（域名服务器）来完成。

域名地址是分级表示的，每级分别授权给不同的机构管理，各级间用圆点分隔。与 IP 地址相反，各级自左至右越来越高。例如，tsignhua．edu．cn 指的是中国（cn）教育网（edu）清华大学(tsignhua)。

域名常以三字母或两字母结尾。两字母结尾一般代表国家或地区，如 cn 代表中国，fr 代表法国，hk 代表中国香港，tw 代表中国台湾，jp 代表日本，us 代表美国等等。三字母结尾一般表示类别域名，如 com 代表工商界，edu 代表教育界，gov 代表政府部门，net 代表网络服务提供者等等。

三、Internet 的信息服务

从 Internet 上获取和交换信息的方法有多种，如 Telnet、FTP、E－mail、Archie 和 Gopher。最常见的获取方法是 World Wide Web(Web、WWW、3W 或称万维网)。

（一）电子邮件

电子邮件（E－mail）是 Internet 提供的使用比较广泛的服务。

通过电子邮件，人们可在网上相互交换信息。电子邮件的快速、高效、方便及廉价，使得越来越多的人热衷于这项服务。目前，全球平均每天约有几千万份电子邮件在网上传输。

要给 Internet 上的某个人发送电子邮件，需要知道这个人的电子邮件地址。Internet 上的每个人都有惟一的电子邮件地址，地址格式是:

username@hostname

其中，username 表示用户名，是用户所申请的邮件账户；hostname 是 ISP（Internet 服务供应商）邮件服务器的域名地址。中间的符号@读作“at”，表示名称为 username 的用户在 hostname 主机上有一个信箱。例如，下面就是一个有效的电子邮件地址:

nysh@263.net

（二）FTP

FTP 是 Internet 的文件传输协议，它允许用户连接到远程服务器，从远程服务器将文件拷贝到本地计算机（即下载）或将文件从本地计算机传送到远程服务器（即上载)。

（三）Telnet

Telnet 是 Internet 的远程登录协议。用户可以坐在本地计算机前通过网络注册到远程服务器。登录上远程服务器后，就可以从本地计算机直接操纵远程服务器，就像远程服务器的本地终端一样使用远程服务器的资源。

（四）BBS

BBS（电子公告板）是 Internet 提供的一种服务。BBS 通常分为若干个讨论区，每个讨论区都有指定的人员管理。用户在 BBS 中可以通过阅读各种文章获取丰富的知识，可以和远在千里之外的 Internet 发烧友交谈，可以通过电子邮件互递的方式在公众论坛中就某个问题与众人展开讨论。

（五）新闻组

新闻组是一个电子讨论组，可以在新闻组中与遍及全球的用户共享信息，并发表对某些问题的看法。每个新闻组中都能找到大量与某一给定专题有关的文章。新闻组允许用户回复阅读过的文章，并发表自己的文章供他人阅读。

新闻组按专题组织和分类，使用类似于“rec.sport.basketball.college”这样的复合名称。这里，rec 指的是娱乐专题，sport 是子专题，依此类推。新闻组讨论的专题可以是嗜好、娱乐、体育、政治、宠物和教育等。凡是用户所想得到的专题，大概都能在新闻组中找到。

（六）Archie

Archie 实际上是一个大型数据库以及与这个数据库相关的一套检索方法。Archie 数据库包括可以通过 FTP 获取的信息，如文件名、文件长度、存放在文件中的计算机名和目录名等。Archie 仅通过文件名进行检索。

（七）Gopher

Gopher 是 Internet 提供的一种信息浏览工具，它通过文件类型去查找文件。Internet 上有许多 Gopher 服务器，这些服务器存储有大量的信息供用户使用。Gopher 运行时，将显示一个交互式的供用户选择的菜单，菜单中的选择项由简单的短句组成，每个短句通常指向另一个菜单，并最终指向有用的文件。

Gopher 是帮助用户在 Internet 信息海洋中搜索有用信息的导航器。用户只要关心浏览内容，而不必关心具体的服务器。

（八）Web

Web 是由 HTTP（超文本传输协议）驱动的，它不是传统意义上的物理网络，而是在超文本（Hypertext）基础上形成的庞大信息网。Web 使得用户可以通过超级链接方便地在网页间漫游，其最大的特点是拥有极其友好的图形界面、简单的操作方法及图文并茂的显示方式。Web 使 Internet 从曲高和寡变成了风靡全球。

四、Internet 在我国的发展

近年来，Internet 在我国从无到有，逐渐形成了一定的发展规模。公共电话网、中国光缆网、中国公用数据网以及中国公用分组交换网等都取得了长足的发展，逐渐形成了以北京为中心，覆盖全国的数据通信网络。

Internet 在我国的发展大致可以分为两个阶段：第一阶段是 1987～1993 年，我国科研部门通过与 Internet 互联，进行学术交流与科技合作，从事电子邮件的收发业务；第二阶段是从 1994 年开始，我国实现了与 Internet 的 TCP/IP 连接，开通了 Internet 的全功能服务。目前国内有几个全国范围的计算机骨干网已初具规模。

（一）ChinaNet（中国公用计算机互联网）

ChinaNet 是适应 Internet 商业化的需要，由原邮电部于 1994 年投资建设的全国 Internet 骨干网，目的是为国内用户提供各种服务。ChinaNet 采用分层体系结构，整个网络分为核心层、区域层和接入层三个层次。全国的自然区域分为北京、上海、华北、东北和西北等多个区，构成多个核心层站点，围绕这些核心层站点形成多个区域，共有数十个站点。

（二）CERNET（中国教育和科研计算机网）

CERNET 是由原国家计委投资、原教委主持的教育科研网，目的是将全国的大部分高等院校和中学连接起来，形成一个全国性的教育科研基地，推动校园建设并促进信息资源的交流与共享。CERNET 采取全国网络中心、地区网络中心和校园网三级结构进行管理，全国网络中心设在清华大学，地区网络中心和主节点分布在全国八大城市的十所高校，它们彼此之间的连接构成了 CERNET 主干网的三环拓扑结构。每个地区网络中心管辖周边几个省市自治区单位和用户入网，它是广大校园网与 CERNET 联系的纽带和桥梁。

（三）ChinaGBN（中国公用经济信息网，又称“金桥网”）

ChinaGBN 是为配合全国三金工程而建立的计算机公用网，由

吉通公司管理。ChinaGBN 是为国家宏观经济调控和决策服务的。ChinaGBN 主要提供专线集团用户的接入和个人用户的上网服务。

(四) CSTNet (中国科技网)

CSTNet 由中国科学院主持建设，其目标是在北京地区已入网的 30 多个研究所的基础上把网络扩展到全国 24 个城市，实现国内各学术机构的计算机互联并和 Internet 相连。在此基础上，网络不断扩展，逐步连接了中科院以外的一批科研院所和科技单位，成为一个面向科技用户、科技管理部门及与科技有关的政府部门服务的全国性网络。

第二节 旅游电子商务

近年来，全球旅游电子商务市场规模迅速膨胀。根据美国有线电视网（CNN）公布的数据，全球旅游电子商务连续 5 年以 350% 以上的速度发展。1999 年全球电子商务销售额突破 1400 亿美元，其中旅游业电子商务销售额突破 270 亿美元，约占全球电子商务销售总额的 20%；全球约有超过 17 万家的旅游企业在网上开展旅游服务；约 8500 万人次享受过旅游网站的服务。另根据全美旅游协会（TIA）1999 年的研究报告——《旅游者对国际互联网的使用》，1999 年有大约 5220 万的旅行者在计划旅程或预订旅行团时查询参考了网上信息，这其中有 32%（即 1650 万人）在网上预订机票、旅馆房间、租用车辆或参加包办旅行团。

一、旅游电子商务的概念

旅游电子商务是旅游产业与电子商务相结合的产物，也是现代旅游业发展的标志和必然趋势。世界旅游组织曾就旅游电子商务作过如下定义：“旅游电子商务就是通过先进的信息技术手段改进旅游机构内部和对外的连通性，即改进旅游企业之间、旅游企业与上游供应商之间、旅游企业与旅游者之间的交流与交易，改进旅游企业内部业务流程，增进知识共享。”

我们认为，旅游电子商务是一个以信息技术服务为支撑的全球商务活动的动态发展过程。旅游电子商务不仅仅是一种互联网的在线销售模式，更重要的是它标志着企业与企业之间（业务联系、车辆调度、财务管理操作、项目投标、客房竞价）、企业与消费者之间、企业与政府行政管理部门之间的信息交流实现了数字化的处理过程，而且它们会相互影响，相互促进，这种变革甚至会最终影响政府管理旅游的职能、旅游教育、社会等各个方面的变革。

（一）旅游电子商务的基本模式

旅游电子商务可分为“B2B”（网站对交通、住宿、景点等企业）、“B2C”（网站对游客）、“C2B”（游客“点菜”，企业竞标接盘）、“C2C”（游客发起招募同好者自行组团）等模式，我们在此主要讨论比较成热的前两种模式。

B2B 电子商务模式。这是一种企业与企业之间的网络电子商务活动，一般讲 B2B 模式的数量相对较少，商务运作较为规范，旅游酒店与旅行社之间的电子交易方式属此种模式。这一模式通常包括电子信息公布、网上谈判、商品交易几部分：电子信息公布采用信息检索方式；网上谈判一般采用 EDI 方式，也可采用 Webphone 方式。一旦合同单签订就进入商品交易阶段，交易双方将交易信息传到银行，银行对双方认证后进行账户间资金的划转。

B2C 电子商务模式。这是一种企业与消费者个人之间的网络商贸往来，旅游酒店可以以此方式向分布在世界各地的潜在消费者销售其客房和服务。顾客通过进入网站，可浏览网站服务信息，安排自己的旅游路线，预订机票和客房等，当完全确认后，有关订货信息会通过网络传送到网络旅游公司。公司接到预订信息后将顾客和商品信息送到银行认证中心进行电子签名认证并登记，然后将预订的票据、凭证送到顾客家中，同时向银行索款。

（二）旅游电子商务的主要优势

旅游电子商务相对于电子商务中的其他行业而言有两个优势：

(1) 作为服务领域的旅游业较少涉及实物运输，因此旅游电子商务不用面临目前最复杂、费力的物流配送问题。当然，有时可能涉及一些交通票据配送的问题，这可以通过集中的方式解决。现在开始尝试的电子机票，推行无票旅行的概念，也将是旅游电子商务发展的必然趋势。(2)随着金融业的参与，客户通过网上结算方式直接付款，免去了旅游者携款办理各种手续的麻烦。这种建立在优势互补基础上的新的运行机制，由于各方面经营投入与利益获取有着不同的侧重点，很快将形成银行、旅游中介商、旅游产品生产者、旅游者四方面得利的共赢局面。

二、旅游电子商务的特性

旅游电子商务在网站建设、信息安全、认证和支付等方面与传统产业的电子商务没有过多的区别。但是，旅游行业的自身性质，决定了旅游电子商务和其他行业的不同之处。旅游电子商务的产品不是有形的实物，而是旅游及其相关的服务，产品的购买与消费是同时发生的，不发生产品所有权的转移和交换，购买和消费贯穿于游客的整个旅游过程。旅游行程结束，整个消费也就自动终止。旅游产品的这些特性决定了旅游电子商务具有聚合性、有形性、服务性、个性化、便捷性、优惠性等特性。

（一）聚合性

旅游产品是一个纷繁复杂、由多个部分组成的结构实体。旅游电子商务像一张大网，把众多的旅游供应商、旅游中介、旅游者联系在一起。旅游景区、旅行社、旅游酒店及旅游相关行业，如租车业，可借助同一网站招徕更多的顾客。新兴的“网络旅游公司”即将成为旅游行业的多面手，它们将原来市场分散的利润点集中起来，提高了资源的利用效率。由此可见，旅游市场的规模将因导入电子商务而扩大。

（二）有形性

旅游产品具有无形性的特点，旅游者在购买这一产品之前，无法亲自了解，只能从别人的经历或介绍中寻求了解。随着信息技术的发展，网络旅游提供了大量的旅游信息和虚拟旅游产品，网络多媒体给旅游产品提供了“身临其境”的展示机会。这种全新的旅游体验，使足不出户畅游天下的梦想成真，并且培养和壮大了潜在的游客群。因此，旅游电子商务使无形的旅游产品慢慢变得“有形”起来。

（三）服务性

旅游业是典型的服务性行业，旅游电子商务也以服务为本。据CNNIC报告，用户选择网络服务商（ISP）最主要的影响因素是连线速度（占43%）和服务质量（占24%）；用户认为一个成功网站须具备的最主要的因素是信息量大、更新及时、有吸引人的服务（占63.35%）。因此，旅游网站如果希望具有较高的访问量，能够产生大量的交易，必须能提供在线交易的平台，提供不同特色、多角度、多侧面、多种类、高质量的服务来吸引各种不同类型的消费者。旅游业作为一个综合性的产业，既是分散的，又具有相互依赖性。如旅行社服务于游客，没有酒店、餐饮业、景区和交通部门的支持，不可能单独存在，而酒店、餐饮业、景区和交通部门是不隶属于旅行社的独立企业。提供良好的服务是旅游业服务的宗旨和目标，也是旅游电子商务应该遵循的原则。通过旅游电子商务在各企业间建立规范一致的服务，将分散的企业联系起来，使之变得更加密切，为旅游者提供全面、完善、周到的服务。

（四）便捷性

旅游电子商务克服了传统旅游服务的缺憾，可以为消费者提供全面的目的地资讯，为其提供目的地预览和为决策提供参考信息，具有明显的导购行为；另外也可以解决服务的信誉问题，突破时空界限，为消费者提供全天候跨地域的服务，并可用有关银行卡在线支付旅游费用，方便购买。

（五）优惠性

除提供了方便快捷的服务以外，更重要的是旅游电子商务提供的产品价格具有竞争力，从而给消费者带来实惠。这些网络虚拟的旅游服务公司不但提供消费者在任何时间完成订位购票，还有优惠折扣，消费者可说一举多得。

（六）个性化

越来越多的旅游者强调个性化旅游，不满足旅行社非常紧凑的日程计划，希望按照个人意愿安排整个旅游行程，这就要求旅游产品朝着个性化方向发展。而旅游电子商务正好具有这方面的优势，在组织旅游线路和日程安排时，通过网页提供的选择表单，游客可选择满意的安排，或者自行制定旅游路线和日程，真正达到休闲度假的目的。尽管旅游产品的可变因素很多，同一个产品可以在时间、地点、消费形式等方面有多种组合方式，旅游电子商务仍然能适应游客个性化消费和服务的特点，不仅能提供一般性的大众化旅游产品，而且更注重开发设计个性化旅游产品。

三、我国旅游电子商务的发展

我国旅游电子商务网站在经历了1997年至2000年上半年的投资热潮及炒作式发展、2000年下半年至2001年的遭遇困境与冷静回归后，经过分化整合以及经营策略的再探索，已逐渐走入一个成熟稳健的发展时期。多数旅游电子商务网站的定位与盈利模式趋于清晰，与传统旅游企业的协作与联合继续推进，部分旅游预订网站已实现盈利。

（一）我国旅游电子商务网站的基本格局

目前，我国有专业旅游网站300多家，主要分为五大类：一是旅游产品或服务的直接提供商，一般是传统旅游企业（酒店、旅游景点、航空公司等）上网。其内容以介绍本单位和现成旅游线路、当地景点、旅游新闻、旅游常识为主，但信息量较小，主要依靠所拥有的资源优势，提供预订服务。典型的如信天游，但由于拥有的资源只具有地域垄断性，并且数量多，内容类似，经营仍是传统特色，因此在目前中国旅游网站中大多排名靠后。二是门户网站开辟的旅游专栏，以介绍旅游线路、旅游景点为主要内容。如新浪网生活空间的旅游频道、搜狐和网易的旅游栏目、中华网的旅游网站等。这类网站具有相当旺盛的"人气"，但由于缺乏专业资源的支持，其旅游信息缺乏全面性、权威性和实用性，只是作为对现有网站内容的补充。三是中介服务提供商，又叫做在线预订服务代理商，一般是专业旅游电子商务网站。主要从事代理销售，从中赚取折扣或佣金。网站内容包括旅游信息发布、订房、订票、经营旅游线路等传统旅行社业务。它们或具有大旅游企业背景、或具有资金实力、或具有国际旅游资源，从而形成旅游专业资源优势，如上海携程旅游网、北京再见城市网、青旅在线、华夏旅游网、中国旅游资讯网、易龙的 LOHOO.COM 等，这些网站有比较明确的概念和清晰的思路，目前在中国旅游网站中占据领先位置。四是应用服务供应商（ASP）网站，这类网站以广州雅途网及华晨国际电子商务交易网为代表，它们自身不经营旅游业务，而是为旅游业界提供电子商务平台，以全面解决旅游业界上网营销、管理的问题，经营独具特色。五是一般的旅游信息网站，它们虽不以预订服务为主要服务项目，但也提供预订中介服务。既没有第一类的旅游资源优势，又没有第三类的专业优势，因此在网站排名中处于最后位置。

（二）我国旅游电子商务发展的制约因素

目前对于我国旅游界来说，旅游电子商务，旅游网站已不是个陌生的东西了，并且如今的旅游网站也不是像以前刚开始那样声势浩大，要把所有旅行社取而代之。随着时间的推移，旅游网站所面临的问题与困境也都日益显现出来。人们开始冷静而理智地思考，究竟是什么因素阻碍着中国旅游电子商务的发展。

1. 消费者的购物习惯

对于大多数中国消费者来说，传统的购物方式已根深蒂固，人们习惯于面对面的讨价还价，面对实物挑选商品，一手交钱一手交货的购物方式。人类思维和行为方式的惯性使人们在短时间内不可能适应完全改变了的、面对虚拟旅游产品使用虚拟的电子货币、电子机票进行的电子商务模式。据调查，绝大多数人在网上浏览产品和服务信息，但最终还是采用老的、传统的方式去购买。真正的旅游电子商务在中国还未出现。

2．电子支付手段不健全

网络银行是电子商务的核心。如果没有网络银行提供有效、安全的网上支付手段，电子商务则很难有效地进行。目前，我国网上电子支付手段尚不健全，商业银行的全国跨行联网机制还未建立起来。大多数的消费者尚无使用信用卡的观念，电子支付还无从谈起。

3．旅游网站项目少、信息匮乏

目前国内不少旅游网站都普遍存在着旅游信息匮乏，旅游信息更新不及时，不能与市场紧密结合等问题。另外，就是网站服务项目太少。许多旅游网站仅为游客提供订票、订房业务，很少涉及到旅游路线的设计、自助旅游安排等项目，不能满足消费者“个性化旅游”需求。

4．网络基础设施有待完善

我国属于发展中国家，网络经济刚刚起步，网络的基础设施尚不完善，数据的传输能力距离预期的水平还有很大的差距，这给旅游企业的经营带来了许多不利。我们都知道旅行社、酒店、旅游纪念品公司制作的精美图片往往是其营销的重点，失去了精美的画面，网页也就毫无特色可言，就更谈不上吸引游客了。而且，如果一个网民第一次登录一个网站没有成功，或者不满意，那么，他很可能不会再第二次进入，这样无形中会失去许多潜在的顾客。

5．上网企业与个人数量有限

据统计资料显示，全球因特网用户已超过2亿，而我国网络用户仅为1600万。网络的根本在于资源的共享，共享的人越多，网络经济就会越快地发展。由于我国网络基础设施落后，数据传输能力不强，加之上网费用偏高，这些都在很大程度上影响了人们上网的积极性。

（三）我国旅游电子商务发展的对策

面对上述问题，我国旅游电子商务今后的发展应主要采取以下对策：

1. 特色定位

旅游业是典型的服务性行业，旅游电子商务也以服务为本。据CNNIC报告，用户选择网络服务商（ISP）最主要的因素，第一位是连线速度（占43%），第二位就是服务质量（占24%）；成功网站须具备的最主要的因素，第一位就是信息量大，更新及时，有吸引人的服务（占63.35%）。因此，旅游网站希望具有较高的访问量，能够产生大量的交易，必须能提供在线交易的平台，提供不同特色、多角度、多侧面、多种类、高质量的服务来吸引各种不同类型的消费者。以下我们列举一些旅游网站来说明这一点。

携程网（www.ctrip.com）拥有线路、订房、订票、社区等多个栏目，规模名列前三的订房中心，市场定位主要为自助旅游和商务游。携程网由门户模型起家，依靠订房中心盈利，目标是发展为旅行服务公司。在携程之前中国旅游网络仅以提供信息为主，而携程的加入首次将旅游网站定位为旅游行业的中介服务机构。携程的启示是不仅看到互联网带给旅游业一种技术上的促进，更重要的是挖掘出旅游服务的重新定义。

逍遥酒店预订网（www.xoyo.com）市场定位以在线酒店预订业务为核心。因为在种种旅游资源中酒店业最容易进行网络化，而且酒店预订是电子商务中利润最高的部分。投资还是为获得回报，吹掉网络经济的泡沫，逍遥选择了最务实的做法。不追求高、大、全，做得精而深，树立品牌，追求服务才是逍遥立足之本。

中华行知网（www. sotrip. com）市场切入点为文化旅游，具备深厚文化底蕴，网站定位为“网络版的中国国家地理杂志”，现有旅游文化、旅游文学、社区；专家主页、主题旅游等栏目。中华行知网成功的理念是抓住新时代旅游对个性化的强烈需求，继而倡导“是行四方，知风物，体察多元化的生存状态；是探幽深，会人文，在山水间寻觅古人的踪迹；是踏艰险，悟精神，感受天人合一的自由意境”。中华行知网甚至表示不打算做网上组团、订票、订房等业务，它们对盈利的途径也有独到的看法：数字化经济的主导者是消费者，未来的企业需要实时分析并预测消费者信息，据此提供定制化产品及服务，因此拥有用户信息至关重要，高访问量+客户忠诚度+充分有效的客户资料：网站未来的盈利空间，其独辟蹊径的视角后面蓄藏着无限潜力。

2．资金、资源、市场的整合

网络界的“一拥而上”是一条法则。经过一番你死我活的竞争较量，不断地兼并对手而保存下来的是赢家。从“百花齐放”到“几枝独秀”的经济规律，最终会完成资金、资源、技术和市场的重新组合。另一个层面上，旅游网站与传统旅游企业之间的整合与战略联盟也是主流方向。

旅游电子商务突破了传统经营模式与手段，建立现代旅游管理信息系统，避免传统规模扩张的机构庞大、管理失效的弊病，形成规模化、产业化、标准化的旅游发展新格局。同时，旅游网站背靠传统旅游业务的支撑，以及传统旅游企业提供的详尽准确的第一手旅游资料，使网站内容富有鲜明独特的个性和服务风格。旅游网站还可以通过为旅游企业服务收取一定的费用，以维持其正常运营并盈利。旅游企业与旅游网站的战略与策略是一个双赢的举措。旅游企业与旅游网站的联盟方式可以是多元化、市场化的。联盟既可以通过资本手段进行战略性重组，造就大型企业集团，也可以委托旅游网站完成传统旅游企业的网络化。旅游企业与旅游网站通过组建企业集团借助资本运营实现资源的优化组合，便于管理和运作，同时具备朝阳产业与网络高科技双重题材，易于上市融资提升核心竞争优势。旅游企业委托旅游网站完成其网络化建设，这种方式特别适合于中小型企业。

3．经营方式与范围变更

我国旅游业3000多家旅行社中90%是中小型企业，延续着传统的小作坊式的手工操作，“一台电话+一台传真机”的经营并不罕见。这些散、小、弱的企业需要借用网络以低成本达到高效益，通过对客户资源管理的系统化来改变客户资源无序化的局面。大型旅行服务公司可借助网络实现与客户的良好沟通，改变传统中缺乏个性化服务的不足。

发展旅游电子商务还应拓宽视野，针对我国的客源国情况提供不同语言种类、不同需求层次的服务，如英文版、日文版、法文版等。例如行知网的英文版比较有特色，相比之下，国外的网站不能把握中国文化的精髓，点得不深，不透；而国内网站英文版大多是中文版的翻译，没有考虑到国内外客户的需求差异。随着中国入境游业务的迅速增长，这块市场潜力巨大，是我们旅游发展的一个重要目标。在国外网站大兵压境的同时，国内的网站能拥有走出去的豪情显得更为可贵。

目前我国整体电子商务尚处在起步阶段，还普遍缺乏包括网上安全保证、相关责任认定的法律法规等措施，电子商务的大环境仍需要改善，作为政府和企业应本着“高起点、国际化”的原则扶持、推动旅游电子商务，将传统与现代真正融合，信息时代的旅游产业将会持续、健康地发展。

第三节 电子商务在酒店网络订房中的应用

一、酒店电子商务

（一）电子商务与酒店经营管理

1. 增加酒店的经营产品

酒店电子商务的开展首先给酒店经营增加了新的服务产品，满足了市场的新变化。因为游客、特别是商务客人，他们需要在旅途期间仍然得到互联网服务，于是电子商务的开展使得酒店增加了对客人服务的内容。例如2000年北京西苑酒店将主楼21至23层改造为智能商务楼层，客房内提供两条通讯线路，客人既可以用一条线拨号上网，又可以使用另一条线通过酒店局域网上网。北京兆龙酒店不仅为客房客人提供上网条件，而且自建网站，为了使客人上网快、花费少，特别从北京电信局引进一条DDN专线。国外一些酒店集团从2000年初已经开始集团规模地“上网”，在其经营的各个酒店全面实行改造，为客人提供带有互联网服务的房间。

当前在亚洲酒店的商务客人营销中，电子商务的服务产品已成为营销竞争的热点之一。根据多家酒店的调查分析，商务客人需要随时和及时地同公司及各方面保持联系，需要24小时服务、个性化服务，特别是随时高速快捷的上网服务。例如，凯悦连锁酒店在客房内提供笔记本计算机，这些计算机带有调制解调器以及常用的商务软件；新加坡四季酒店和丽嘉酒店甚至安排了计算机技术人员24小时值班，以便为网上客人提供专业咨询服务。

2．拓宽酒店的销售市场

互联网使得酒店业务有可能延伸到以往从未达到过的地方，因此电子商务可以给酒店业经营增加新的销售渠道。由于任何企业都可以在网上销售产品，任何顾客都可以在网上选购商品，酒店可以和旅游综合网站合作开展业务，也可以直接利用ISP信息服务商的支持独立开展经营业务，采用不间断销售来扩张酒店的市场空间。

3．改善酒店的采购管理

酒店通过互联网来采购设备，不但可以很方便地实现比价选购，而且可以方便地实现规模采购和享受常客优惠。采购成本控制是酒店经营成本管理中重要环节。随着新技术在酒店业中应用的不断扩大，设备的采购与维护费用不断上升，即便在酒店经营的餐饮成本管理中，采购管理也是一个重要环节。对采购成本的控制已成为酒店总经理日益关注的问题。

综合国内外采购管理的经验，做好这项工作的关键是充分利用市场竞争规律，即充分利用比价原则。对于数额较大的采购项目，如果能够保持有3个以上的产品信息，一般就可以采用多中选优决策方式，做好管理控制。快捷、可靠的信息源是解决这个问题的根本。传统的做法是酒店对拟采购的设备，由设备使用管理人员、部门经理、职能部门分别上报购买意向，实行询价制度，或者通过信息服务商公布产品价格公开招标，最后进行比价选购。电子商务的开展提供了售前、售中和售后的全过程服务，包括从酒店需求设备的配置计划制订、价格查询、预订、支付、配送等所有环节，比价选购也十分方便，可以为酒店节约大量的人力、财力和物力成本。因此，电子商务必将改善酒店采购成本的控制。

（二）电子商务与酒店销售

20世纪90年代末，随着旅游业与国际化接轨步伐的加快，不少宾馆相继加入了各种旅游网络、订房网络，但网上订房始终形不成气候。据业内人士分析，主要是由于国内游客尚没有网上订房的习惯，网上支付在我国还没有真正意义上得以实施。反过来，网上订房量少，宾馆不重视，不及时接受网上信息，耽搁客人需求，让少部分已有网上订房意识的人也逐渐放弃。随着中国加入WTO，网上订房逐渐崭露头角。例如，浙江香溢旅业集团率先在其位于杭州解放路上的酒店试行网上销售，其下属的三家酒店2002年1~5月已通过网络销售客房4000间，创收150万元，并一跃成为全国多家网站的杭州首荐酒店。该酒店不仅成立了专门的“网络销售中心”负责网络预订，还和全球几十家大型专业订房网站建立了良好的合作关系，其中包括北京“携程网”、上海“商之行”、“上海假期”等。

1. 商务酒店将优先发展电子商务

通过近年来酒店网上营销的实践，人们认识到最初的网上订房者大多是商务客人。尽管网上订房是新鲜事物，客人可能付款不便、心存疑虑、不大习惯，但是上海、北京的一些酒店，特别是知名度并不高而条件不错或价格适中的酒店，上网销售都颇有成效，而一些风景区的酒店则效果不佳。例如桂林桂山大酒店和多家网络公司签订了网上售房协议，但每月网上订房不超过5间，酒店市场总监认为，“此地客人以消闲度假为主，或许与北京、上海、广州等商务发达城市不同”。而新加坡的大海蒂新加坡酒店的市场总监则告诫同行，“技术因素势必将冲击商务旅游”。该酒店推出100套“电子酒店网络房间”，为客人提供新闻、旅游信息和客房服务，酒店客人多为商务客人，他们需要随时得到新信息。此项服务无疑是增值服务，也使酒店更具有竞争优势。商务客人既是首先需要使用客房上网服务功能的客人，又是最先尝试使用互联网订房的客人，电子商务对于商务型酒店的经营可以说是至关重要的。因此，商务酒店率先发展酒店电子商务是必然趋势，在筹划酒店电子商务时必须考虑商务客人的特点，如改变将机票销售和酒店客房销售分开进行的传统营业方式，顾及商务客人“以行带住”的旅游服务需求等。

2. 销售方式的冲突明显

由于多年来酒店流行着不同客源不同价格的销售方式，各种各样的价格都是酒店的商业机密，旅行团的房价决不能让客人知晓，即便都是旅行团队也可能享受不同优惠，在订房时讨价还价是普遍现象。网上订购客房的价格问题是酒店电子商务的突出问题。网上销售适宜公开价格、公开优惠，即所谓“超市交易”或称为“开架销售”方式，而酒店业的公开价格总是比实际价格高出许多，网上订房自然价格不菲。1999年德国学者在一份“分析50家大型国际酒店集团网上预订设施”调查报告中指出，网上价格比酒店电话预订中心的报价平均高出12%。他们对1998年《饭店》杂志公布的排名前50位的酒店集团进行调查，其中12家网络不成熟，通过对另外的38家进行网上预订和电话预订的对比，不仅价格明显不同，而且网上预订没有讨价还价的余地，在电话预订中即便不能得到更优惠的价格，也能得到位置更理想或其他服务设施较好的房间。

在传统的议价售房方式下，酒店的实际房价是酒店的商业秘密。酒店的客房率、平均房价等在酒店内部极为重视，并且成为对外不可泄露的信息。早在人们利用互联网之前，已经有一些很知名的国际预订网络在经营酒店销售，例如Apollo，Galileo等计算机预订系统，它们都可以提供酒店客房的远程预订。进入系统的客房价格自然不低，而更多酒店并不进入此类预订系统，它们所顾忌的问题就在于酒店的商业机密能否得到保护。如今使用互联网开展电子商务就涉及怎么处理酒店疑虑的问题，如果在网上只提供所谓的公开价格，与实际价格水平脱离，就难以取得网上售房的优势。如酒店经营商的公开价格为130元，实际售出的最低价格是70元，而网上可能亮出100元的标价，酒店是不大可能将实际的销售底价亮到网上去的，这必然影响酒店客人在网络上订房的积极性。即便在以往的CRS销售过程中，我们可以设计相关的价格转移，例如在CRS上标价100元，对旅行商的批量购买可以再打八折，以80元售出，CRS经营商从销售额中取得10元的服务费，这样酒店经营商的实际售出房价最终恰好是70元，但是有心人仍然可以推算出酒店的销售底数，并无机密而言。旅行商购买价实际也略高，不过考虑稳定的购买渠道、可靠的服务质量和大批量的优惠，大旅行商还是乐于使用CRS。类似的安排在酒店电子商务中就显得问题突出，在广大的游客直接购买酒店住宿的过程中，价格是敏感因素，即使没有很大的价格差距也会影响酒店客人的网络预订购买政策。

3．酒店独立开展网上营销的势头弱

一般来说，酒店可以独立开展网上的营销，但是这种发展的势头并不强。一方面，酒店同传统的大客户及团队客户的交易都是通过双方协议或电话渠道；另一方面，酒店扩展销售业务主要通过联号经营、集团经营或合作促销，因此，不大会考虑通过独立开展电子营销来扩大销售。当然在建设和开展酒店电子商务的过程中，酒店注重引导客户的消费习惯和消费观念，同时加强与多部门、多层面的合作，酒店电子商务仍然能够得以快速、健康的发展。

（三）酒店电子商务的发展环境

1．市场变化追求大品牌

对酒店电子商务发展的巨大影响将来自于市场竞争的变化，这方面变化的显著特征表现在越来越追求大品牌。酒店进入电子商务海洋并不难，但能够比较多地露出海面却不大容易。有成千上万的相关网站，每个相关网站提供几十至几百家酒店，而每家酒店只是静卧其中，等待网民来激活。显然，大品牌酒店才有更多的表现机会。

品牌做大的途径有两条：一条途径是酒店联号经营，可以是产权统一的联号经营，可以是管理者统一的联号经营和买卖特许经营权的联号经营，也可以是仅仅限于市场销售联盟的联号经营等，通过联合树立市场形象、联合扩大促销渠道，做大酒店品牌。另一条途径是建立旅游品牌。即酒店销售、旅行交通的销售以及其他旅游服务的销售联合，用一个旅游品牌来营销。应力争使酒店电子商务和做大品牌同步发展。

2．国内酒店体制转变的障碍

目前各地都在探索将一些酒店通过债转股、集团兼并等资产运作方式来明晰酒店产权、盘活国有资产、增强国有企业活力。但就总体而言，国内酒店的资产组合、资产所属和经营管理权的所属关系复杂，体制改造存在很大的难题，对酒店电子商务的发展需要多方努力，特别需要首先营造一个良好的发展环境。

二、酒店网络预订

随着现代科技和信息产生的发展，互联网的兴起给旅游业带来了新的契机，网络的实时性、丰富性和便捷性等优势促使传统旅游业迅速融入网络旅游的浪潮。通过网络查询信息，进行酒店、机票预订和购买支付旅游产品等已成为一种时尚。在现阶段网络与旅游的结合中，酒店网络预订具有方便、快捷、高效的优越性。对于酒店业而言，谁拥有强大的酒店网络预订系统，谁就可以在未来的市场竞争中占据有利地位。

（一）酒店预订

在现代社会中，随着工作与生活节奏的加快，越来越多的旅行者，尤其是商务、公务旅行者，为了有效地计划和安排自己的旅程，保证旅行的质量与效率，会预先向旅行目的地的酒店提出使用酒店产品的要求，以便到达目的地后能按时入住，保证自己旅行活动的顺利开展。从酒店的角度来讲，提供这类服务，形成了更为完整的对客服务，有利于酒店预测未来客源情况，提高酒店的管理水平和服务质量。

客人在未到达前向酒店提出用房的具体要求，称为预订。客人预先要求酒店为其在某一段时间内保留客房所履行的手续叫客房预订，也叫订房。酒店预订是指有意在将来某一时间使用酒店产品的客人对酒店提出需求的整个过程，其对象除客房外，还包括餐饮、会议、娱乐等在内的酒店可以提供的酒店产品。酒店预订的渠道可以分为直接渠道与间接渠道。传统酒店预订的流程大致是：(1) 通讯联系；(2) 明确订房要求；(3) 接受或婉拒预订；(4) 确认预订；(5) 记录、储存订房资料；(6) 预订的变更、取消及客人抵店前的准备工作。

（二）酒店网络预订的优势与存在的问题

1．酒店网络预订的优势

(1) 方便、快捷。Internet 将酒店产品的信息集中在一个平台，展示在客人面前，提供 B to C 的直接预订渠道，客人只需按其需求进行选择，确认即可。

(2) 扩大了预订消费群体。Internet 不断地将酒店产品信息传递到世界各地，并将对酒店产品有需求的客人与酒店相连接，使酒店产品信息在空间上得到了前所未有的拓展，进而扩大预订消费群体。

(3) 使酒店产品有形化，增强预订群体对酒店产品的信任度。酒店产品具有无形性的特点，客人在预订、购买这一产品之前，无法亲自了解到所需产品的信息。Internet 可以提供虚拟酒店和大量的酒店产品信息。通过 Internet 网络，客人可以随心所欲地了解酒店产品，对酒店产品产生预先的体验。这样酒店网络预订不仅培养和扩大消费群体，而且使无形的酒店产品“有形化”，增强预订群体对酒店产品的信任度。

2．酒店网络预订存在的问题

(1) 缩小了酒店预订的内容，服务内容单一。现在所有网站的酒店预订中仅提供客房预订，即使在酒店自建网站上有餐饮、会议、健身等频道，但仅仅是对该项产品做简单的文字加图片的说明。

(2) 网站建设重复，内容陈旧。许多旅游网站在规划时因缺少对旅游行业全面、深刻的认识，而未能找准切入点，缺乏特色“卖点”。网站制作工作往往利用简单的“复制+粘贴”或是国外网站的直接翻译，导致网站重复建设，内容雷同问题严重，网络信息更新慢，网站内容陈旧。

(3) 网站定位面过窄。网站定位面过窄，没有消除语言和文化上的差异，不能向全世界旅游者进行有效地宣传。

(4) 网站商业信用度低下。酒店预订的程序中虽然有“确认预订”一项，预订填写内容中也存在不同形式涉及“确认预订”，但其实际操作过程中，由于后台服务没有跟上，在酒店几乎不进行“确认预订”。

(5) 酒店与网站联络脱节。在综合性、专业性网站上进行酒店预订时，页面出现“很抱歉，目前该酒店暂时无介绍”等情况，原因主要是网络经营者和酒店经营者没有及时地沟通与联系。这种情况的出现不但降低网站的信誉度，而且会破坏网站的形象。

（三）酒店网络预订的网站类型

我国旅游网站的建设最早可以追溯到1998年。经过几年的摸索和积累，现在已经有相当一批具有一定资讯服务实力的旅游网站，这些网站提供旅游中涉及的吃、住、行、游、购、娱等方面的网上资讯服务。仅酒店预订这一项，可以将网站分成以下几类：

1．酒店产品的直接供应商建设的网站：一类是酒店连锁集团统一建设的网站，如希尔顿酒店连锁集团 www. hilton. dom. com、假日集团 www. yangtzefocus. com、MARRIOTT 集团 www. marroitt. com 等；另一类是单一酒店建立的网站，如重庆宾馆 www. cq-hotel. com、桃源宾馆 www. huangshan. cc//hstyhotel 等。

2. 专业酒店网站：如中国酒店预订网 www. hotelonline. com. cn、中国 24 小时酒店预订网 www. 24-hotel. com. cn 等。

3. 专业旅游网站：一类是由传统的旅行社所建网站，如中国旅行总社 www. ctsho. com、国旅总社 www. cits. com 等；另一类是综合性旅游网站，如中国旅游资讯网 www. chinaholiday. com 等。

4. 综合网站的旅游频道：如网易 www. 163. com、搜狐 www. sohu. com、雅虎 www. yahoo. com 等。

(四) 酒店网络预订的程序

酒店预订需要的基本信息主要有三个方面：其一是客人的基本资料，包括姓名、国籍、单位、联系电话等；其二是预订基本要求，主要包括抵离店时间、房间种类、订房数量、入住人数、价格等；其三是其他特殊要求。相比较而言，国际连锁酒店网站、专业网站、综合网站填写的内容更为详实。预订的程序是否合理、科学将影响预订能否有效、顺利地进行。通常酒店网络预订有以下几个步骤：

1. 选择目标酒店

除单个酒店建立的网站以外，其他类型的网站都提供多个酒店。目前单个酒店由于资金、技术等方面的制约，极少有建立网站的。尤其是二星及其以下的酒店几乎没有酒店网站，甚至没有开展网络预订业务。所以在预订模式中，客人所做的第一步是选择目标酒店。客人通过输入对酒店的需求，如星级、地理位置、价格等，网络自动按需求提供酒店。在这一步客人可对酒店基本情况进行点击查询，并作出相应选择。

2. 选择目标产品

目标产品包括客房、餐饮、健身等酒店销售的服务与产品，客人通过填写对产品的具体要求，如房间类型、使用情况、餐饮口味以及特殊需求等，网络自动搜索出符合客人需求的酒店产品或推荐其他的酒店产品。

3．明确客人资料

由于网络预订的特殊性，容易产生客人的恶意预订。明确客人资料不仅包括客人的身份资料、基本需求资料，而且还包括客人的信用资料等。通过对客人提供资料的验证，保证酒店的利益。同时，拥有客人详实的个人资料，是酒店提供周到、细致服务的基础之一。并可利用其建立优质、便利的客户档案，直接作为经营管理的原始调查资料和客人档案登记。

4．确认预订

确认预订分两个方面：一是客人确认预订，客人在填写完所有资料后，点击“OK”，网络重新出现客人已填写的资料档案，让客人进行再次确认；二是网络与酒店进行确认，网络确认是在客人确认之后立即答复预订情况，酒店接到明确预订信息后，按客人需求的方式向客人进行再次确认。

5．预订的变更、取消与抵店前的准备工作

预订的变更需要客人向酒店提出，变更之后按接受新的预订程序进行。预订的取消则按网络预订的规定进行处理。网络预订的后台直接接触者必须明确“真正的客人是网络另一端的人”，做好客人抵店前的准备工作，形成网络预订的良性循环，使其健康发展。

三、金旅工程与中国旅游酒店网

金旅工程是我国旅游业参与国际市场竞争的重要手段，是国家信息化工作在旅游部门的具体体现，也是国家信息网络系统的一个组成部分。金旅工程将建成覆盖全国旅游部门的国家、省、市、企业四级的计算机网络系统，以达到提高管理水平、管理效率，改进业务流程、重组行业资源的目的；同时建立一个旅游电子商厦，为世界各地企业从事旅游电子商务提供服务。这将极大地繁荣世界旅游电子商务市场，尤其是旅游酒店电子商务市场。金旅工程是旅游部门信息化系统工程，主要包括内部办公网、管理业务网、公共商务网和公共数据库四个方面，并在全国旅游业中积极推广和应用现代信息技术。结构如图 9－2 所示。

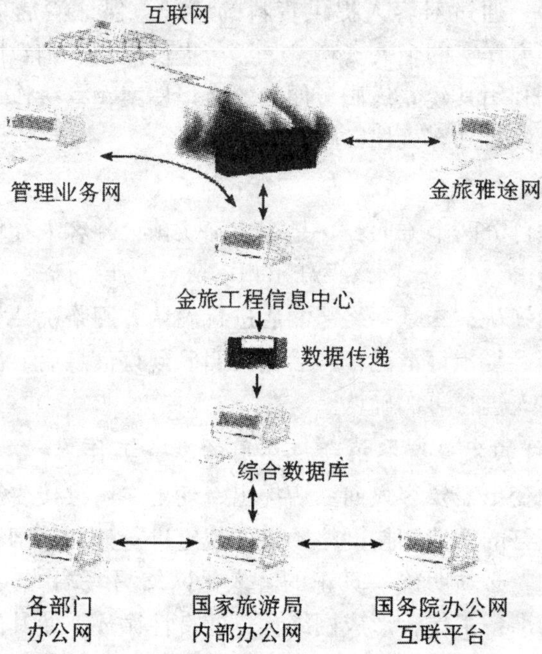

图 9－2 金旅工程网络结构示意图

（一）金旅工程

1．内部办公网

将国家旅游局与国务院办公网相连，为国家旅游局提供一个与国务院办公室和各部门进行安全保密的内部文件交换网络。

2．管理业务网

基于互联网的各级旅游部门间的内部信息交换网络。其基本目标是建立一个旅游系统内部信息上传下达的渠道和功能完善的业务管理平台，实现各项业务处理的自动化，提高工作效率，使旅游业的行业管理上一个新台阶。其中包括：全国旅游统计系统、全国旅行社年检管理系统、全国假日旅游预报系统、中国旅游网的建设运营等。

3．公共商务网

公共商务网由北京金旅信息科技有限公司承建和运营，公共商务网又被命名为“金旅雅途网”。它是一个可供各旅游企业进行供求信息交换、电子商务运作的旅游电子商厦，旅游企业可在网上从事同业交易，为全球互联网用户提供旅游产品在线订购服务等电子商务活动。

4．公共数据库

公共数据库是内部办公网、管理业务网和公共商务网共同引用的国家级数据库。数据库系统作为系统平台的一个重要组成部分，是上层应用系统的基础，也是业务处理系统的核心，基本上所有的业务数据的加工最后都依赖数据库系统支持。

金旅工程建设以来，秉承服务行业、服务企业的宗旨，与全国三十多个省市建立了惟一旅游电子商务合作伙伴的关系。旅游业信息化发展速度加快，国家旅游局相继建成了内部办公网、中国旅游网、金旅雅途网，业务管理、处理的网络化程度有了很大提高，开发建设了一批适应旅游业需要的管理系统，信息技术在行业的应用日益普及和深化，为旅游目的地及旅游企业提供信息化及营销解决方案，并提供有力的技术及服务支持；为旅游目的地及旅游企业提供跨区域、跨媒体的宣传促销服务；为旅游企业和旅游消费者提供全面、准确、及时的旅游资讯及完善的电子商务服务，在旅游管理和发展中发挥了积极的作用。

（二）中国旅游酒店网

在中国由亚洲旅游大国向世界旅游强国迈进的进程中，旅游业必须主动占领市场和技术的制高点，依靠科技加快旅游业发展。2001年1月11日，国家旅游局启动了“金旅工程”，在全行业促进信息化的发展和信息技术的应用。2002年4月，由中国旅游酒店业协会和北京金旅雅途信息科技有限公司携手推动金旅工程，推进“中国旅游酒店网”。

中国旅游酒店网是金旅工程建设中的一个积极进展，将对旅游酒店发展电子商务产生积极影响。中国旅游酒店网是中国旅游酒店业的第一个行业性网站，也是第一个加入国家旅游局金旅工程的行业性网站，是发布、传播、交流中国旅游酒店业协会的业务信息、行业动态和为会员酒店提供科技信息服务的重要窗口，提供在线入会、在线交纳会费、在线订阅会刊、在线发布行业经营指标信息等功能，还将提供BB交易平台，设立酒店产权交易中心、酒店采购中心、酒店人才交流中心等功能性平台。它的推出标志着中国旅游酒店业的信息化建设又向前迈出了重要的一步。它的建设为增加旅游酒店业的科技含量，转变酒店社会功能的定位，在原有的服务接待功能的基础上增加科普和美育功能，使酒店成为消费者的体验中心、培训中心、美育中心和精神文明窗口增添了有力的手段。